历史-人类学译丛

儿童的世纪
旧制度下的儿童和家庭生活

Philippe Ariès

〔法〕菲力浦·阿利埃斯 著

沈 坚 朱晓罕 译

北京大学出版社
PEKING UNIVERSITY PRESS

著作权合同登记号 图字：01-2006-2195

图书在版编目（CIP）数据

儿童的世纪：旧制度下的儿童和家庭生活 /（法）菲力浦·阿利埃斯著；沈坚，朱晓罕译 . —2 版 . —北京：北京大学出版社，2023.10
（历史－人类学译丛）
ISBN 978-7-301-34349-4

Ⅰ.①儿… Ⅱ.①菲… ②沈… ③朱… Ⅲ.①儿童－社会生活－历史－法国 Ⅳ.① D756.585

中国国家版本馆 CIP 数据核字（2023）第 161042 号

Philippe Ariès, *L'enfant et la vie familiale sous l'Ancien Régime*
© Editions du Seuil, 1975
Une première édition de ce livre a paru aux Editions Plon en 1960

书　　　名	儿童的世纪：旧制度下的儿童和家庭生活 ERTONG DE SHIJI：JIUZHIDU XIA DE ERTONG HE JIATING SHENGHUO
著作责任者	〔法〕菲力浦·阿利埃斯（Philippe Ariès）著　沈　坚　朱晓罕 译
责任编辑	李学宜
标准书号	ISBN 978-7-301-34349-4
出版发行	北京大学出版社
地　　　址	北京市海淀区成府路 205 号　100871
网　　　址	http://www.pup.cn　新浪微博 @ 北京大学出版社
电子邮箱	编辑部 wsz@pup.cn　总编室 zpup@pup.cn
电　　　话	邮购部 010-62752015　发行部 010-62750672 编辑部 010-62707742
印刷者	涿州市星河印刷有限公司
经销者	新华书店
	650 毫米 ×980 毫米　A5　13.5 印张　301 千字 2013 年 4 月第 1 版 2023 年 10 月第 2 版　2023 年 10 月第 1 次印刷
定　　　价	88.00 元

未经许可，不得以任何方式复制或抄袭本书之部分或全部内容。
版权所有，侵权必究
举报电话：010-62752024　电子邮箱：fd@pup.cn
图书如有印装质量问题，请与出版部联系，电话：010-62756370

"历史－人类学译丛"弁言

一、"历史－人类学译丛"的刊行，旨在译介近三十年来历史学与人类学相互交流、相互激荡所催生的重要学术成果。本丛书主题中的"－"外形似减号，实则蕴含相加之意，可引申为历史学与人类学的联姻。这场跨学科的联姻对各自学科都带来不小的冲击：在历史学界，出现了人类学化的史学研究；在人类学界，产生了具有历史深度的人类学分析。这些研究为这两门学科引入了新的研究方法，开拓了新的研究领域，形成了新的问题意识，在一定程度上改变了各自的整体面貌和发展轨迹。

二、本丛书将收录以下三种类型的著作：人类学化的史学研究、具有历史深度的人类学分析和中国研究领域具有历史人类学取向的研究论著。历史学与人类学的联姻，只是跨越了彼此设定的边界，而没有取消这条边界。恰恰是这种因学科本位形成的边界，为双方富有成果的交流提供了原动力。本丛书希望显示两门学科向对方学习的不同出发点和联姻给各自学科带来的不同冲击。同时，我们还希望译介中国研究领域的相关成果，展示这种跨学科交流对中国人文社会科学研究的重要意义。

三、由于两门学科的学术传统各不相同，历史学与人类学对彼此的概念和方法的借鉴，是有选择的借用，而不是全盘的"拿来"，而借用又有程度的差别。我们在编辑这套丛书时，并不拘泥于入选的著作必得以"历史人类学"（historical anthropology）相标榜。近三十年的不少重要社会文化史论著，虽然没有使用"历史人类学"的概念，但在推动历史学与人类学对话中扮演了重要角色，理应被收入本丛书。同样，人类学中的一些相关著作，由于对历史过程、历史意识等问题十分关注，也被收入本丛书。

四、自上世纪90年代初以来，中国的社会文化史学者与人类学家已进行了一定程度的交流和合作，并在此过程中出现了一系列研究成果，形成了具有一定本土特色的方法论。我们希望本丛书的刊行，能为推动相关研究和讨论略尽绵薄之力。

"历史－人类学译丛"编委会

2008年11月

献给我的父母
及我的岳父、岳母

目 录

版本说明　　i
序　言　　I

第一部　儿童的观念

第一章　生命的年龄　　3
第二章　发现儿童　　37
第三章　儿童的服装　　73
第四章　小小游戏史　　95
第五章　从不知羞耻到天真无邪　　165
结　论　　两种儿童观　　216

第二部　学校生活

第一章　中世纪的年轻学生和老学生　　231
第二章　新机构——学院　　236
第三章　学校年级的起源　　239
第四章　学生的年龄　　242
第五章　纪律的进步　　246
第六章　"小学校"　　252
第七章　学龄儿童的粗野　　253
结　论　　学校和儿童的期限　　256

第三部　家　庭

第一章　家庭的图景　　　　　　　　271
第二章　从中世纪家庭到现代家庭　　316
结　论　家庭和社交性　　　　　　　383
总　结　　　　　　　　　　　　　　387

版本说明[*]

《儿童的世纪：旧制度下的儿童和家庭生活》最初由普隆（Plon）出版社于1960年出版，1973年瑟伊（Seuil）出版社再版此书，将其纳入"历史空间"（L'Univers historique）丛书。第二个版本增加了菲力浦·阿利埃斯的序言，对这一问题的学术史进行了梳理。

目前呈现给读者的版本是在第二版基础上的删节本。第一部、第三部以及1973年阿利埃斯补充的序言，均保持原貌。第二部，我们仅提供给读者最基本的观点，但对该部第七章和结论部分，特别给予完整保留。

---

[*] 中文版依据Seuil出版社的第二版删节本译出，保持了原作原貌，供相关领域学者及其他专业人员参考。

序　言

　　人们常说，只见树木，不见森林。然而历史学家研究的最佳时机，就在于他刚刚开始想象全面看问题的时候，就在于笼罩着地平线的薄雾尚未散尽的时候，就在于他离原始材料尚未太远、那些材料还保留着它们的新鲜感的时候。历史学家的功绩也许不在于捍卫自己的观点，而在于将自己新发现的快乐传递给读者，使他们感受到他自己曾经感受到的那个未知世界的色、香、味。然而，历史学家也野心勃勃地想将所有的具体细节概括为抽象的结构，但他却总是难以（多亏如此！）从那些曾经在研究的过程中牢牢吸引他的纷繁复杂的印象中摆脱出来，最后只好笨手笨脚地将这些印象折叠起来，放进必需的理论公式之中。过了很久，当要重版时，时间消逝，带走了历史学家早先初次接触时的那份激情，然而却获得意外的补偿：他更清楚地看到了森林。今天，在对我书中所涉及的儿童、家庭、青年和习俗进行了当代人的争论以后，我更清晰和更简明地认识了我与研究对象长期对话中吸引我的那些论题。

　　在此，我将它们概而言之，重新归并为两个论题。

*　*　*

第一个论题涉及我们古老的传统社会。我坚持认为,传统社会看不到儿童,甚至更看不到青少年。儿童期缩减为儿童最为脆弱的时期,即这些小孩尚不足以自我料理的时候。一旦在体力上勉强可以自立时,儿童就混入成年人的队伍,他们与成年人一样地工作,一样地生活。小孩一下子就成了低龄的成年人,而不存在青少年发展阶段。不过青少年发展阶段也许在中世纪以前存在过,在今天的发达社会中更是社会的基本组成部分。

价值和知识的传递,以及更为普遍的儿童的社会化,不是由家庭来保障的,也不是由家庭来控制的。儿童很早就离开了双亲,我们可以说,几个世纪里,由于儿童(或青少年)与成年人共同生活,教育通过学徒制而得到保证。儿童在帮成年人干活时学会了他必须掌握的一些知识。

儿童在家庭和社会中的经历极其短暂,还没有时间和理由形成一种记忆,让人去感知。

然而,有一种对儿童非常浅薄的情感,我称之为"溺爱"(mignotage),存留在儿童生活的最初几年里,即当他还是一个好玩的小东西的时候。人们与他玩耍就像与动物玩耍、与不知羞耻的猴子玩耍一样。孩子如果在此阶段死了(这在当时是经常发生的),有人会为此感到悲痛,但一般情况下,这种悲伤也不会保持多久,很快有另一个小孩替代之,但后来的孩子也摆脱不了默默无闻的命运。

一旦他躲过了最初的危险,活过了"溺爱"期,他就会离开家庭到别处生活。当时的家庭由夫妇二人和与家庭在一起生活的孩子组成。我不认为曾经存在过（几代同堂或多重亲属关系共存的）大家庭，除去15世纪佛罗伦萨一些道德家如阿尔贝蒂[1]和法国19世纪一些传统保守的社会学家的想象；除去某些需要家庭维系来替代衰弱的公共权力的不安定时期；或者在某些特定的经济、法律条件下，如在地中海地区，某个孩子被赋予完全优先的权利，以利于家庭的共同生活。

这种古老家庭非常明确的使命就是保护家产，共同从事某一行当，在男人（或加上妻子）都无法独立生存的世界中日常互助，在危急情况下，保护荣誉和生命。它不存在情感的功能。但这绝不是说完全缺乏爱情：相反，爱情常常有所体现，有时在确定恋爱关系后，而更常见的是在婚后，由于共同的生活创造和维持了爱情，就如圣西门（Saint-Simon）公爵[2]的情况。然而（这一点才是重要的），夫妻之间、父母与孩子之间的情感对于家庭的维系和平衡并不是必需的——但如果有的话那当然再好不过了。

因此，感情交换和社会交往发生在家庭之外，通过人员非常密集和非常热络的"场所"（milieu）得到实现，组成这一"场所"的是邻居、朋友、师傅和帮工、孩子和老人、男人和女人，在这里，表达情感没有受到太多约束。夫妻家庭在其中被稀释了。今天法国

---

[1] 阿尔贝蒂（全名Leon Battista Alberti, 1404—1472），意大利作家、诗人、艺术家、建筑师。——译者注
[2] 圣西门（1675—1755），法国贵族、军人和传记作家，是后来的空想社会主义者圣西门的远房亲戚。1695年他与自己军队元帅的女儿结婚，他对妻子的尊重和与妻子的爱情在当时被看作非比寻常。——译者注

历史学家们将此传统共同体互相会面、串门、庆祝节日的倾向称为"社会交往性"（sociabilité）。以上就是我对我们古老社会的看法，这一社会不同于民族学家们向我们描绘的那些原始社会，也不同于我们今天的工业社会。

* * *

我的第一个论题试图解释传统社会，第二个论题则要展现儿童与家庭在我们的工业社会中所占据的新地位。

从某个时期起（起源问题是绕不开的，对此我下面还要提到），如果从比较确定和大势所趋的角度看，大概从17世纪末开始，我刚才分析的道德状况发生了巨大的变化。我们可以通过两个不同的方面来了解这种变化。学校代替学徒制成为教育的方式，这意味着儿童不再与成年人混在一起，不是直接通过与成年人的接触来学会生活。尽管步履蹒跚，姗姗来迟，但儿童最终与成年人分开，这种分隔犹如检疫隔离，之后儿童才被松手放归世界。这种隔离机构就是学校。儿童由此开始有了一个长期被禁闭的过程（就像疯子、穷人和妓女），这种状况一直延续到我们今天，人们称之为"学校教育"。

儿童被隔开（或被置于理性之中）应该被看作天主教和新教的改革者们、教会、法官和国家所推动的人的道德教化的一部分。但事实上没有家庭在情感上的共同参与，这一切也不可能发生。这就是我想强调的了解这种现象的第二个方面。家庭变成了夫妻之间、家长与孩子之间情感交流的必要场所，以前可不是这样的。这种情感从此通过受教育的机会来得到表达，培养孩子不再停留在财产和荣誉层面。这种感情是全新的：家长们对孩子的学习感兴趣，用一种 19 世纪和 20 世纪已经习以为常的关怀注视着孩子的学习情况，这种情感在以前也是没有的。让·拉辛（Jean Racine）[1] 写信给他的儿子路易，就像今天的（或昨天的，不久以前的）父亲那样，谈论儿子的老师们。

家庭由此开始围绕着孩子来组织，给予孩子重要的地位，使得孩子摆脱了以前默默无闻的状况，人们对失去他们不再无动于衷——新出生的孩子不再能弥补这种痛苦，人们也不希望一再出现这种情况，为了孩子的幸福也适当地限制孩子的数量。所以不足为奇的是，伴随学校革命和情感革命出现了一个长期的人口马尔萨斯主义现象，即自愿减少生育，它在 18 世纪已经初露端倪，并一直持续下来（在保罗·维纳 [P. Veyne] [2] 不信任的眼光中这一切也许太过分了！）。

这一变化的后果——尽管超出了本书所涉及的时期，但我还时而需要涉及——就是 19 世纪的社会生活向家庭和职业聚合，古老社交圈消失（阿居隆 [Agulhon] 先生和伏维尔 [Vovelle] 先生[3] 所研究的普罗旺斯地区除外）。

---

[1] 让·拉辛（1639—1699），法国著名剧作家，与莫里哀、高乃依并称为 17 世纪法国戏剧界三杰。——译者注

[2] 保罗·维纳，法国当代考古学家和历史学家。——译者注

[3] 阿居隆和伏维尔均为法国当代历史学家。——译者注

* * *

每本书都有它自己的生命,它很快脱离作者,投向作者自身通常难以预料的公众。

我刚刚论述的这两个论题的命运就是这样,它们并不完全指向同样的公众。

第二个论题似乎旨在解释当下的一些问题,因此马上引起心理学家和社会学家们的兴趣,尤其是在其人文学科很早就关注年轻人危机的美国。这种危机表现为年轻人在向成年人阶段过渡时的困难甚至厌恶之情。我认为,这种情况可能是将青年长期隔离在学校和家庭的结果。分析表明,家庭情感和青年时期高强度的学校教育属于同一种现象,是一种现代现象,它的时间相对较易确定;分析还表明,从前的家庭内部和更为密集与热络的社会空间之间也难以区别。

社会学家、心理学家和儿科专家就这样确定了本书的方向,将我纳入他们的研究思路:在美国,记者们称我是法国社会学家,而有一天,我在巴黎的一份大周刊上变成了美国社会学家!

当时,人们如此接受我使我感到有些困惑,因为在法国,人们以现代心理学的名义来对我进行指责:贝桑松(A. Besançon)说我"无视现代心理学的好奇心";弗兰德林(J. L. Flandrin)说我"向传统心理学的物种不变论做了太多的让步"。[1]确实,我总是难以避免一些模棱两可的旧词,这些词汇今天或弃之不用,或变得荒唐可笑了,但这些词汇在我所研究的伦理文化和人文文化中却仍然生动有用。

---

[1] A. Besançon, «Histoire et psychanalyse», *Annales ESC* 19, 1964, p. 242, nº 2.—J. L. Flandrin, «Enfance et société», *Annales ESC* 19, pp. 322-329.

过去这些有关要正确使用心理学理论的批评促使我去思考，今天我在这里试图做一点回应。

有人尝试做的是"行为史"，即心理史，他本身既非心理学家，也非心理分析家，与现代心理学的理论、词汇甚至方法均保持一定的距离，但却在心理学家的领域引起心理学家们的兴趣。如果他是历史学家出身，继而成为以他自己的方式表现出来的心理学家，这种方式应该不是现代心理学家的那种，但它却汇入心理学家的方式之中，使其得到补充。于是，历史学家与心理学家相遇了，他们不仅在方法论上有所不同，而且在研究的主题上、提出问题的方式方法上，或者如人们现在常说的在"提问法"上，也表现不同。

相反的路径，即从心理学转向历史学，同样也是可能的。就如贝桑松先生的成功所表明的那样。这种途径有时会有某些危险，索利亚诺（Soriano）先生尽管付出辛苦的劳动，也非常接近成功，但却未能摆脱这危险。贝桑松先生在对我的评论中，非常精确地指出："儿童，不仅仅是习俗、游戏、学校，甚至也不仅是对儿童的情感（即历史模式，经验上是可以感知的），儿童是人，是成长，是历史，这就是心理学家们试图去重构的"，就是说，这是一种"比较语言"。研究16世纪的优秀的历史学家娜塔莉·泽蒙·戴维斯（N. Z. Davis）曾经在心理社会学家的模式中寻求这种"比较语言"，此种模式是心理社会学家们根据现代世界的经验建立的。[1] 当然，试图超越自身的领域来证明自己理论的愿望在心理学家中非常强烈，

---

[1]　N. Z. Davis, «The Reasons of Misrule：Youth Groups and Charivaris on Sixteenth Century France», *Past and Present* 50, fév. 1972, pp. 41-75.

无疑也非常有创意。这种愿望将心理学家们带入我们的传统社会，即与路德为邻的社会，或最后的"野蛮人"社会。如果说，这种方法在人种志方面取得了成功，那么传统社会，在我看来是比较难对付的。这种方式太容易将夏尔·佩罗（Charles Perrault）[1]和他儿子的关系用现代语言来诠释，即一位过分严厉的父亲和被宠坏的儿子的关系。这样做由于没有新的材料，不会增加我们对现今世界的认识；同时又犯了时代错误，使得比较研究失去真实，因此也不会给我们对古代世界的认识增加什么。然而，对时代错误的憎恶（这是历史学家们的怪癖？）并不排斥不同时代的对比，也并不是对当代世界无动于衷：我们非常清楚，我们首先从过去的世界里找出差异，然后发现与我们生活的世界的相同之处。

* * *

如果说，我的第二个论题几乎获得历史学家的一致赞同，那么，当时历史学家们对第一个论题（在中世纪人们缺乏儿童观念）却有所保留。

不过今天我们可以说，此论题大体已经被人们接受。人口史专家已经承认了对儿童漠视的情况，心态史学家则注意到在早期家庭日志中很少提及孩子和他们的死亡，其中就有洛丹（A. Lottin）编辑的一位里尔纺织匠的家庭日志。心态史学家，如布夏尔（J.

---

[1] 夏尔·佩罗（1628—1703），法国童话作家，收集许多民间故事进行改编，是最早把《灰姑娘》《小红帽》《睡美人》等故事写成书的人。——译者注

Bouchard）对家庭在社交活动中的功能的缺失大感惊奇。[1] 阿居隆先生的著作强调了"社交行为"在旧制度时期的乡村和城市社会中的重要作用。

然而，批评比赞同更有指导意义。在此，我要再次提到两个人，一是弗兰德林，另一个是戴维斯。

弗兰德林指责我过分关注起源问题，甚至到了有点"强迫症"的程度[2]，由此，造成我将仅仅发生形态变化的事物宣布为绝对的新生事物。这一指责是有道理的。这种错误在人们采用回溯的路径进行研究时难以避免，这正是我在研究中通常采用的方法。它太自然地引入变化的概念，而事实上，这种变化并不是绝对的创新，更经常是一种重新编码。弗兰德林所举的事例很好：他指出，如果中世纪艺术将儿童表现为小人儿，即比例偏小，"它涉及的不是儿童的实际存在，而是人们对儿童的感觉"。当时，儿童与成年人的不同之处仅表现在身材大小和力量上，其他特征则非常相似。因此将儿童与侏儒做比较非常有意思。侏儒在中世纪的分类学中具有重要的意义。儿童是侏儒，但他不是那种永远的侏儒，除非遭遇到巫术。那么相反，侏儒难道不是铁定长不大的甚至很快就会变成枯萎干瘪的老头的儿童？

另一批评来自戴维斯非常出色的论文《苛政的理由：法国16

---

[1] J. Bouchard, *Un village immobile*, 1972.

[2] J. L. Flandrin, «Enfance et société», op. cit.

世纪的青年群体和胡闹》。[1]

她的论点大致如下：当时无论是在乡村社会还是城市生活中，在节日和游戏的组织、对婚姻和性关系的控制方面，年轻人都扮演着重要的角色，年轻人还常常由于混乱的男女关系而受惩处。在这种情况下，我们怎么能够得出结论说，传统社会将儿童和青少年与成年人混淆在一起，忽视了年轻人的存在呢？另一方面，阿居隆先生在他论述忏悔者和共济会员的非常出色的书中，用专门一章来讨论年轻人的社团，这些社团越来越引起当今历史学家们的兴趣，因为他们更多地被大众文化所吸引。

戴维斯提出的问题，我不是没有考虑到。但我承认，在本书中，我偷懒将这一问题简化为民间习俗的某些"痕迹"，而戴维斯和阿居隆已经展现了这些民间习俗的广度和重要性。

我确实不会对此完全视而不见，因为我曾在论述法国骑士教育史的著作的最后几页涉及这一问题。[2] 我同意，在中世纪以前，在乡村和口头文化圈中，存在着根据年龄分类的群体结构。依据原始民族模式，也有为年龄转换而举行的仪式。在这些社会中，每个年龄段都有它的功能，对人的教育培养通过他进入一个又一个年龄段而逐步递进。在年龄类别内部，教育培养则通过参与内部要求的服务活动而进行。

希望大家能允许我在此画一个括号，插入一位年轻考古学家

---

[1] Op. cit.

[2] 写于1976—1970年，出版于1972年；*La France et Les Français*，1972, p. 872。

朋友的话。我们俩曾经一起造访克里特岛马利亚（Malia）的考古发掘现场，断断续续地谈到荷马（Homère），谈到杜比（Duby），谈到人种学家们的年龄分类结构，以及它们在中世纪早期的重现。他对我说了大致如下的意思：在古代文明中，对于这些人种学的结构，我们从未见过它们的成熟状态，看到的总是这些结构的残余，它们存在于希腊的荷马时代或中世纪的武功歌时代。他说得有理。我禁不住会想，我们将人种学家们从当代"原始民族"中发现的社会结构原封不动地套用到传统社会上，是否有点过分。

然而，在括号之后，我们要同意在中世纪最初的时候曾有原始社会的假设，该社会呈现出一些目前被普遍认可的人种学或民俗学的特征。

从那时起，该社会发生了重大的变化，这种变化可能发生在封建制时代和老酋长管辖区强化的时代。变化涉及的是教育的问题，即知识和价值观的传授。这种传授在中世纪通过学徒制得到保证。但学徒制与按年龄划分群体的体制是不相容的，总体的趋势是摧毁年龄划分体制，或者全部，或者局部。对于应该赋予学徒制的重要性，我也许坚持得还不够。学徒制迫使儿童生活在成年人之中，成年人传授他们干活和生活的本领。在我看来，由学徒制带来的不同年龄人群的混杂，是从中世纪中期至18世纪这一时期社会的主要特征。在这种情况下，传统的按年龄划分人群的做法只能变得模糊起来，失去了它们的必要性。

然而，虽然这一点肯定无疑，在性行为的监督和节日的组织上，年龄划分仍然维持着，我们知道节日在我们古代社会的日常生

14

活中非常重要。

那么，如何来调和这种不能仅仅当作"痕迹"看待的遗存与儿童被过早地投入成年人群的现象呢？

尽管有戴维斯所有的反面证据，我们难道不会因为"年轻人"这个词的含糊而上当受骗吗？甚至与我们语言最为接近的拉丁语也未能做出有利的区分。尼禄[1]25岁的时候，塔西佗[2]这样评论他："当然，尼禄的童年结束了，年轻人的力量降临到他身上。"（certe finitam Neronis pueritiam et robur juventae adesse）拉丁语用了"robur juventae"，它的意思是说：这是年轻人的力量，而非青少年。

那么，青年会会长们和他们的伙伴又是什么年龄呢？布鲁斯（Burrus）[3]去世时尼禄的年龄也就相当于孔代（Condé）[4]在洛克罗瓦（Rocroy）领军打仗的年龄，这是战争和竞争的年龄——逞一时之勇的年龄。[5]事实上，这些青年人的社会是单身汉的社会，在当时的百姓阶层中，人们通常很晚结婚。因此常常用已婚者和未婚者、有家之人和无家或睡在别人家之人、生活较稳定者和生活较不稳定者来做人群的区分。

我们应该承认有青年人社会的存在，但青年的含义指的是单身

---

[1] 尼禄（37—68），古罗马皇帝，历史上著名的暴君，公元54—68年在位。——译者注
[2] 塔西佗（56—117），古罗马历史学家。——译者注
[3] 布鲁斯（1—62），尼禄统治初期的主要谋臣。——译者注
[4] 孔代亲王（1621—1686），即大孔代，法国17世纪的重要将领、大贵族，在1643年率领法国军队在洛克罗瓦战役中打败西班牙军。——译者注
[5] 马扎然（Mazarin）的侄儿波罗·曼契尼（Paolo Mancini）在投石党运动后期勇敢战死在巴黎城墙下时才15岁。参见 G.Dethant, *Mazarin et ses amis*, Paris, 1968。

汉。旧制度时期单身汉"青年"的特征绝不是古代社会和人种学所谓的原始社会中用来区分18岁至20岁的毛头小伙子和成熟男性（如哈莫迪俄斯［Harmodius］和阿里斯托克通［Aristogiton］）[1]的特征，也不是现今社会用来区分青少年和成年人的特征。

* * *

如果让我今天重新构思这部书，我大概会保留我原先从事物最初起源开始写起的想法，即从零开始，但书的大脉络还和此书一样。我要关心的仅仅是新材料，会坚持将更多的关注放在中世纪，放在中世纪硕果累累的晚秋。

首先，我会注意到一个非常重要的现象，现在人们开始更好地了解它了：这就是直到17世纪晚期一直存在的对杀婴的宽容。杀婴不是大家赞同的行为，就如在罗马的展览会展出的那样。它是严重的罪行，要受到严厉惩罚。但它却被秘密实行，甚至可能相当普遍，采取的隐蔽手段是意外死亡：婴孩与父母同睡在一张床上，不小心被闷死了。人们不采取措施保护婴孩，也不去抢救。

弗兰德林在关于17世纪社会的研讨会上分析了这种隐蔽的行为（1972—1973年年会，发表在《17世纪》杂志上）。他指出，人们观察到18世纪婴儿死亡率的下降，这一现象不能简单用医学和

---

[1] 我想起了那不勒斯博物馆内的著名群雕。（年轻的哈莫迪俄斯和年长的阿里斯托克通是一对同性恋人，生活在古希腊僭主希庇阿斯时代，曾密谋刺杀希庇阿斯，失败。后被誉为民主斗士，雅典塑雕像纪念他们，雕像的复制品现藏于那不勒斯国立考古博物馆。——译者注）

卫生的原因来解释。当时的人不过就是停止了对他们不想要的婴孩任其死亡或催其死亡的行为而已。

同样在关于 17 世纪研究的一次年会上，P. 奇（P. Gy）引用后特伦托时代[1]宗教礼仪书中的一些文本段落证实弗兰德林的解释。在礼仪书中，主教们以一种可以想象的激烈程度禁止儿童与他们的父母同床而寝，因为由此而发生的窒息事件太多了。

借助自然的方法将一个无助的小生命消灭，没有人会公开承认，但也不会为此感到羞愧。它属于道德上中性的那种做法，受到教会和国家伦理信条的谴责，但却在秘密的状态下实行，施行者可谓在半梦半醒之间，他是有意的，却希望将它很快忘却，做起来还有点笨手笨脚。婴儿的生命在那时看起来有点像今天的胎儿，带有生命的模糊性，所不同的是杀婴是悄无声息的，而堕胎却大张旗鼓。这种区别仅仅属于社会默许和社会允许的不同。17 世纪进入一个新时期，被国家去除了巫婆污名而得以平反昭雪的接生婆们担负起保护婴孩的责任，而家长们在改革者们的教导下，对死亡更为敏感，也越来越提防婴儿的死亡，不惜代价让他们的孩子活下来。

在自由堕胎方面，我们看到，方向正好相反。于是，社会从接受秘密杀婴过渡到对儿童生命越来越迫切的尊重。

---

[1] 在欧洲宗教改革过程中，天主教进行教会改革，于 1545—1563 年召开特伦托天主教大公会议，一般把天主教在此次大会以后形成的文献均称为后特伦托时代的文献。——译者注

* * *

如果说当时对儿童的现实物质生活关心还很少，在一个全民皆为基督教徒的社会里，人们一定会用更多的精力预想孩子的未来生活，即死后的生活。于是，我们就会进入令人激动的洗礼的历史，关于洗礼年龄、洗礼的管理模式等等的历史。我很遗憾未能在本书中涉足这一问题，希望它能引起一些年轻研究者的兴趣。它可以让我们了解对生命的态度，了解古代的儿童。我们缺乏这方面的文献材料，我指的不是为了证实或修正一个周期的开端时间的文献材料，而是能够展示在连续多变的历史过程中，旧心态是如何断断续续通过一系列小的变化最终实现转变的文献材料。洗礼史在我看来可以成为我们研究这类螺旋式发展的最好文本。

我向未来的研究者提出下列一些假设以供思考。

在全民皆为基督徒的社会里（中世纪社会便是如此），所有男人和女人都得接受洗礼。但洗礼何时举行，如何举行？在中世纪中期，我的印象是（需证实），成年人似乎并不急于让他们刚出生的孩子受洗，在有些极端的情况下，甚至忘了让孩子受洗。在全民皆为基督徒的社会里，他们的行为竟然和我们现在的世俗社会如出一辙！我想象，事情大概是这样发生的：洗礼的施行有固定的日子，一年大概有两次，一次在复活节的前夜，一次在圣灵降临节的前夜。当时还没有教会登记册，也没有书面证书，除了他们本人的意识，除了舆论的压力，除了对遥远的、未知的和非武力的权威的恐惧，对个人不存在任何约束。因此，当人们愿意将孩子带去受洗时，他们才这样做，推迟几年是常有的事。11世纪和12世纪的洗礼盆是很大的盆，类似于今天的浴缸，那些不太小的孩子也能浸泡其中。盆很深，一些玻璃彩画工就画了克洛维[1]浸泡在深盆中受洗礼或圣约翰[2]在深盆中受刑。这种盆为长方形小浴缸，形状如石棺。

如果在集体洗礼间歇，孩子碰巧死了，大人们也不会过分悲伤。

可以确定的是，中世纪的神父们对这种精神状态非常忧虑，他们增加宗教圣所，以便让教士能尽快赶到产妇的床头。教士，特别是一些托钵僧，向普通家庭施加越来越大的压力，要求孩子在出生后尽可能早地接受洗礼。于是人们放弃了先前的集体洗礼，因为间隔太久。随着习惯的改变，小孩一出生就受洗便成了定规。浸浴的形式也让位于现在的洒水形式（中间可能存在过渡形式，即两种形式混用）。最后由接生婆为发育不良的儿童施行洗礼，从娘胎里一出来就进行。

再往后，从16世纪起，天主教会进行登记注册，比如通过登门造访的教区教士可以控制洗礼的施行（以前不存在这类控制）。然而在情感方面，也许从14世纪起，胜局就已奠定。14世纪在我看来是洗礼史上非常重要的时期。当时在新的"圣母圣迹"民间故事中，儿童形象变得越来越多，我在本书中为这一章取名为"发现儿童"。

在奇异现象方面，应该特别提到一种奇迹，我判断，这种奇迹

---

[1] 克洛维（481—511），法兰克王国国王，曾率部众皈依基督教。——译者注
[2] 教皇，523—526年在位，曾被派往拜占庭为查士丁尼一世皇帝加冕，返回后被投入监狱。——译者注

在当时应该出现了，或者再晚一点。那就是未受洗礼儿童的复活，就发生在孩子死后领圣事的那一刻。图沙埃（J. Toussaert）曾经讲述过发生在1479年3月11日波佩林格（Poperinghe）的一个奇迹。[1] 对该奇迹的描述具有原创性，出人意料，非同一般，当时人们极少听说此类事件。到了16世纪和17世纪，此类奇迹就变得普通了，甚至出现了专为这种奇迹出现做准备的圣所，人们已经见怪不怪了。人们给这些圣所取了个美丽的名字，叫"暂歇所"。贝尔诺（M. Bernos）根据1558年封斋期的第一个星期天发生在普罗旺斯地区艾克斯的一个奇迹，对这种现象做了精辟的分析。这一奇迹不是"暂歇"，在这座教堂里，"暂歇"是普遍的现象，人们已经习惯将小孩的遗体放在祭坛上，等待出现复活的迹象。这一奇迹使人吃惊并引起骚动的是，在"暂歇"的时候，一支大蜡烛出人意表地突然重燃：这才真正是不太寻常的，而不是"暂歇"本身。[2]

在1479年，奇迹现象仍然存在于习俗之中——大概人们离宗教信仰的源头还不太远。

事情的发生就如人们在教会改革趋势的压力下，先发现儿童的灵魂，然后才是他们的身体。然而，知识阶层的意志一旦被社会接受，它就迅速大众化。儿童于是作为新宗教民间故事中的主角开始了他们的大众生涯。

---

[1] J. Toussaert, *Le Sentiment religieux en Flandre à la fin du Moyen Age*, Paris, 1963.
[2] M. Bernos, «Réflexion sur un miracle», *Annales du Midi* 82, 1970.

* * *

我们接下去要讨论的是另一个14世纪的事实,这方面我在书中没有特别强调。这一事实涉及坟墓。对此问题,我在"发现儿童"一章中也写了一些文字。最近关于人们面对死亡的态度的研究使我对这一问题的认识更精准。

公元4世纪时,在无数吸引罗马访问者的墓碑铭文中,许多提到儿童,提到才几个月大的婴孩:悲痛欲绝的父母设置这样的纪念碑来缅怀他们深爱的孩子,几个月大或几岁大的小亡灵(有几岁的,几个月,甚至几天的)。在罗马、高卢、莱茵兰,在许多带雕塑的坟墓上同时呈现了夫妇和孩子联系在一起的形象。随后,约从5世纪到6世纪起,家庭和孩子的形象在墓碑和与丧葬有关的雕像中消失。当11世纪和12世纪,胸像的习俗复活之时,坟墓成了个人坟墓,夫妻分开安葬,当然也就不存在雕塑有孩子形象的坟墓。在丰特夫罗(Fontevrault),金雀花王朝的两位国王的坟墓是隔开的。

将夫妇俩,有时夫妇仨(一位丈夫与前后两位妻子)合葬的习俗在14世纪越来越多见,而在此同时也出现了雕刻有小孩形象的坟墓,尽管还非常稀少。这两种倾向的趋合并非偶然。我在本书"发现儿童"一章中提到了1378年两位亚眠王子的胸像,不过这两个孩子属于王族。

在塔韦尼(Taverny)教堂,人们可以看到上面刻有雕像和铭文的两块石墙板,这是蒙莫伦锡(Montmorency)家族孩子的墓碑。保留相对完好的是查理·德·蒙莫伦锡的墓碑,他死于1369年。雕像表现的是婴儿被包裹在襁褓里的形象,在那个时代,这种形象并不常见。铭文自命不凡:"这位荣耀的年轻亡灵,查理·蒙莫伦锡之子就躺在这里,第1369年,通往天堂的路走到了尽头,永久享受与基督在一起的快乐。"(原文为拉丁语)查理有一位同父异母的兄弟约翰,死于1352年。他的墓依然存在,但墓碑上的石膏浮雕由于易磨损而消失了,因此我们不知道小孩呈现为怎样的形象,可能也用襁褓包裹。他的墓志铭是法语的,更简单一些:"这里躺着的是强大和高贵的查理·蒙莫伦锡老爷之故儿,卒于1352年7月29日。"

以上两例,均有肖像,墓碑上提到了父亲的名字和孩子死亡的时间,但它却没有标明母亲的姓名和孩子的年龄,而我们知道,在14世纪,死者的年龄一般都可确知。

到15世纪,孩子的墓与父母的墓合在一起,或孩子的墓单独分开的情况越来越多见。到16世纪,这已经司空见惯,就如我根据盖涅尔(Gaignéres)[1]的收藏目录所表明的那样。然而,这些有雕刻和塑像装饰的坟墓主要属于社会地位较高的家族(尽管制作铭文墓碑已经成为手工工匠系列产品之一)。墓碑中最常见的是小"墙板",精简到几行铭文,有时也能看到极小的画像。有关孩子的某些朴素铭牌明显受到古罗马的影响,父母在其中表达了对孩子早逝的遗憾。

以下是1471年留在罗马坎普太利广场的圣玛丽亚教堂(S. Maria in Campitelli)里的一块铭牌[2]:"孩子彼特罗·阿尔贝托尼

---

[1] 盖涅尔,全名François Roger de Gaignières(1642—1715),法国收藏家。——译者注

[2] Forcella, xiii, 788.

奥/特别早熟聪颖，小天才/父母格雷高利乌斯和阿尔特莉亚因他是他们唯一的孩子而格外悲伤/他卒于1471年。"

* * *

再让我们回到包裹在襁褓中的婴儿的论题。

一丝不挂的真实婴儿形象只有到了17世纪才出现。此前，婴儿的形象要么包裹在襁褓中，要么穿着衣服。同时我们知道，从中世纪起，人们的灵魂常常以赤裸的婴儿形象表现出来。

然而，也存在一些非常少见和非常出奇的例子：灵魂也被裹在襁褓里。在罗马特兰斯代维尔的圣玛丽亚教堂（S. Maria in Transtevere）里，有一幅15世纪的圣母升天图：圣母的灵魂表现为包在襁褓中的婴孩，被耶稣抱在手中。

在卢森堡博物馆，有一座1590年的陵墓，上面有一个襁褓中的婴孩被两位天使带向天空。这不是一个死婴的形象。上面的提示让我们知道，死者是一位19岁的男子，因此襁褓中的婴孩应该是他的灵魂。

这类表现并不多见，但我们至少知道其中有件物品年代久远，表明这类表现形式也许有其历史传统。奥地利维也纳博物馆保存着一件10世纪晚期的拜占庭象牙雕，圣母的灵魂形象也表现为襁褓中的婴孩。灵魂表现为幸福的婴孩形象，时而是理想型的、赤裸的，时而是现实型的、裹在襁褓之中的，应该非常接近我们上面提到的杀婴时代和洗礼时代。

事实上，在那些创造这类形象的唯灵论者看来，上帝选民的灵魂就如同受洗后的婴孩那样纯洁无瑕。而在当时，根据一般的习俗，儿童讨人喜爱，但并不亲近。

令人感到好奇的是，到了17世纪灵魂不再表现为儿童的形象，此时儿童越来越表现为其自身，我们已经可以越来越经常地看到许多活着的或死去的儿童的肖像。

在桑里斯（Senlis）考古博物馆，保存着一座奇异的死者纪念碑，它显示出17世纪末翻天覆地的变化。纪念碑是为了纪念皮埃尔·皮瑞（Pierre Puget）的妻子，她于1673年在桑里斯死于剖腹产。墓碑的画面呈现这位妻子升入云端，取跪祷之姿，这是表示弃世而去。她想拯救的孩子光着身子，一手向她伸出一片表示献身的棕榈叶，一手挥舞着一条横幅，上面写着婴儿的名字——梅路易斯蒂（Meruisti）。孩子在这里不再无名无姓。这种表现死后生活的方式非常人格化，灵魂与真人的真实特征紧密相连。从今以后，死者和生者的关系不再停留在教堂和墓地，而是延伸到家庭内部，人们愿意不断地回味它，保留它。

在第戎（Dijon）的马尼埃博物馆（musée Magnien），存有一幅献给雅辛黛·里戈（Hyacinthe Rigaud）的画。画中有一个男孩和一个女孩，他们被呈现为活泼可爱的生动形象，而在这一组人物旁边，是

皮埃尔·皮瑞的妻子和婴孩纪念碑

22　一位画入画框中的中年妇女，一身丧服，神态形同死人。然而事实上，这位妇女还活着，用画框将她表现为值得纪念的形象，故意让人把她认作死者，而真正去世的孩子，被画成活着的模样。

* * *

我在前面已经提到，在17世纪末和18世纪，特别是根据法国的史料，家庭越来越远离大街，远离广场，远离集体生活，它退回到更隐秘的内部，阻止外来人员入侵，更多地关注家庭的亲情。这种新的私密空间组织，通过房间和房间之间的相对独立来达到，房间之间的连接采用走廊，代替以前房间和房间之间的直接贯通。同时也通过房间功能的专门化来实现，如客厅、餐厅和卧室等等。戈尔特魏特（R. A. Goldthwaite）写了篇非常有意思的文章，文章显示，在佛罗伦萨，人们观察到，从15世纪起就出现了非常相似的家庭生活私密化，尽管存在着某些特殊性。[1]作者的论据建立在对佛罗伦萨贵族官邸的分析上，既分析它们的外观，也观察它们的内部空间，因此主要涉及佛罗伦萨的贵族家庭。

13—14世纪的官邸主要以用于防护的塔楼和一楼通往大街的凉廊为特征，在一楼凉廊，家人、朋友和客人聚集一堂，准备参加街区或城市的公共活动。因此这其中不存在公共生活和家庭生活之间的断裂，而是一个向另一个的延伸。危急时刻是例外，受到威胁

---

[1] Richard A. Goldthwaite, «The florentine palace as domestic architecture», *Amer Hist. Rev.*, 77, oct. 1972, pp. 977-1012.

的群体会遁入塔楼。

在塔楼和凉廊之外，官邸与周边的邻居很难区分，在大街两旁，每座建筑的一楼由拱廊组成，每个家庭由这些拱廊连在一起，通过拱廊，人们可以进入商店，或通向官邸的楼梯。在官邸内部，同样缺乏一致性，它的空间与家庭的空间不相适应，比如家庭主要成员的房间延伸到偏房，而房客们的房间却占据中央部分。

到15世纪，官邸的格局不论在外观上还是在理念上都发生了变化。首先它变成纪念性的建筑，一座与周边环境分离的巨大的建筑。那些商店消失了，与此同时消失的是互不相识的居住者。如此区分出来的空间保留给家庭，一个不太大的家庭。通往大街的凉廊被封闭起来，或者被完全废弃。如果说官邸比从前更进一步地表明了家族的强大，那么它也不再对外开放。日常生活集中到内部差不多是四方形的中庭里，避开了街道的嘈杂和喧嚣。

戈尔特魏特写道："官邸属于一个新的'私隐'世界，供相对少的一群人使用。"事实上，房间的数目并无增加：在斯特罗齐宫（palais Strozzi），只有一层楼住人，大概只有十一二间房间。确实，所有的房间都是相连的，没有过道，也没有可供交流的中央空间。因此，这就不允许存在真正的隔离和受到真正尊重的私密性，只有18世纪的建筑才使之成为可能。

此外，我们还知道15世纪的佛罗伦萨家庭人数并不多。[1] 家

---

[1] D. Herlihy, «Vieillir à Florence au Quattrocento», *Annales ESC*, 24 nov.—déc. 1969, p. 1340.

臣和仆人不住在佛罗伦萨官邸里，而在15—16世纪的法国和英国的大家庭里，这些人是被视为家庭成员的，17世纪巴洛克时代的意大利也是如此。人们长期使用的家臣不超过二三人。

于是，佛罗伦萨模式不同于我前面提到过的模式。它的情况有点接近我们的18世纪，比如家庭的大小，将仆人排除在家庭之外，等等，当然它的空间安排还不太适应我们18世纪的那种私密性。

佛罗伦萨的特点因此就在于私密性与开放性的混合。戈尔特魏特做了非常好的分析：这些官邸"明显设计成要给小型的家庭私人化的世界，只属于家庭的世界，但内部却异乎寻常地宽大，它超出了人们生活的房间的范围。事实上，对这类官邸新颖之处的最好描述是，以中等规模建筑构成核心的私人空间的扩展"。

如果一定要说这些居所是否已经具备某种专门用途，我们还不能确切知道。或许有一种房间studiolo，可以认为是我们今天艺术品陈列间的前身，在当时人文主义的环境下，它是私人空间专门化的最初形式。然而，人们已经开始用一些小玩意儿装点房间，这些房间还没有确切的功能，但它们却完全是为私人生活准备的。通过许多圣母诞生图，我们也证明了这种追求个人幸福的爱好，这些诞生图有佛兰德斯的，有法兰西的，也有德意志的。同样表现这方面爱好的还有15世纪室内的各种装饰物，画家热衷于将所有珍贵的和熟悉的物体框入他们的画作之中。

非常自然，在这样私密化的空间里，一种全新的感情在家庭成员中萌生成长，特别是在母亲和孩子之间。这就是家庭情感。戈尔特魏特写道："这种文化集中在儿童和妇女身上，表现出对儿童教育和提升妇女地位的新兴趣……此外,尚无法解释这种对孩子、对孩子和母亲关系的着迷,这种着迷甚至到了走火入魔的地步。这也许是文艺复兴真正唯一基本的主题:婴孩、儿童、年轻人、世俗化的圣母像、妇女的画像。"

如果说,文艺复兴时期的官邸尽管规模宏大,却主要专门为核心家庭而设,家庭从官邸高耸的围墙往后退缩;那么,巴洛克时代的官邸表现出更向仆人和其他客人开放的倾向,它更接近于15世纪和17世纪大家族的经典模式(如城堡、领地、官邸和大农场等)。而到了18世纪,又分割出独立的家庭住房。

15世纪佛罗伦萨的插曲重要并具有启发性。在我的书里,我已经指出和讨论了从15世纪和16世纪起人们越来越多地承认童年的存在,这些迹象在图像里和在教育中(通过学校)都表现出来。而戈尔特魏特则从佛罗伦萨官邸的事例探测到家庭和儿童情感的发端与特殊空间组织的确切关系。从他的结论扩展开来,在家庭和个人亲密关系与家庭内部的一切表现(从14世纪的缩微模型至荷兰画派的绘画)之间可以发现相似的关系。

* * *

案卷还未到封存的时候。家庭史尚处在起步阶段,目前正是它开始刺激研究的时候。在长期的沉默以后,它向着几个方向发展。它的路径由人口史做了铺垫。应该感谢上苍,它没有遭遇如人口史那样的学术膨胀!今天最关注的时代就是15—18世纪。以拉斯莱特(P. Lasletts)和赖格雷(E. A. Wrigley)为代表的剑桥学派想要搞清的是家庭的组成，或扩大的，或夫妇的。[1] 这些研究在法国引起了某些反应：对法国北部的研究表示赞成，对法国南部的研究持保留态度。法国青年史学家似乎更关心夫妻关系的形成（古埃斯［J. M. Gouesse］）和解体（洛丹［A. Lottin］）。此外另一些人，如美国史学家爱德华·肖特（Ed. Shorter）对18世纪晚期道德规范更自由的迹象感兴趣。相关的书目也大大增加了，人们可以从三期《年鉴（经济、社会和文明）》杂志上找到这些书目，并且还可以从中了解到相关问题目前的研究状况。[2]

但愿家庭史不要重蹈它年轻的前辈——人口史——的覆辙，不要由于成功而被埋没在汗牛充栋的出版物之中。

对17世纪和18世纪越来越多的研究得益于丰富资料的存在，这些研究将证实和提出某些假设。然而，在不远的将来，我们有可能因不断重复同样的题目而令人生厌，进步却很小，与我们付出的大量精神和信息投入极不相称。

另一方面，在中世纪和古代一边，有可能产生最具决定性的一些信息。人们急切地期待着马松（Mason）先生关于古代玩具、玩偶，及儿童研究的最初成果。我们还必须进一步探讨中世纪的材料

---

[1] 1969年在剑桥举行的学术讨论会"过去的家族与家庭"（Household and Family in Past Time）。下面我补充一些书目：I. Pinchbeck et M. Hewitt, *Children in English Society*, T. I, Londres, Toronto, 1969; K. A. Lokridge, *A New England Town*, New York, 1970; J. Demos, *A Little Commonwealth*, New York, 1970; D. Hunt, *Parents and Children in History*, New York, 1970; 还有下面引注的《年鉴》杂志的文章。

[2] *Annales ESC*, 24. n° 6. 1969, pp. 1275-1430; 27. n° 4-5. 1972, pp. 799-1233; 27. n° 6, 1972, pp. 1351-1388.

（我已经在尝试），对于我们文明的未来至关重要的14世纪和15世纪有取之不尽的材料，我们还可以追溯到11—12世纪这一主要的承前启后阶段，甚至还可以再往前追溯！

心态史，不论承认与否，它总是比较史和回溯史。我们必须从我们熟知的当代人的行为出发，构建原始模式，然后用这一假设模式与过去的材料进行比较，借助过去的材料构建出新模式，再重新回到现在，修正我们在出发点上形成的原始模式。

就我们今天的现状来说，关于17—18世纪与19—20世纪的关系的研究还未穷尽，但已经取得了一些真实的进展，代价是有些生厌的踌躇不前。然而，解开16世纪以前的百年之谜甚至千年之谜，可以为我们带来一片新天地。我们应该期待的决定性进展也在于此。[1]

1973年写于拉菲特寓所（Maisons-Laffitte）

---

[1] 在这数页文字中，我局限于儿童和家庭的论题，而舍弃专门的教育和学校的问题。后两个问题自1960年以来已经涌现出大量的著作，例如：P.Riché, *Education et Culture dans l'Occident barbare*, Paris, 1962; G.Snyders, *La Pédagogie en France aux XVIIe et XVIIIe siècle*, Paris, 1963; H.Derreal, *Un missionnaire de la Contre-Réforme.Saint Pierre Fourier*, Paris, 1965; Ph.Ariès, «Problèmes de l'éducation» dans *La France et les Français*, enc.La Pléiade, 1972, pp.869-961. 全景式的观察可见由R.Duchene组织的马赛学术讨论会文集，标题为«Le XVIIe siècle et l'éducation»，参见杂志*Marseille*, n° 88（有丰富的图书目录）。

第一部

儿童的观念

第一章　生命的年龄

　　生活在 16、17 世纪的人一定会对要求提供身份的情况感到莫名惊诧，尽管这对我们来说已经司空见惯。从我们的孩子一懂得说话，我们就教导他们知道自己的姓名、父母亲是谁以及自己的年龄。如果某一位叫保罗的小不点被人们问到时，回答说，自己已经两岁半了，他的父母会为此感到非常骄傲。事实上，人们非常在意小保罗是不是讲错：如果他不知道自己有多大，那又该如何呢？在非洲丛林里，年龄仍然是个模糊的概念，它的重要性还不至于到不应忘记的地步。但在我们现今的技术社会里，我们从一地移往另一地都要在警察局的档案里写下自己出生的确切日期，在每一次申请之时，每一步手续之中，每张填写的表格之内，在只有上帝知道还要增加什么的手续之中，我们一遍遍地回忆这一日子，如此我们又如何能忘呢？小不点保罗上学时告诉人家他的年龄，于是他很快成了某某班级的某某保罗；当他得到第一份工作时，他获得了社会保险证，同时也获得了他登记的社会保险号码，这成了他的第二个姓名。于是，除了某某保罗之外，他成了一个号码，该号码的起始表示他的性别，然后是他的出生年代、出生月份。所有公民都会有一个注册号，这一天定会到来：这是身份服务单位要达到的目标。从此，更精确标识我们民事身份的是我们的出生坐标，而不是父母给我们的姓。我们的姓当然不会消失，但它们主要用于私人生活，而我们的身份号码替代它们作民事之用，其中出生日期是最基本的构件。在中世纪，人的名字并不构成太精确的指代，一定要加上家族的姓氏才完整，而家族的姓氏常常为地名。现在我们加上了一个含有数字特征的限定符号——年龄。姓名属于想象的世界（如名）或传统的世界（如姓）；而年龄，它的法定数字可以测算到小时，归属于另一个世界，属于精确的和数字的世界。当今，我们的民事身份同时分属于两个世界。

然而，生活中也存在一些文书，对我们有义务上的约束，不过它们由我们自己起草，上面也不必标明我们的出生日期。它们的种类多种多样，一些是商业文书，如契约、支票等，另一些如遗嘱之类。这些文书在古代均已发明，在现代身份制度建立之前就已出现。弗朗索瓦一世（François I）[1]曾下令让神甫在教区簿册上登记出生情况。但该项已由主教会议做了规定的措施要得到遵行，首先要被习俗所接受，而人们长期不太习惯严密的抽象统计。我们得承认，一直到18世纪，神甫们的教堂簿册才有一定的精确性，或者说有了精确的意识。这是现代国家对户籍官员提出的要求。年龄概念对人的重要性随着宗教和世俗改革者们将它加入一些文件里而逐渐在生活中得到确认，这一进程首先在受教

---

[1] 法国国王，1515—1547年在位。——译者注

育的社会阶层中开始,即在 16 世纪,那些经过学院(collèges)[1]学习的人。在我试图找到某些学校制度的例证时,[2] 我查阅了一些 16—17 世纪的回忆录,叙述者在叙述之始就提到自己年龄、出生地和出生日期的情况并不罕见。有时甚至出现年龄成为特别关注对象的现象。人们在肖像画上标明年龄,这成为个性化、精确化和真实性的补充符号。在 16 世纪的许多肖像画上,人们找到了这样一类题字:"其年龄 29 岁"(Ætatis suae 29),并标明作画的日期:1551 年(布鲁日 [Bruges],布尔比斯·让·费尔纳居 [Pourbus Jean Fernaguut] 的肖像画)。[3] 在一些著名人物的肖像画上,如宫廷的肖像画,一般看不到这样的标识。在家族的肖像画上,与家庭的象征相联系,这类标识或出现在画布上,或存在于旧的画框上。可能算得上最古老的这类肖像是玛格利特·凡·艾克(Marguerite van Eyck)令人惊叹的画像。在上方,我们看到这样的题字:co(n)iux m(eus)s Joh(hann)es me c(om)plevit an(n)o 1439, 17 Junii(大意是:我丈夫于 1439 年 6 月 17 日为我画像);在下方写着:Ætas mea triginta trium an(n)orum(吾之年龄 33 岁)。16 世纪这些肖像通常是成双成对的,一幅画

---

[1] 在中世纪,collège 一词的翻译非常难,各个国家的情况不同,在法国,它可以指非常高层次的教学机构,如"法兰西学院",而目前法国的初中一般也用该词。起初它是受资助的贫困学生的居所,带有救济性质,后来成为大学早期七艺教学的场所。——译者注

[2] 参见第二部第四章。

[3] Exposition Orangerie, le portrait dans l'art flamand, Paris, 1952, n° 67, n° 18.

妻子，另一幅画丈夫。两幅画的创作日期相同，每幅画上重复一次，而年龄则各标各的。如布尔比斯的夫妇让·费尔纳居和妻子安德莲·德·比克（Adrienne de Buc）的画像上[1]有相同的题字：1551年。丈夫标明年龄29岁，妻子年龄19岁。同时还有这样的情况，夫妇画像绘于同一张画布上，如赠送给布尔比斯的凡·金德太伦（van Gindertaelen）夫妇的画，上面呈现的还有他们的两个孩子。丈夫一手叉腰，另一只手搭在妻子的肩上。两个孩子在他们脚边游戏。绘画年份为1559年。在丈夫一侧的家族纹章上题着他的年龄——27岁，而在妻子一侧的家族纹章上，题字为20岁。[2]这些关于身份的材料有时甚至颇具当时画像程式的味道。如标明1572年[3]由马丁·德·伏斯（Martin de Voos）所作的画像，上面有安特卫普市（Anvers）副市长安托瓦纳·安斯勒姆（Antoine Anselme），他的妻子，还有他们的两个孩子。[4]夫妇两人坐在一张桌子的两旁，一位看护着男孩，另一位抱着女孩。靠近他们的头部，即画面的中央上方，有一块漂亮的画框，精心装点，画框里有铭文，题写着他们夫妇的幸福和谐关系，以及两个孩子的姓名（男孩艾吉狄奥，女孩乔安娜）；还标注了画家的姓名，他们夫妇以及两个孩子的出生日期（concordi ae antonii anselmi et johannae Hooftmans feliciq： propagini， Martino de Vos picore，

---

[1] Op. cit.， n° 67 et 68.
[2] Op. cit.， n° 71.
[3] 此处年代有误，原画所作时代应为1577年。——译者注
[4] Exposition Orangerie， n° 93.

DD natus est ille ann MDXXXVI die IX febr uxor ann MDLV D XVI decembr liberi a Ægidius ann MDLXXV XXI Augusti Johanna ann MDLXVI[1] XXVI septembr)。这条题字向我们揭示了画这幅画的动机：它似乎与家庭观念和这一时代家庭观的发展相关。

  这些标明日期的家庭肖像与三四个世纪后的家庭照相簿一样是家庭历史的见证。家庭记事本也表现出同样的精神，它们除了记录一些家庭收支账目之外，也记录家庭的重要事件，如出生和死亡。于是对精确日期的关注与家庭观念汇合在一起。这里涉及的并非个人的定位，而是家庭成员的定位。人们需要通过记录日期赋予家庭生活以历史。对日期的关注不仅表现在肖像画上，而且也出现在个人用具和家具上。在17世纪，非常流行的是将日期刻在或漆在床上、箱子上、碗橱上、衣橱上、汤匙上和仪式用玻璃杯上。日期往往与家庭历史上最令人激动的日子有关，通常是结婚的日子。在某些地区，如阿尔萨斯、瑞士、奥地利、中欧，从17世纪到19世纪的家具，特别是漆器，都标有日期。同时上面还标有两位共同拥有者的姓名。我从图恩博物馆（musée de Thoune）的许多题字中挑出这样一条，它被漆在一件碗橱上：汉斯·比斯科夫（Hans Bischof）—1709—伊利莎白·密丝蕾（Elizabeth Misler）。有时人们只在日期两边写上姓名的首写字母，这一日期即为结婚的日子。这种习俗在法国也非常流行，一

---

[1] 此处的罗马数字年份应该有误，原文如此，照录。对照绘画原作，该处年代应该为MDLXXVI，即1576年。——译者注

直到19世纪末才消失。一位上卢瓦尔省大众艺术博物馆的调查者在一件家具上发现这样的题字：1873 L T J V。[1] 在肖像画上和一件物品上注明年龄和日期的做法与希望带给家庭更多历史感的观念正好对应。

这种题写年代的爱好，虽然在一般人中间一直延续到19世纪中叶，但它在城市和宫廷里很快消失了，因为很早的时候，那里的人们就认为这种偏好有点土气和乡巴佬气。从17世纪中叶起，绘画上的题字趋于消失（人们还能见到一些，但主要是外省的画家，或带乡土气息的画家的做法）。该时代精致的家具仍留有姓名或日期，但已位于相对隐秘之处。

尽管年龄在家庭绘画上占据重要性，但人们不容易记起自己确切年龄的奇怪习惯依然存在。我在前面提到小不点保罗在他刚开始能说话时就知道了自己的年龄。而桑丘·潘沙（Sancho Pança）[2] 却不知道他女儿的确切年龄，虽然他非常爱他的女儿。他说道："她大概有15岁吧，或者大2岁，或者小2岁。不过她有长矛那么高，如四月的早晨那样清新可爱……"[3] 桑丘是个普通人。16世纪，在有文化的社会里，我们很早就看到了体现近代精确性的一些习惯，小孩也许已经知道了自己的年龄；但有一种礼貌习俗却迫使他们不直截了当地讲出来，回答往往带有一

---

[1] Musée des Arts et Traditions populaires, Exposition 1953. n° 778.

[2] 西班牙塞万提斯名著《堂·吉诃德》中的重要人物。——译者注

[3] *Don Quichotte*, éd. La Pléiade, II ^{e} partie, chap. 13, p. 606.

定的保留。当瑞士瓦莱的人文主义者和教育家托马斯·普拉特（Thomas Platter）讲述他的生平时，非常精确地讲到他出生于何时何地，然而，他却被迫用下面的话对事实遮遮掩掩："首先，我一点儿也不能肯定我出生的确切年代，当我想要知道我的出生日期时，人们回答我说，我是在 1499 年来到世上的，就在封斋期前的第一个星期天，当做弥撒的钟声敲响的时候。"[1]这是一种精确与不确定性的奇怪混杂。事实上，我们不必把这方面的保留太当真，这是一种习惯性的保留态度，是对那个人们并不知道确切日子的时代的记忆。使人感到惊讶的是这竟然成了一种礼貌：唯此，才是告诉对方自己年龄的合适态度。我们看一下科尔迪埃（Cordier）[2]所写的一段对话，这发生在学校里，在课间休息时两位小孩这样问答："——您多大年纪？—— 13 岁，**这是从我妈那儿听来的。**"[3]甚至到了按时间顺序记录个人经历已经成为习惯的时候，它仍然没有被当作正面的知识，未能马上赶走古老时代的阴影，在我们的文明习俗中仍然残留着某些时光的痕迹。

* * *

"生命的年龄"在中世纪准科学论文中是常被探讨的主题。这些作者所用的术语在我们看来纯粹是一些口头用语——儿童和

---

[1] *Vie de Thomas Platter* [l'ancien], Lausanne, éd. E. Fick, 1895.
[2] 马杜兰·科尔迪埃（Mathurin Cordier, 1480—1564），法国早期儿童教育家。——译者注
[3] Mathurin Cordier, *Les Colloques*, Paris, 1586.

幼稚、青年和青春、老年和衰老等，每个词指的是生命的不同阶段。我们从中借用了若干词来指代某些抽象概念，如"幼稚"和"衰老"，不过我们的用词与它们的原意已相去甚远。事实上，有一词最初应该是学术用语，但最后演变为非常普通的词。这就是复数的"年龄"。"年龄""生命的年龄""人的年龄"在我们祖先的思想中原属实证的概念，由于这些词太为人熟知、太多地被重复使用、太好用，最后从科学领域进入普通人的生活之中。我们今天已经很难想象年龄的概念在古代世界表象中的重要性。那时人的年龄是一个如同我们今天关于重量、速度一样的科学概念：它属于一种物理式的描述和解释体系，该体系起源于公元前6世纪爱奥尼亚的哲学家，中世纪一些文献编纂者从拜占庭帝国的文献中重新将它整理出来，它甚至影响到16世纪最初印刷的科学普及著作。我们不在这里研究它的确切公式和它在科学史上的地位，重要的是要搞清：在多大程度上，这一科学变得家喻户晓，在多大程度上它的概念进入我们的思维定式，在日常生活中它又如何呈现。我们可以通过浏览1556年出版的《万事大全》（*Le Grand Propriétaire de toutes choses*）[1]对这一问题有更好的了解。这是一本13世纪拉丁文献的汇编，复述了拜占庭帝国作家的所有文献材料。人们认为它非常适于被译成法语，通过印刷可以得到广泛的传播。因此这些早期中世纪的科学文献在16世纪中叶

---

[1] *Le Grand Propriétaire de toutes choses, très utile et profitable pour tenir le corps en santé*, par B. de Glanville, traduit par Jean Corbichon, 1556.

成为普及性的读物。《万事大全》是有关各种知识的大百科全书，有关于神的知识，也有世俗的知识，相当于我们的《大拉鲁斯辞典》。但它在概念上是非分析性的，试图建立自然与上帝的基本统一。该书分成若干个专题：物理学、形而上学、博物学、生理学、人体解剖、医学和卫生、天文学、神学。全书用20卷的篇幅论述上帝、天使、元素、人及其身体、疾病、天空、时间、物质、空气、水、火、鸟等等；最后一册贡献给数字和度量衡。人们从中还可以找到实用的食谱。从中产生了一种普遍性的观念，一种越来越为大众所熟悉的科学观，这是一种关于自然基本上是统一的观念，在所有的自然现象（这种现象与超自然的表现不能分割）之间存在着固定的联系。这种自然和超自然之间不存在对立的观念，既属于大众的异教信仰，也属于物理学，属于神学。我可以认为，这种自然一体的绝对概念也许应该对科学发展的落后负责，传统的力量、古人的权威和《圣经》的地位都无法与之相比。唯有承认单个自然因素可以彻底地孤立出来，我们才能对这一因素有所作为。从自然现象的固定联系出发，我们就不可能在不触发连锁反应和不颠覆世界秩序的情况下简单介入：宇宙的任何部分都不可能拥有足够的自治，面对这种普遍的决定论，人们无能为力。因此对自然的认识仅局限于对支配自然现象的关系的研究上，这种支配关系是由相同的因果链决定的。这种认识只能预测自然变化，却不能改变自然。人们无法摆脱这种因果关系，唯有寄希望于魔法或奇迹。同样一成不变的规律决定了行星的运行、四季植物的循环、元素的关系、人的身体和性格、人类的命运，占星术甚至可以通过这种宇宙决定论认识人间的火灾。所以到 17 世纪中叶，占星术还如此流行，以至于持强烈怀疑精神的莫里哀（Molière）[1] 在芭蕾舞剧《完善的恋人》（*Les Amants magnifiques*）中将占星术当成取笑的对象。

数字的关联性似乎是更深层次的一体化的关键节点。数字的象征意义为人熟知，它存在于宗教的思考、物理的描述、博物志、魔法施行等方面。例如元素的数目、人的体液的数目、季节数目是相关联的，都是 4。我们今天已经很难想象，在这一包罗万象的大千世界中，人们只看到一些数字的偶合。当时的科学可以提出这种数字的偶合，同时也能对它们发生联系的范畴进行定义。然而经过几个世纪的发展，这些数字偶合滑入大众神话的领域。这些产生于公元前 6 世纪古希腊的概念经过很长时间的发展逐渐被一般民众所接受，世界也就成了这样。古代中世纪的科学范畴为大众熟知：元素、体液、行星和它们的占星意义、数字的象征性等等。

生命的年龄于是成为对人类共同生物特征的构想之一，与自然界神秘的数字偶合相联系。后来成为大众概念的"生命的年龄"大概用不着追溯到古典世界的盛期。它来源于公元 6 世纪拜占庭帝国时期人们对于灾难的思考。[2] 佛尔艮提乌斯（Fulgence）[3] 发

---

[1] 法国喜剧作家、演员、戏剧活动家（1622—1673）。——译者注
[2] Comparetti, *Virgile nel m.e.*, tome 1, p. 141-155.
[3] 全名法比乌斯·普朗西亚德斯·佛尔艮提乌斯（Fabius Planciades Fulgentius），5 世纪晚期 6 世纪早期东罗马拉丁语作家。——译者注

现人的生命年龄隐藏在《埃涅阿斯纪》(*l'Enéide*)[1]里：他认为罗马人祖先埃涅阿斯遭遇的海难象征着人类从现实的风暴中诞生。他将第二首诗和第三首诗解释为渴望聆听童话故事的儿童，等等。一幅8世纪的阿拉伯浮雕已经呈现出生命年龄的画面。[2]

关于此题材的中世纪文献非常丰富。《万事大全》在它的第6卷中涉及年龄问题。它将年龄对应于行星，它们的数目都为7。

第一年龄，是长牙的"童年期"（enfance），从出生开始延续到7岁。我们称在此年龄段出生之人为儿童，同样也可以称之为"不说话者"，因为在这个年纪，他们既不能流利地讲话，也不能组成完美的语句，因为他们的牙齿排列还不整齐，也没有长结实，伊西多尔（Isidore）[3]和君士坦丁（Constantin）[4]如是说。在童年以后是第二年龄……人们称之为"稚嫩期"（pueritia）。之所以如此称呼，因为在该年龄，他们就如眼睛里的黑眼珠一般娇嫩，伊西多尔如是说。这一年龄段延续到14岁。

接着是第三年龄，人们称之为"青春期"，据君士坦丁在临终圣餐时所说，它结束于21岁，而据伊西多尔之说，它延

---

[1] 古罗马诗人维吉尔所作的长篇史诗。——译者注

[2] Kuseir Amra, cf. Van Marle, *Iconographie de l'art profane*, 1932, t. II, p. 144.

[3] 拉丁名Isidorus Hispalensis（560—636），塞维利亚的大主教，中世纪早期著名学者。——译者注

[4] 君士坦丁一世，古罗马皇帝，公元306—337年在位。——译者注

续到 28 岁……甚至可以延长到 30 岁和 35 岁。这一年龄被称为青春期,是因为人到了这个年龄,已经可以生育,伊西多尔如是说。在此年龄段,人的四肢是柔软的,能够成长,并从自然的热量中吸收力量和精力。同时还因为,人到此年龄段已经长到大自然所赋予他的应有身材。[然而,人在 30 岁或 35 岁前已经停止生长,甚至在 28 岁前就已经停止。有可能还要早一些,这种情况发生在过早的劳动将组织中的储备能量太早地激发出来之时。]

随后是"青年期"(jeunesse),它处于年龄链的中间,但人到此年龄段最有力量,据伊西多尔之说,这一年龄段延续到 45 岁,而其他人认为应该延续到 50 岁。这一年龄段称为青年期,是因为人在这时的力量可以自助也可以帮助别人,亚里士多德如是说。据伊西多尔之说,接下来是"晚年期"(senecté),它处在青年期和老年期中间。伊西多尔称这个年龄段的人为"持重者"(pesanteur),因为他们在穿着和举止上都显得沉稳持重。这一年龄的人还没老,但他们已不再年轻,伊西多尔如是说。再往后就是"老年期"(vieillesse),有人认为它延续到 70 岁,另一些人认为一直延续到死。据伊西多尔之说,之所以称"老年",是因为人在这一年龄段贪吃,老人也不再有他们曾经有过的清醒头脑,说话开始颠三倒四……老年期最后的部分,拉丁语命名为 senies,在法语中,找不到对应的词,只有用"老年"之名……老年人不断地咳嗽吐痰,邋里邋遢[当时离格勒兹（Greuze）[1] 时代和浪漫主义时代那种高贵老人还很远］，最终化为尘土。

今天我们已经觉得这段莫名其妙的话空洞和随意，但它对当时的读者来说很有意义，一种与占星术相对应的意义：它提醒人们注意到人类命运与行星命运的一致性。另一个与行星相关的数字引出另一个分期，这就是黄道十二宫的 12 星相，人们将生命年龄的划分与中世纪（特别是哥特式建筑时代）最为人们熟知、最使人激动的主题之一，即每年 12 个月的景象联系起来。有一首 14 世纪的长诗，在 15 世纪和 16 世纪数度重印，它演绎出年龄的年历 [2]：

> 人在世上的最初六年，
> 堪比每年的一月间，
> 因此月美德与力量少，
> 恰如六岁的孩童一般。

或者，根据 15 世纪的版本：

> 另一个六年使人成长，
> 就如每年的二月间，

---

[1] 全名 Jean-Baptiste Greuze （1725—1805），法国洛可可时代的画家，以描写轻松享乐的市民生活而闻名。——译者注
[2] *Grant Kalendrier et compost des bergiers*，éd. de 1500，d'après J. Morawski, *Les douze mois figurez. Archivum romanicum*，1926，p. 351 à 363.

最后被带到春天。

当到了十八岁，
带来的变化如此令人愉悦，
人觉得可以为此死上千万遍。
三月的变化也是如此，
景色秀美，大地回暖……

紧随九月而至，
人称十月出现，
人生正好六十载，
垂垂老矣，发如秃枝干，
留下的只有回忆，
将他带向死亡的是时间。

或者，还有13世纪的诗句[1]：

月份之首称一月，
两张面孔各一边。[2]
一面向过去，

---

[1] J. Morawski, op. cit.
[2] 在年历里表现为两面门神杰纳斯（Janus）。

一面看未来。

六岁的孩子也如此,

世上之事他不知。

他要细呵护,

嘴里喂美食。

有好的开端,

才有以后好的终止……

十月到,农人播种忙,

小麦养活世上郎。

此时为人最聪慧,

已到六十岁。

好话送青年,

情同施恩惠。

相同性质的还有将生命的年龄与另一个数字——"4"相联系:四元素、四情绪、四季节、四个生命年龄的重合(consensus quatuor elementorum, quatuor humorum, quatuor anni temporum et quatuor vitae aetatum)。[1] 1285年左右,纳瓦拉的菲力浦(Philippe de Novare)谈到"人的年龄有四时"[2],即有四个20年。这样

---

[1] *Regimen sanitatis*, *schola salernitania*, éd. par Arnaud de Villeneuve.

[2] Ch. V. Langlois, *La Vie en France au Moyen Ages*, 1908, p. 184.

的思考在文献中不断被人重复，一直延续到 16 世纪。[1]

我们应该指出这样的事实：所有这些在我们今天看来空洞不实的术语在当时表达的是一些科学概念，同时与当时一般人关于生命的想法也相吻合。不过在此我们又一次遇到了解释的巨大困难，因为今天我们关于生命的想法已经与过去大相径庭。在我们看来，生命是生物现象，也是一种社会状态，仅此而已。[2] 我们也会说"这就是生活"（C'est la vie），既表示我们对现实的无奈，也表示对客观存在的确信。这是除了生物意义和社会意义外的一种难以名状的东西，但它在骚动，我们通过报纸上的社会新闻去寻找它，人们也这样说它："它是活生生的。"生命（生活）因此成了活报剧，它帮助我们摆脱日常生活的无聊。对于过去的人来说，正好相反，生命（生活）是一种延续，是生命年龄不可避免的、循环往复的，时而幽默、时而怀旧的延续。这种延续镌刻在事物普遍和抽象的秩序之中，而不是真正的生活经历，因为当时能够完整经历生命年龄的人并不多，那是死亡率很高的时代。

"生命年龄"的普及使之成为世俗绘画中最经常出现的主题之一。人们在帕尔莫（Parme）洗礼堂 12 世纪的人像饰柱头上发现了这样的主题。[3] 画家（雕刻家）同时用葡萄园主和第 11 个

---

[1] 1568.

[2] 在法语中，La Vie 有双重含义，一是"生命"，另一个是"生活"，理解这段文字，要从这两方面来理解，下面的翻译也有这样的问题，仅仅一个中文词很难完全表达法语的原意。——译者注

[3] Didron, *La Vie humaine*, *Annales archéologiques*, XV. p. 413.

时辰的劳动者的寓意来象征生命的年龄。在第一个画面上，我们看到葡萄园主将手放在一位儿童的头上，在下面有一行题字指出了儿童的隐喻："第一生命期，人类最初期，童年"（*prima aetas saeculi：primum humane：infancia*）。紧接着："三分之一时，第二年纪，稚嫩期"（*hora tertia：puericia seconda aetas*），葡萄园主将手放在一名年轻人的肩头，年轻人牵着一头牲口，手拿砍柴刀。最后一幅画是一位劳动者拄着他的锄头休息，题字是："老年，第六年纪"（*senectus，sexta aetas*）。

不过，特别要到 14 世纪，这类绘画的基本特征才确定下来，直到 18 世纪都几乎不再有改变。我们同时在威尼斯总督宫（palais des Doges）的柱头[1]上和帕多瓦的伊雷米塔尼教堂（Eremitani de Padoue）的壁画[2]中找到了这些画的特征。首先表现为玩具年龄：小孩骑木马，玩布娃娃，玩小风车，玩脚上系绳的小鸟。接着进入学校年龄：男孩学习阅读，或拿着书和笔，女孩学习纺线。随后是爱情年龄或宫廷和骑士的体育年龄：宴饮，男女青年散步，宫廷爱情，五月婚礼和狩猎。接着是战争和骑士的年龄：武装的战士。最后是深居简出的年龄：法律人士、科学家、学者之类；蓄着满脸胡须的老学者，穿着古代时髦的衣服，坐在火炉边的书桌前。生命的年龄不是只简单地与生物期重合，还与社会功能相联系。我们知道，有一些法律人士非常年轻，但在绘画中，学问

---

[1] Didron，*Annales archéologiques*，XVII，p. 69 et 193.

[2] A. Venturi，*La Fonte di una composizione del guariento. Arte*，1914，XVII，p. 49.

研究是老年人的职业。

这些 14 世纪艺术的形象属性，我们同样在更大众化、更为人熟知的版画中发现，这些几乎完全相似的形象从 16 世纪开始，一直延续到 19 世纪，其间鲜有变化。人们称之为"年龄梯度表"，因为这些人物形象代表了从生到死几个标志性的年龄。年龄梯度表的左边呈上升趋势，右边向下走。在年龄梯度的中间，就如在桥拱之下，表现了一具手持长柄大镰刀的死人骨架。在这里年龄的主题与死亡的主题发生交叉，这两大主题成为当时最热门的主题也许并非偶然。呈现年龄梯度和骷髅舞的版画一直持续到 19 世纪初，但它们都不过是在 14 和 15 世纪已经固定化的图像的翻版。

年龄梯度表

其中骷髅舞的服饰一成不变，保持 15 和 16 世纪的模样，然而，与此相对的年龄梯度表上的人物却不断变换时髦的衣服，甚至 19 世纪的版画上也是如此：在 19 世纪最后一批类似的版画中，我们看到出现了初领圣体仪式的服饰。象征形象的持续性是如此突出，只要看一下这样的例子就足够了：儿童总是骑着木马，小学生总是拿着书和笔，漂亮的情侣（有时青年男子手里拿一束五月小树枝，使人联想到青春和春天的节庆），武装战士变成了军官，或佩着指挥官绶带，或手持军旗。在年龄梯度的下降端，服装也不再随时尚而变化，而是保留往昔的风格：我们看到法律人士背着诉讼包，学者们拿着书或天象仪之类的东西，（最令人感到好奇的）宗教人士手拿念珠。[1]

这些形象不断重复，或作为挂在墙上的画，或画在年历画的边缘，或呈现在家庭小器物之中，滋养了一种将生命分割成几个明显标志性阶段的观念，这些阶段与行为模式、生理体态、社会职能以及穿着打扮相对应。生命分期与自然循环和社会组织有着相同的确定性。尽管人们不断提起衰老和死亡，但生命年龄依然表现为风景如画、天然淳朴的素描，表现为带有一点诙谐情调的剪影。

* * *

中世纪早期的思考留下了关于年龄的丰富术语。当 16 世纪

---

[1] 这一主题并不仅仅局限于民间艺术。它在其他的艺术形式，如绘画和雕塑中也有表现。例如在凡·代克的绘画里，在路易十四凡尔赛宫的三角门楣上。

的人们希望将这些术语翻译成法语时,人们才发现法语和法国的习惯语言用法中没有与拉丁语相当的词汇,至少相对于学术拉丁语而言。1556 年《万事大全》的翻译者直截了当地承认了这方面的困难:"法语相对拉丁语来说,存在更大的困难,因为在拉丁语中,人们分别用不同的名词表示七个年龄(与行星相当),而在法语中,却只有三个名词,即童年(enfance)、青年(jeunesse)和老年(vieillesse)。"

我们将会提到,青年意味着最有力量的年龄,是"年龄的中段",其中没有"青少年"(adolescence)的空间。直到 18 世纪,青少年与童年一直相混淆。在学校用的拉丁语里,人们不加区分地使用名词"puer"(孩童)和名词"adolescens"(青少年)。在法国国家图书馆里,人们保存着冈城(Caen)耶稣会学校的一本学生名册[1],学生名字后面附有简单评语。一位 15 岁的男孩的评语为"好孩童"(bonus puer),而年龄比他小、仅 13 岁的同学,评语却是"优秀青少年"(optimus adolescens)。拜耶(Baillet)[2] 在一本有关神童的书里也承认,在法语中不存在能够区分"儿童"和"青少年"的词,人们只认得一个词——"enfant"(儿童)。

在中世纪末,"enfant"(儿童)一词的意思非常宽泛。人们用"儿童的房间"指墙上画满裸体婴孩壁画的婴儿卧室。人们也

---

[1] Bibliothèque nationale, Manuscrits. Fonds Latin n°s 10990 et 10991.

[2] Baillet, *Les Enfants devenus célèbres par leurs études*, 1688.

用它意指"青少年",指那些品行令人担心的大男孩,即坏孩子。《圣母圣迹》(*Miracles Notre-Dame*)[1]里的"enfant"(儿童)一词在14和15世纪与下列这些词同义:男仆、侍从、服务生、儿子、女婿等。人们说:"他是一位侍从",今天的确切翻译应该是:"他是一个漂亮的小伙。"这句话既可用于年轻人,如"一位英俊的青年人",也可以用于儿童,如"这是一位侍从,人们是如此喜欢他……他会长大的!"有一个词保留到现今,仍然具有古时的模糊和不确定性,该词就是"gars"(小伙子),它直接从古法语过渡到我们如今的口语中。人们用"奇怪的儿童"指称一位邪恶青年,"他是如此的邪恶,甚至不学一门营生,所作所为不像好儿童……常常与那些社会闲杂鬼混,在酒馆和妓院大打出手,对于遇到的单身女子不加强暴就绝不放过"。人们还提到一位15岁的"儿童":"尽管他是一个仪表堂堂又乐善好施的儿子",但他不愿骑马,也不愿与女孩交往。他父亲认为这是由于他胆怯:"这是儿童常有的事。"事实上,他已与圣母订婚。父亲催促他赶快结婚。"于是这孩子变得暴躁起来,上前打了他父亲。"他试图逃跑,但从楼梯上摔下来,受了致命伤。圣母赶来看他,对他说,"亲爱的兄弟,请看一下你的朋友","闻此,这孩子长吁了一口气"。

44

根据16世纪的年龄挂历[2],24岁的年纪,"是强壮和勇敢的

---

[1] *Miracles Notre-Dame*, Westminster, éd. G.F. Warner, 1885. Jubinal, *Nouveau Recueil de contes*, tome I, pp. 31-33, p. 42 à 72; tome II, p. 244, 356-357.

[2] Cité plus haut, n. 1, p. 38.

儿童"，"当他18岁时就成儿童了"。

17世纪，情况依然如此：一份1667年的主教调查报告提到，某教区"有位14岁的年轻儿童（un jeune enfans），在当地居住了一年以上，自居住之时起，得到当地居民同意，他向当地的男女孩童授课，教他们读书写字"。[1]

17世纪也出现了一些变化，如果说，关于"儿童"一词的习惯用法在依附性最强的社会下层阶级中依然如故，那么另一种新的用法已经在资产阶级中出现，对它的界定已经接近当代词义。在日常用语中，儿童期的拉长是由于人们对纯粹生理现象的漠视：人们也许还没有将孩童限定到青春期为止的概念。对"儿童"的观念来自依附观念：作为同义词的"儿子""男仆""服务生"等也是与封建关系或领主依附相关联的词汇。人们只有摆脱了依附地位，或者至少摆脱最低程度的依附，才可以说脱离了儿童期。这也就是关于儿童的这些词汇在口语中长期习惯指代低下阶层成员的原因，因为他们完全服从其他一些人，他们包括随扈、陪同、士兵等。"小男孩"（petit garçon）所指并不一定是小孩，也可以指年轻的侍者。（甚至时至今日，一些老板和工头还这样指称20岁至25岁左右的工人："这还是个小孩，或者还算不上什么人物。"）

因此，在1549年，一位名叫巴杜埃尔（Baduel）的初级学校

---

[1] A. de Charmasse, *Etat de l'instruction publique dans l'ancien diocèse d'Autun*, 1878.

校长为来寄宿学校所带行装和用品之事写信给他学生的父亲："对于小孩来说，带上满足他个人生活需要的东西就够了。"[1]

在 18 世纪初，《弗雷梯埃词典》(*Furetière*) 对该词的用法做了如下解释："儿童（孩子）"是一个表示亲情友情的词，用来打招呼或对某人表示亲昵，或笼络他去做某种事情。当一个人向某位年长者说，"再见，奶奶"，她回答："再见，孩子。"或者这位年长妇人也会对她的随从说："我的孩子，去帮我把某某东西拿来。"一位师傅催促他的帮工去干活时会说："来，孩子们，干活了。"一位军官会对他的士兵说："不用怕，孩子们，要坚强。"人们称呼冲在最前面、面临最危险处境的士兵为"丢失的孩子"。

就在这一时期，在较为富裕的家庭（在这些家庭中依附关系仅仅是由于生理上还不成熟），"儿童"一词的用法出现了主要指年幼者的趋势。其实在 17 世纪，这样的用法就越来越多了。"小孩子"（petit enfant）开始有了我们现在使用该词的意思。古时偏向于使用"年轻儿童"（jeune enfant）一词。直到现在，该词也未完全被遗弃不用。拉封丹（La Fontaine）曾经用过它。到了 1714 年，在伊拉斯谟[2]著作的某个译本中，提到一位年仅 5 岁

---

[1]　J. Gaufrès, *Claude Baduel et la Réforme des études au XVIe siècle*, Bull. Soc. H. du protestantisme français 1880, XXV, p. 499-505.

[2]　15 世纪末到 16 世纪初欧洲著名人文主义者，全名德西德里乌斯·伊拉斯谟（Desiderius Erasmus，1466—1536），史学界俗称鹿特丹的伊拉斯谟。——译者注

的"年轻女孩":"我有一位刚开始说话的年轻女孩。"[1] 在 16 世纪末,"小"(petit)这个词就有了特别的含义:它用于指称所有"小学"的学生,甚至不论他们是不是真的孩子。在英格兰,"小"(petty)也有了与法语相同的意思。在 1627 年的一个文本中,提到了"lyttle petties"(最小的学生)的学校。[2]

特别是由于波尔-罗亚尔(Port-Royal)修道院,以及受它影响而产生的所有道德和教育方面的文献(其实这些文献反映了当时人们对道德秩序的迫切需要和道德观念的普遍传播,而波尔-罗亚尔修道院本身也是这一历史进程的见证者),关于孩童的用词变得越来越多,语意上也越来越接近现代。譬如,雅克琳娜·帕斯卡(Jacqueline Pascal)[3] 的学生被分成"小"(petits)学生、"中"(moyens)学生和"大"(grands)学生。[4] 雅克琳娜·帕斯卡写道:"对于那些小小孩,人们要给予比其他孩子更多的培养和哺育,就如小鸽子一般。"波尔-罗亚尔修道院小学校规定:"小小孩是例外,他们不必天天去做弥撒。"[5] 人们开始用新的口吻谈

---

[1] Erasme, *Le Mariage chrétien*, traduction de 1714.

[2] J. Brinsley, Ludus litterarius(éd. de 1917).

[3] 法国著名数学家和哲学家帕斯卡的妹妹(1625—1661),自幼喜爱文学,后成为波尔-罗亚尔修道院修女。——译者注

[4] Jacqueline Pascal, *Règlement pour les enfants* (appendice aux Constitutions de Port-Royal, 1721).

[5] Règlement du collège du Chesnay, dans Wallon de Beaupuis, *Suite des amis de Port-Royal*, 1751, t.1, p. 175.

及"小小灵魂""小小天使"等。[1] 这些词语表达预示了 18 世纪和浪漫主义的情感。莱利梯埃（Lhéritiers）小姐所写的故事希望呈现给"年轻的灵魂"和"年轻人"："这些形象包含了那些通过思考完善他们理性的年轻人。"[2] 因此我们观察到，在这个人们似乎瞧不起孩童的世纪，相反地却出现了一些我们直到现在还在使用的用语和成语。在《弗雷梯埃词典》中提及孩童一词时引用了一些我们今天还耳熟能详的谚语，如"没有劝诫，任其放荡，小孩宠坏"，"从小开始懂算计，世上无童心"，"纯真如婴孩"。你是不是认为这些谚语最早不会超过 19 世纪呢？

然而，在人们努力想谈论小小孩时，17 世纪的法语却因为缺乏适当的词汇将他们与大孩子区分开来而颇感尴尬。这样的情况也出现在英语中，今天的"婴儿"（baby）一词当时也用于大孩子。如英文的利里（Lily）拉丁语语法书（从 16 世纪初开始使用直到 1866 年），就提到它面向"所有小宝贝（babes），所有小孩子（children）"。[3]

但在法语中确实也存在一些词汇特指最小的孩子，其中一个词就是"poupart"（娃娃）。《圣母圣迹》中有一则故事，讲一位"小童"（petit fils）要给画中孩提时的耶稣喂饭，"看到这位小孩如此执著和好心肠，怀有怜悯心的耶稣就开口说话，对他说：'poupart

---

[1] Jacqueline Pascal, voir note 2, ci-dessus.

[2] M. E. Storer, *La Mode des contes de fées*, 1928.

[3] *I pray you, all lytell babes, all lytell children, lern...*

（娃娃），别哭了，过三天你会和我一起用餐。'"然而，"poupart"一词事实上不是现在"婴孩"的意思，人们也叫他"clergeon"（小教士）[1]，他身穿白色长袍，帮助做弥撒，书中写道："这里有些小孩，字不识几个，他们更想去吸妈妈的奶，而不想做圣事。"到了17和18世纪的语言里，"poupart"一词不再指孩子，取而代之的是"poupon"，我们今天还在使用该词，不过已经采用阴性形式，即"poupée"（玩具娃娃、小女孩等）。

于是，法语被迫借鉴其他语言，即外国语言、学校和职业行话等，来指称最低年龄段的小孩，因为从那时起，人们已经对他们越来越感兴趣了。譬如，人们借用意大利语的"bambino"改造成法语的"bambin"。[2] 德·塞维涅夫人（Mme de Sévigné）则从普罗旺斯语中借用了"pitchoun"一词，该词可能是她在格利尼昂（Grignan）家小住时学到的。[3] 她的堂兄德·古朗热（de Goulanges）不喜欢孩子，但爱谈论他们，特别讨厌三岁的"marmouset"（这是个老词，后来成为大众语言中的"小男孩"[marmot]），"这些下巴肥肥、拖着鼻涕的小孩把手指插入每个小菜中"。[4] 人们还使用拉丁语学校或体育和军事院校里的俚语：

---

[1] *Miracles Notre-Dame*, op. cit.

[2] 现代常指2岁至10岁的小孩。——译者注

[3] "如果你认为我喜爱小女孩更甚于小男孩，那就错了。"Mme de Sévigné, *Lettres*, 12 juin 1675; voir aussi 5 octobre 1673.

[4] Coulanges, *Chansons choisies*, 1964.

这个小"frater"(兄弟)、这个"cadet"(老弟)。[1] 用于多人时,就说"populo"(小孩)[2] 或者用"这些小人儿"。同时人们越来越多地使用昵称,在德·塞维涅夫人和费讷隆(Fénelon)[3] 的信件中可以找到"芳芳"(fan fan)的称呼。

随着时间的推移,这些词发生了变化,它们所指是小孩,但这些小孩已经能开始自己行走了。因此,用于指代刚出生不久的那种婴孩的词仍然缺失。这种词汇不足直到 19 世纪才得到弥补。人们从英语中借用了"baby"(婴孩)这一词,该词在 16 和 17 世纪时指的是可以上学去的孩子。这就是故事的最后阶段:自此,由于法语词"bébé"(婴孩)的出现,最小的孩子找到了他们的名字。

* * *

尽管关于小孩童的词语出现并延伸,但童年与青少年,童年、青少年与青年的界限仍然模糊不清。人们尚没有"青少年"(adolescence)的概念,此概念的形成还需时日。在 18 世纪,人们从两个人物身上看到了"青少年"的影子。一位是文学人物,名字叫谢吕宾(Chérubin),另一位是社会人,即军队应征者。谢吕宾身上表现最突出的是身体发育的模糊,人们强调这位刚走出

---

[1] 指军校生,cadet 一词原是"小儿子"的意思。在封建社会,家产由长子继承,而次子通常进入军校,最后担任军官。由此"老弟"就成了指代军校生的俚语。

[2] Claudine Bouzonnet-Stella, *Jeux de l'enfance*, 1657.

[3] 法国天主教神学家、诗人和作家,生于 1651 年,卒于 1715 年。——译者注

童年的年轻人貌似女性的一面。这样的视角其实并非全新：由于当时小孩过早地进入社会，在接近发育阶段，青少年初期的特征就是男孩拥有女性的外表。这就可以解释为什么男扮女装或女扮男装都非常容易，在17世纪初巴洛克风格的小说中有大量类似的描写：两位年轻人建立了深切的友谊，但其中一位是乔装打扮的女子等等。尽管那些冒险小说的读者非常好骗，但也要求最低程度的真实感，至少不长胡须的男孩与女孩之间具有相似性（我想，如果是剃须装扮，胡须不可能剃得完全看不出）。然而这种男女相似性在那时还不被看作青少年的特征，也不被看作年龄的特征。这些身体单薄、不长胡须的男孩不是青少年，他们已如成年男性那样行事，他们发号施令，他们参加战斗。相反，在谢吕宾身上，男孩的女性模样和童年向成年人的过渡联系起来：它表现为某一时间的状态，即爱情萌生时间的状态。

谢吕宾后无来者。相反，在男孩身上蕴含的男性力量将最后表达"青少年"的概念。18世纪的军队应征者预示了"青少年"的出现。让我们读一读下面这则18世纪末的征兵招贴。它向"杰出的青年"（brillante jeunesse）呼吁："那些想要分享本军团已经获得之荣誉的年轻人（Jeunes gens）可以致信唐布吕纳先生……征兵者会重赏为他们带来杰出成员（beaux homes）的人。"[1]

---

[1] 1789年为Royal Piémont军团征兵的招贴。见展览会：l'affiche, Bibliothèque nationale 1953, n° 25。

*　*　*

现代青少年的第一位典型是瓦格纳（Wagner）的"西格弗里德"（Siegfried）。[1] 戏剧《西格弗里德》和音乐第一次将青少年情感特征混合在一起，如（暂时的）纯真、身体力量、天然习性、自发冲动、享受生活等，这一切将使得青少年成为我们 20 世纪的主角，20 世纪是青少年的世纪。这类诞生于瓦格纳式德国的人物稍后大约在 20 世纪初进入法国，"年轻人"（jeunesse）于是成了"青少年"，他们成了文学作品的主题，也成为卫道士们和政治家们关心的对象。人们开始严肃地思考，年轻人在想些什么，有些关于这些年轻人的调查报告出版，其中就有马西斯（Massis）和昂利欧（Henriot）的调查报告。年轻人中似乎蕴藏着新的价值，这些新价值可以使老化的和走向腐朽的社会焕发青春。在浪漫主义时期，我们已经见识过这类情感，但它不是针对单个的年龄层，尤其是它局限于文学作品和这些作品的读者群中。与之形成对照，这种青年意识在 1914 年世界大战后成为普遍和寻常的现象。前线的战士与后方的年老大众产生对立。青年意识首先是老兵的情感，这种情感在所有交战国中均存在，甚至在多斯·帕索斯（Dos Passos）[2] 的故乡美国。从那时开始，"青少年"的概念

---

[1] 瓦格纳（1813—1883），19 世纪德国作曲家、剧作家，"西格弗里德"是他的剧作《尼伯龙根指环》（四部曲）中的主人公，其中第三部曲就以"西格弗里德"为名。——译者注

[2] 多斯·帕索斯（1896—1970），美国小说家和艺术家，第一次世界大战爆发后，在美国尚未参战的情况下，作为志愿者赴欧，协助协约国，如充当司机等。——译者注

得到延伸,在上游将后推到童年,在下游前进到成年。自此,成家不一定立业,婚姻并未让"青少年"期中断:已婚的"青少年"成为我们这个时代最特殊的类型之一,他们决定着时代的价值、时代的爱好和时代的风尚。由此,我们的社会从忽视青少年的时代过渡到把青少年看作最佳年龄的时代。现在我们希望更早地进入这个年龄段,并希望尽可能长地延续它。

伴随这一变化的是另一个有关老年的与之平行又方向相反的变化过程。我们已经知道,在古代社会,人很早就进入老年。大家熟知的例子就是莫里哀喜剧中的老头儿,在我们现在看来,他们都还年轻。此外,老年画像上表现出的老年人绝没有年老体

提香:《音乐会》

衰的迹象：掉头发、养胡须就算老年了，模样好一点的老年人有时就简单地表现为秃顶。提香（Titien）[1] 画作《音乐会》（Le Concert）中的老年人就是这样，这幅画同样也表现不同年龄的人物。总的说来，在 18 世纪以前，老年人是被嘲讽的对象。在洛特鲁（Rotrou）[2] 的一出戏剧中，剧中人想把自己的女儿强嫁给一位五十多岁的人。剧中如此描写："他年龄刚半百，满嘴已没牙！"

> 他看起来，诞生在
> 农神的世纪，洪荒的年代；
> 行走要靠三条腿，
> 两腿已遭痛风摧；
> 每步皆踉跄，
> 一路颤巍巍，摔倒再爬起。[3]

如果此人再年长十岁，就会像基诺（Quinault）[4] 剧中六十多岁的老人：

---

[1] 提香（1490—1576），意大利画家，《音乐会》是其 1512 年的作品。——译者注
[2] 洛特鲁（1609—1650），全名让·德·洛特鲁（Jean de Rotrou），法国诗人、剧作家。——译者注
[3] Rotrou, *La Soeur*.
[4] 基诺（1635—1688），全名菲力浦·基诺（Philippe Quinault），法国剧作家。——译者注

> 弯腰撑住拐棍，这位好心的小老头，
> 咳嗽、吐痰、鼻孔喘气，开点玩笑，
> 唠叨老掉牙的故事，惹烦了伊莎贝拉。[1]

旧时的法国不太瞧得起老龄：这是退休的年龄，捧着书本的年龄，诵经信教的年龄和唠叨的年龄。16、17 世纪，完人的形象是较年轻一点的人：站在年龄梯度表的顶端、身披绶带的军官。事实上，他并不年轻，尽管用我们今天的标准看他是年轻人。他相当于当时年龄的第二层次，即处于童年和老年之间，在 17 世纪，人们称之为"青年"。弗雷梯埃非常认真地考虑过生命阶段分期的古老问题，想到在成熟阶段应有一个中间概念，但他承认，这一概念不太规范，没有流行。他认识到"法律人士将青年和成熟时期当作同一个年龄段"。17 世纪在那位年轻军官身上体现了自己的特征，正如 20 世纪在青少年身上找到自己的特征一样。

然而，到了今天，老年人消失了，至少在口头语言中。旧时的"老头"（un vieux）一词仍然存在，但它已经带有一点俚语的味道，有点蔑视或有点居高临下。这一演变可分为两个阶段。首先有受尊敬的老年，银发祖先，智慧的涅斯托尔（Nestor）[2]，有宝贵经验的富贵长老：格勒兹画中的、雷蒂夫·德·拉布列

---

[1] Rotrou, *La Mère coquette*.
[2] 古希腊《荷马史诗》中的英雄，以年长、有经验、善雄辩著称。——译者注

东纳（Restif de la Bretonne, 1734—1806）书中的和整个 19 世纪的老人。他们还达不到灵巧敏捷的程度，但已经摆脱了 16 和 17 世纪那种佝偻不振的形象。这种对老人的尊重今天或多或少还存在于我们的既有观念中。然而，确切地说，这种对老人的尊重在我们这个时代已经失去目标。这是第二个阶段：老人消失。老人已经被"年长者"和"保养有方的先生和太太"所替代，这些概念仍然属于资产阶级，但它们越来越向大众化方向发展。身体保养的技术性观念替代了老年的生理和社会观念。

* * *

一切就是如此发展，每一时期，都有一个占优势的年龄段，一个特殊的生命阶段：17 世纪占优势的是"青年"，19 世纪是"童年"，20 世纪为"青少年"。

这种一个世纪到另一个世纪的变化取决于人口关系因素。这些变化是每个时期公众舆论对当时人口结构的朴素反映，而舆论对人口结构的认识很难保持客观。由此，青少年概念的缺失、对老年的轻视，或相反地，老年的消失（至少可视为地位下降）、青少年概念的引入等表现出来的就是社会对生命长短的反映。寿命的延长牵扯出一些以前并不存在的生命空间。虽然在拜占庭帝国和中世纪实际生活中并不存在，但那时的学者们对此已有命名，现代语言借用了这些以前仅停留在理论上的古老词汇，用它们指称一些新的社会现实：长时间为人们熟知但现今已被人遗忘的最后论题,即"生命的年龄"。

生命短暂的历史时期与生命延长的今天相比,占优势年龄的概念显得更为重要。在接下来的篇章中,我们将专门关注童年的各种迹象。然而,不要忘记,儿童的表象在偏好"青年"的时代或多或少是相对的。那是没有儿童、没有少年、没有老人的时代,那是属于"年轻成年人"(hommes jeunnes)的时代。

第二章　发现儿童

直到12世纪前后，中世纪的艺术还未涉及儿童，也没有表现他们的意愿。很难相信，儿童形象在艺术上缺失是由于当时人的笨拙和无能。我们宁愿认为，这是儿童在这个世界上没有地位的表现。一幅11世纪奥托风格（ottonienne）[1]的细密画[2]给我们留下了曲解儿童的深刻印象，当时的艺术家用我们的观感难以接受的方式曲解了儿童的身体。画的题材是《圣经》的场景，耶稣要求人们允许小孩到他身边去，拉丁文本是清楚的：*parvuli*（小孩）。然而，细密画家却在耶稣周围画了八个真正的成年人，没有任何儿童的特征：只是个子画小了一点，身材与成年人有所区别。在一幅11世纪晚期法国的细密画[3]上，被圣尼古拉复活的三个孩子也被处理成仅仅身材比成年人矮小，丝毫没有儿童的外形和特征。画家如果画儿童裸体（裸体暴露当时非常罕见），他会毫不犹豫地给儿童画上成年人的肌肉，例如：在莱

---

[1] 流行于10—11世纪德意志地区的艺术风格，其名称来自当时担任帝国皇帝的奥托一世、奥托二世和奥托三世。——译者注

[2] Evangéliaire d'Otton III, Munich.

[3] Vie et miracle de saint Nicolas, B. N.

登图书馆馆藏、圣路易[1]用过的《圣经·诗篇》（成书于12世纪末13世纪初）中，以实玛利刚出生就有成年人那样的胸腹。[2]在13世纪，尽管人们有了更多想表现儿童的意愿，[3]但依然遵循旧法。在圣路易的插图本《圣经》（*Bible moralisée de saint Louis*）中，孩子形象的呈现更频繁，但除了身材之外，仍然没有其他的特征。有幅插图是有关雅各的生活插曲：以撒坐着，周围有他的两位妻子，还有十五六个小人儿，他们的身材仅及大人腰部，这是以撒的儿子们。[4]约伯由于他的信仰而得到补偿，重新富裕了，书籍装饰画师为了表现约伯的财富，在他的左侧画牲口，在他的右侧画孩子，他又有了众多的孩子——多生多育与财富不可分离的传统画面。在《约伯书》的插图中，孩子依身材高低一字排开。

此外，在13世纪圣夏佩勒王家小教堂的《福音书》[5]中，讲到耶稣将五饼二鱼化作许多饼和鱼让几千人吃饱的神迹，画上耶稣与门徒站在一个小人儿的两边，小人儿的个子仅及耶稣和门徒的腰部——当然这就是手持鱼的小孩。从罗马程式的世界到13世

---

[1] 指法国国王路易九世（1214—1270）。——译者注

[2] Psautier de saint Louis de Leyde.

[3] 人们可以比较一下奥托福音书和圣路易插图本《圣经》中的那个画面："让小孩到我这边来。"

[4] Bible moralisée de saint Louis. f° 5. A de Laborde, *Bibles moralisées illustrées*, 1911-1921, 4 vol. de planches.

[5] Evangéliaire de la Sainte-Chapelle；scène reproduite dans H. Martin, *La Miniature française*, pl. VII.

纪末，儿童没有自身的特点，只是身材缩小的成人。这种在艺术中拒绝接受儿童形象的做法其实在大部分古老文明中都能看到。撒丁岛有一尊公元前9世纪的青铜雕像[1]，有点类似《哀悼基督》[2]那样的造型：一位母亲手臂上抱着她的儿子，后者身材很高大。然而，他有可能是个孩子，目录单上这样标注："小身材的男子有可能是孩子，因为根据其他民族在古代所采取的程式，孩子可能会表现为成年人。"事实上，以现实主义的风格表现儿童，或将儿童理想化，表现儿童的优雅，表现儿童的丰满，这一切似乎都和希腊艺术联系在一起。小爱神厄洛斯的形象在希腊化时代非常盛行。随着希腊化其他题材的消失，孩子的形象也在图像上消失了。罗马重新回到不展示儿童特征的传统，这是古希腊文明之前的古代的特点。这不仅是一种巧合。我们是从一个对儿童一无所知的表象世界出发的：文学史家（卡尔维阁下［Mgr Calvé］）在谈到史诗时也指出，史诗中神童的行为具有武士那样的勇敢和力量。这无疑表明10和11世纪的成年人不及细想儿童的形象，儿童对于他们来说既引不起兴趣，也不是现实存在。也可以认为，在当时活生生的真实生活中，而不仅仅在美术形象的转换上，儿童被看作一个稍纵即逝的过渡时段，人们很快就丧失了对它的回忆。

---

[1] Exposition des bronzes sardes, Bibliothèque nationale, 1954, nº 25, pl. XI.
[2] 文艺复兴艺术家米开朗琪罗的雕塑作品，表现为圣母怀抱死去的基督，充满哀伤。——译者注

这就是我们问题的起点。那么，由此出发，如何最后达到凡尔赛宫花园里出现众多顽皮孩童形象的地步呢？如何达到我们家庭相册中拥有各个年龄段齐全的儿童照片那样的程度呢？

约在 13 世纪，出现了几种类型的孩子形象，这些类型似乎有点接近现代人对儿童的感觉。

第一类是天使，其外表如非常年少的年轻人，如少年：科隆比埃（Colombier）神父说，相当于教堂中的小侍童。[1] 但侍童多大年纪？当时各种年龄段的孩子都可能被培养担任此职，他们的目标是获得神学院的学员那样的地位，但当时并没有神学院，拉丁语学校是唯一的学校，主要的任务就是培养教士。《圣母圣迹》的一则故事中提到："此处有小孩多名，更有意愿吸吮母乳（当时小孩断奶很晚，莎士比亚戏剧中的朱丽叶三岁时仍靠母乳喂养），而无意任圣职。"[2] 再譬如，兰斯教堂中的天使形象，是一位大小伙子，而不是小孩子，但艺术家们有点矫揉造作地突出了他诸如小孩那样丰满、俊美，甚至有点女性化的特征。我们已经远离了奥托时代细密画中那些身材缩小的成年人。这类少年形象的天使到 14 世纪将非常多见，并一直延续到意大利 15 世纪晚期：如弗拉·安吉利科（Fra Angelico, 1395—1455）、波提切利（Botticelli, 1445—1510）、基尔兰达约（Ghirlandajo, 1449—1494）等人所画的天使。

---

[1] P. du Colombier, *L'Enfant au Moyen Age*, 1951.

[2] *Miracle Notre-Dame*, Westminster, éd. A. F. Warner, 1885.

第二类儿童将是艺术史上所有小孩形象的样板和祖先,即童年耶稣,或童年圣母。这里的孩子形象与母性的神秘和圣母崇拜联系在一起。起初,耶稣就如其他孩子那样,仍然保留着微型成年人的模样:神态威严之小上帝,由圣母带到世人面前。但在绘画方面,将童年耶稣更写实、更富有情感地表现出来的过程很早就开始了:在一幅12世纪后半叶的细密画中[1],耶稣站着,身穿薄薄的、几近透明的衬衣,双臂搂着圣母的脖子,身体紧靠着圣母,脸颊贴着脸颊。伴随圣母的母爱,儿童进入图像世界之中。13世纪,它触发了其他一些家庭场景的灵感。在圣路易插图本《圣经》中,人们看到一些家庭场面,父母被他们的孩子们围绕着。[2] 同样表现这种亲情的场景在夏特尔教堂的祭廊中也可看到,如表现摩西家庭:丈夫和妻子手牵着手,孩子们(小大人)围在他们身旁,将手伸向他们的母亲。不过,这类事例依然罕见:对小孩的热爱仍然局限于童年耶稣身上,一直持续到14世纪,此时,正如我们熟知的那样,意大利艺术为这种情感的发展和扩展做出了重要贡献,对儿童的情感是与母爱联系在一起的。

第三类儿童形象——裸婴——产生于哥特艺术时代。童年耶稣几乎没有以裸体表现的。最为常见的是,如他这样年龄的其他孩童一样,被非常纯洁地裹在襁褓里,或穿着衬衣,或穿着长

---

[1] Manuscrits à peinture du XVIIe au XIIe siècle. Exposition Bibliothèque nationale,1954,n° 330,pl. XXX.

[2] 参见 n. 1,p. 54。

衫，直到中世纪末期，才被褪去衣衫。插图本《圣经》中的细密画表现的儿童场面，也让孩童穿上衣服，例外的是被希律王所屠杀的无辜婴孩和所罗门王为两位母亲争抢儿子做裁决时的那个死婴。只有通过死者和灵魂这样的隐喻，人们才将裸体儿童的形象引入形体艺术世界。早在5世纪，前拜占庭时期的绘画中就出现了未来的罗马风格艺术的一些迹象，人们将死者的身体缩小。尸体要小于正常人体。在米兰的安布罗斯图书馆馆藏的《伊利亚特》(Iliade) 中，战场上的死者大小仅为活人的一半。[1] 在法国中世纪艺术中，灵魂用裸体的、通常无性别特征的婴孩来代表。"最后审判"的场景中，正直的灵魂就以这样的形态被引领至亚伯拉罕的面前。[2] 垂死的人从嘴巴中将代表灵魂的裸婴吹出来：这是灵魂离去的场景。而人们表现灵魂进入世界也用这类婴孩形象，如表现神奇和神圣的孕育：告知天使将一个裸婴——即耶稣的圣灵[3]——交给圣母；同样的情况也出现在非常自然的怀孕场景中：一对夫妇歇在床上，表面看起来规规矩矩，但一定发生了什么事情，因为一个裸婴从空中下来，进入女子的嘴巴里[4]："自然创造人的灵魂。"

在14世纪，特别是15世纪的历史进程中，这些中世纪的孩子类型发生了变化，但其发展方向却已经在13世纪被指明了。

---

[1] *Iliade*, de l'Ambrosienne de Milan.
[2] Rampilly.
[3] 参见 n.1，p.54。
[4] *Miroir d'humilité*, Valenciennes, f° 18，15世纪初。

我们已经说过，教堂侍童形象的天使在 15 世纪的宗教绘画中依然活跃，并无太大变化。相反，圣婴的形象却从 14 世纪开始不断增多，并越来越多样化：它的命运和繁荣见证了对儿童的情感在集体意识方面的进步，对儿童的特殊注意在 13 世纪时还是孤立的现象，在 11 世纪时则完全不存在。在耶稣和他母亲的组合中，艺术家强调了婴孩可爱、温柔、天真的方面：婴孩寻找着母亲的双乳，或者想要拥吻或抚摸母亲；婴孩玩着其他孩子熟知的游戏，或手里拿着拴住脚的小鸟，或拿着水果；婴孩吃着糊状的食品；婴孩被包裹在褪褓中；等等。所有可以被观察到的行为（至少那些愿意注意孩子行为的人可以观察到）自此都得以呈现。这些感情现实主义的特征历经很长时间才超出宗教画的范围，这并不让人感到讶异，因为我们知道，在表现风景和表现风俗方面，情形同样如此。但同样重要的现象是，圣母和圣婴的组合在发生变化，变得越来越世俗化：呈现为日常生活的场景。

开始有点小心翼翼，接着就越来越常见，宗教儿童形象也不再局限于耶稣：首先加上的是圣母的童年形象，它至少引发了两个新颖的、常见的题材。一是圣母出生的题材：人们把场景安排在分娩的房间里，围绕着新生儿，人们为她洗浴，为她包裹，将她递给她的母亲。另一题材为圣母的教育，学习阅读：圣母阅读着圣安娜[1]手中拿着的书。接着出现了其他圣婴：如与童年耶稣一起游戏的伙伴圣约翰；如圣雅各；如一些女圣徒的

---

[1] 圣母之母。——译者注

童年形象——玛利亚·西庇太和玛利亚·撒罗米。[1] 由此一种全新的主题画形成了，呈现出越来越多儿童的场景，并有意识地将这些圣婴组合在一起，时而身边有他们的母亲，时而只有他们自己。

这种主题画一般可上溯至 14 世纪，与圣人事迹和传说中大量出现儿童故事的情形正巧吻合（如《圣母圣迹》）。这种主题画一直持续至 17 世纪，绘画、挂毯和雕塑等都以此为蓝本。接下来我们在谈及儿童的宗教活动时还有机会回到这一论题。

这种儿童的宗教画最后在 15 和 16 世纪分离出世俗画。这一过程也不仅仅局限于儿童绘画。约定俗成之寓意画经过转变发展成风俗画，即带有故事情节的绘画替代了静止的象征人物的形象。原先那种寓意画从古代中世纪一些关于自然的观念中获得灵感：如生命的年龄、季节、方位、元素等。我们下面还会用较长的篇幅来讨论这一演变。[2] 在此，我们只要记住，儿童已经成为这些小故事中最经常出现的人物之一，这里有儿童在家庭中的场面；有孩子和他的游戏伙伴（这些伙伴常常是成年人）的场面；有处在人群中的孩子们，但他们被安排得比较显眼，有的在母亲的怀里，有的被牵着手，有的在玩耍，有的甚至在撒尿；有处在若干组人群中的孩子，他观看奇迹，观看殉道者被迫害，参与头

---

[1] 原文如此。根据《马太福音》27 章 56 节与《马可福音》15 章 40 节的对照，嫁给西庇太并成为"西庇太两个儿子的母亲"的玛利亚，本名即撒罗米，因此在通行的观点中，玛利亚·西庇太和玛利亚·撒罗米应为同一人。——译者注

[2] 参见本书下文，第三部第二章。

胎婴儿奉献礼和割礼之类的宗教礼仪;有孩子学手艺的场景,如金银器的制作、油漆等;有孩子在学校的场景,这是多见且古老的题材,可追溯至 14 世纪,直到 19 世纪,不断地给风俗画以灵感。

再一次需要指出,话不能说得太过:总体上说,这些风俗画并不是完完全全表现孩子的,很常见的情况是,这些画将孩子放在画面主要人物之中,这些人物有可能是第一主角,也可能是第二主角。这种状况向我们揭示了两种观念:第一,孩子的日常生活与成年人混杂在一起,不论是工作、闲逛还是游戏,孩子和成年人总是在一起;第二,人们特别喜欢表现儿童的秀美和生动(对于细枝末节上鲜明生动的追求在 15 和 16 世纪发展起来,与发觉儿童可爱之处的情感交相辉映),特别喜欢将孩子放在群体之中,放在人群之中。这两种观念中,一种在我们看来已经过时了:今天的我们和 19 世纪末叶的人们已经趋向于将儿童的世界与成年人的世界区分开来;而另一种观念却预示了对儿童的现代情感。

* * *

如果说,天使、圣婴以及后来绘画方面的发展等等的起源可以追溯到 13 世纪,那么,15 世纪出现了另两类新的儿童表现形式:肖像和男孩裸像。我们已经看到,在中世纪并不缺少儿童形象,至少从 13 世纪开始;然而,那时看不到一幅儿童肖像画,看不到一幅真实儿童的肖像——如这位儿童处在他生命的特定时期那样的肖像画。

60　　　　我们保存着盖尼埃尔（Gaignières）藏品的清单，在其中的坟墓人物造像中，儿童要晚至16世纪才出现。[1] 使人感到好奇的是，最早儿童并不出现在自己的坟墓上或他父母的坟墓上，而是出现在他们老师的墓碑上。在博洛尼亚（Bologne）教师墓地里，展现了教师在学生中间给他们上课的场面。[2] 从1378年起，亚眠主教、拉格朗吉（La Grange）红衣主教在他的大教堂里一根"美丽的柱子"上呈现了两位小公子的形象，一位10岁，一位7岁，主教是他们的辅导教师。[3] 当时，不论小孩还活着，随后长大成人，还是过早地死去，人们都想不到要保留小孩的形象。第一种情况（儿童长大成人）下，童年仅仅是毫不重要的过往，在回忆中还没有为它腾出固定的地盘；第二种情况，即儿童过早死去的情况下，人们并不认为，这个太早消失的小东西有值得记忆的价值：那个时候众多的孩子均面临着存活的严重问题！这种感觉当时非常强烈，甚至延续了很长时间，以至于人们生育许多小孩只是为了确保能有少数几个存活下来。甚至在17世纪，一位分娩者的邻居（一位请愿官的夫人）来到她的床榻之侧，用琐碎的唠叨话安慰正在分娩的这位已经有5个"小淘气鬼"的母亲。她说："在这些小淘气鬼能给你制造许多麻烦之前，他们就可能死了一

---

[1] Gaignières, *Les Tombeaux*.

[2] G. Zaccagnini, *La Vita dei maestri e degli scolari nella studio di Bologna*, Genève, 1926, pl. IX, X.

[3] 以前，孩子极少在墓葬中出现。

半了，甚至全都死了。"[1] 真是奇怪的安慰！当人们认为婴孩非常有可能失去，就不会对婴孩有太大的牵挂。如此也可以对我们现代人感情上接受不了的一些话做出解释，比如蒙田（Montaigne）[2]就说过："我已经失去了两三个尚处哺乳期的孩子，并非没有遗憾，但也没有太大的不快。"[3] 莫里哀在戏剧《没病找病》（*Malade imaginaire*）的台词中提到小女孩路易松时，说过"这小女孩还不能算女儿"之类的话。[4] 正如蒙田所说，当时普遍的舆论"既不承认他们的灵魂在行动，也看不到他们成形的肉体"。塞维涅夫人毫不惊讶地转述了在科埃特冈（Coetquen）夫人得到她的小女儿死讯后昏厥过去时说过的相似的话，"她（科埃特冈夫人）非常悲伤，她说自己再也不会有这么美丽的女孩了"。[5]

和我们今天普遍的看法不同，当时的人们并不认为儿童已经具备了成年人的人格。他们死去得太多。蒙田还说："我所有的孩子都在婴儿阶段去世。"对儿童的冷漠是当时人口因素的直接和必然的结果。这种状况在穷乡僻壤一直延续到19世纪，在当时的范围里，它与基督教精神相吻合，根据基督教精神，受洗的

---

[1] *Le Caquet de l'accouchée*，1622.
[2] 法国16世纪最著名的作家之一（1533—1592）。——译者注
[3] Montaigne, *Essais*, II, 8.
[4] 参见莫里哀喜剧《没病找病》（*Malade imaginaire*，直译"幻想病人"），ACT III, Scène III，此语出自主人公阿尔冈兄弟贝拉尔德之口，原话是："你才只有她一个女儿，因为我没把那小的计算在内。"事实上阿尔冈有两个女儿。——译者注
[5] Mme de Sévigné, *Lettres*, 19 août, 1671.

孩子才得到尊重,被看作具有不朽的灵魂。曾经有报告指出,在巴斯克地区,人们很长时间保持这样的习俗,他们将未受洗而死去的孩子埋在家中,埋在门口,或埋在花园里。也许这是一种古老的牺牲献祭礼仪的残余。也许人们并不在乎将夭折的孩子埋在何处,就如现今人们随便埋葬如猫狗之类的宠物那样?夭折的孩子是如此的小,还没有太多地介入现实生活中,人们不认为他在死后还会回来骚扰活着的人。在《克贝的画板》(*Tabula Cebetis*)一书的卷首版画[1]中,梅里安(Mérian)[2]将小孩放在边缘区域,处在他们从中诞生的土地和尚未进入的生活之间,这两者以一道门廊为界,上面铭刻着:进入生活(*Introitus ad vitam*)。难道我们今天不也是这样将结束童年作为生活的开端吗?这种由于孩童非常脆弱、死亡率非常高而带来的冷漠感,从深层次看,与古代罗马社会和古代中国社会对儿童的漠视非常接近。由此,我们理解了我们的儿童概念与人口革命或革命先兆之前的儿童概念之间的巨大鸿沟。我们不应该对那种冷漠感到吃惊,因为它在那个时代的人口条件下太自然不过了。我们反而应该感到惊奇的,是人口条件仍然不太有利的情况下出现的儿童情感早熟现象。如果从统计学意义上说,或从客观条件上看,这种情感也许应该在更晚的时候才出现。当时人们有点喜欢这些小东西的生动和温

---

[1] Merian,*Tabula Cebetis*,1655. Cf. R. Lebègue,*Le Peintre Varin* et *le Tableau de Cehes*,dans *Arts*,1952,p. 167-171.

[2] 《克贝的画板》瑞士版的画家和出版商(1593—1650),全名 Matthäus Mérian。——译者注

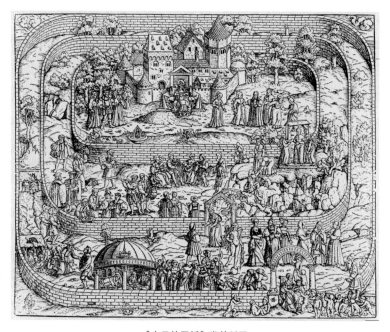

《克贝的画板》卷首版画

顺,觉得孩子非常可爱,以这些小孩滑稽和天真的语言和行动为乐——正如蒙田所说,我们成年人借这些"幼稚的傻里傻气"来"打发时间,就如逗猴一般"。[1]对此,我们暂且放下不论,因为这种情感与对孩子基本人格的冷漠,即不把他们看作不朽灵魂的观念是吻合的。让儿童处在无名氏状态下的原因之一就是儿童微弱的存活率,但对儿童肖像的新爱好表明,儿童已经从无名氏的状态下走出。事实上这是一种非常值得注意的现象:在人口仍然

---

[1] Montaigne, *Essais*, II, 8.

大量早逝的时代，人们已经有愿望将关于儿童特征的回忆保留和定格下来，不论这名儿童将来是否会长大成人，是否会夭折。已故孩子的肖像特别能证明，当时已经普遍不再将儿童看作难以避免的生命废弃物。然而，这种精神状态并没有让另一种相反的态度销声匿迹，即蒙田、分娩者床边的唠叨话和莫里哀的那种态度：直到 18 世纪，两种态度共存。只有到 18 世纪，随着马尔萨斯主义的诞生和避孕方法的推广，儿童夭折不可避免的观念才最后消失。

因此，16 世纪殇儿肖像的出现在观念史上是非常重要的时刻。这类形象首先出现在坟墓上。孩子最初也非单独呈现，而是与他们的父母一起出现。盖尼埃尔藏品清单中显示，有孩子位于母亲身边，个子非常小，也有孩子位于平躺着的死者的脚边。[1] 这些坟墓的年代均为 16 世纪：1503 年，1530 年，1560 年。在威斯敏斯特修道院令人好奇的那些墓葬中，人们注意到卒于 1586 年的温切斯特（Winchester）侯爵夫人的墓。[2] 侯爵夫人的塑像平躺着，与真人一般大。在她的墓前，有一尊她丈夫的小型雕像，呈跪姿，另有一座小孩的小型坟墓。同样也是在威斯敏斯特修道院，苏鲁斯伯里（Shrewsbury）伯爵和伯爵夫人的形象也呈现在 1615—1620 年间建造的坟墓上，呈平卧状。他们的小女孩跪在他们的脚边，双手在胸前合掌。我们注意到，围绕在已故

---

[1] Gaignières, *Tombeaux*.

[2] Fr. Bond, *Westminster Abbey*, Londres, 1909.

者周围的孩子并不全是去世的：这是整个家庭，围绕在家长身边，仿佛处在接受家长呼出最后一口气的时刻。于是，在依然活着的孩子的身边，人们呈现那些已经过世的人。一种标志将孩子们区别出来，他们要小一些，手里拿着十字架（约翰·柯克[John Coke]在海尔克汉姆的墓，1639），或者捧着死者的头：在科波·代莱（Cope d'Ayley）在汉布尔登的墓上（1633），四个男孩和三个女孩围绕着死者，一名男孩和一名女孩手捧死者的头。

在图卢兹的奥古斯丁博物馆里有一幅非常奇特的三折画，它来自杜梅杰（Du Mège）的收藏。[1] 折画的时间为1610年。中间是一幅"耶稣下十字架"，两边是画的捐赠者，丈夫和妻子各在一边，都跪着，上面还标明了他们的年龄。他们两人均为63岁。在丈夫的一边，我们看到有一个孩子，不到5岁，穿着小孩子最常穿的衣服，女式的长裙和围裙[2]，戴着一顶大软帽，上面装饰着羽毛。孩子服饰的颜色生动且丰富，绿衣缀以金线条，反衬出三折画捐赠者黑色服饰的肃穆。63岁老妇的身旁没有孩子。丈夫身边的孩子已经过世，也许是他们的独生子，这个老年家庭保留着对他的回忆：他们愿意让他穿上最美的服饰，站在他们身旁。

---

[1] Musée des Augustins, n° 465 du catalogue. 折画的时间确定为1610年。

[2] Van Dyck. K. der K., pla. CCXIV.

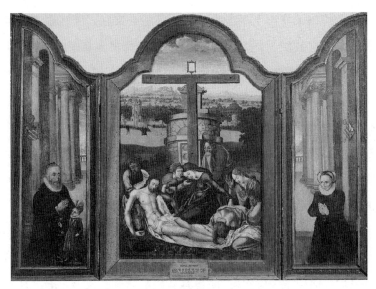

图卢兹奥古斯丁博物馆所藏的三折画，1610 年

向教堂敬献绘画和彩绘玻璃是一种宗教习俗：在 16 世纪，捐赠者及其全家都出现在画中。在德意志的教堂中，我们看到许多诸如此类的画挂在柱子上或墙上，都是家庭全体人员的肖像画。在纽伦堡的圣塞巴斯蒂安（Saint-Sébastien）教堂，有一幅 16 世纪下半叶的画，我们从中看到，父亲的身后站着两个儿子，已经长大成人，此外还有挤在一起不太分辨得清的 6 个孩子的身影，有的孩子隐藏在另一些孩子的身后，勉勉强强能够看到一点。他们会不会是已故的孩子呢？

另一幅相似的画作，收藏于布雷根茨（Bregenz）博物馆，时间为 1560 年。这幅画横幅式的标题上标明了孩子的年龄：三个男孩，年龄分别为 1 岁、2 岁和 3 岁；五个女孩，年龄分别为 1 岁、

2岁、3岁、4岁和5岁。年龄最大的5岁女孩的身材和所穿的衣服均与1岁的孩子一样。人们在家庭画中给她保留了一席之地，但表现出来的是她去世时的样子。

如此排成一行的家庭画属于朴素、笨拙和单调的画作，谈不上风格；它们的作者如同画中的模特一样默默无闻。然而，如果捐画之人将作画之事托付给名家，情况就完全不同。艺术史家们便会进行必要的研究，想方设法辨认出著名画作上的人物。小霍尔拜因（Holbein，1497—1543）为梅叶（Meyer）一家所作的画就是如此，此画作于1526年，梅叶一家被呈现于圣母的脚边。我们知道，画中的6人，在1526年已经有3人过世：雅各布·梅叶的第一任妻子和他的两个男孩。第一个孩子10岁时夭折；另一个年纪更小，被表现为裸体。

在16世纪，这已经成为普遍的习惯，这一习惯一直延续到17世纪中叶：凡尔赛博物馆收藏着一幅诺克雷（Nocret，1615—1672）表现路易十四和他兄弟两家的油画。此画之所以出名是由于画中的国王和王子们均上身半裸（至少男子均如此），就如奥林匹亚诸神一般。我们可以特别注意到一个细节：在画的前景、路易十四的脚边，诺克雷又画了一幅画中画，在这幅小画的画框里有两位早夭的小孩。可见，孩子的肖像首先出现在他们父母的身边，出现在家庭的群体肖像中。

盖尼埃尔藏品清单表明，从16世纪末叶起，坟墓上出现了单独的孩子形象：一例时间为1584年，另一例为1608年。表现出来的孩子穿着当时他们那个年纪特有的服装，就如图卢兹博物

小霍尔拜因所绘的梅叶一家

馆"耶稣下十字架"那幅三折画中的孩子服饰：穿长裙和戴软帽。当英格兰国王詹姆斯一世于 1606 年和 1607 年两年之中失去两位女儿（一位出生才三天，一位两岁）之后，他让人将两位女儿的形象雕在威斯敏斯特修道院的坟墓上，让她们穿上华丽的服饰。他让最小的那位躺在用大理石雕成的摇篮里，里面所有的装饰品都被忠实地复制出来，犹如完全真实的场景：包括衣物和软帽的花边。铭文表明了那种赋予年仅三天的孩子以确定人格的虔诚感情："王家之玫瑰花蕾被过早凋零的命运所摘除，从父母身边被夺走，但会在基督的玫瑰花园中再次开放（*Rosula Regia prae-propera Fato decerpta*，*parentibus erepta*，*ut in Christi Rosario reflorescat*）。"

诺克雷所绘路易十四家族

德穆兰大师所绘法兰西王储查理·奥朗多

除了坟墓造像之外,与他们父母分开的儿童形象直到 16 世纪末都非常罕见,能够见到的一例就是德穆兰大师(Maître de Moulins)[1] 所画的法兰西王储查理·奥朗多(Charles Orlando,又一例对早逝孩子表达怜意的见证)。然而,到了 17 世纪初,这样的画作数量变得很多,我们已经感觉到,用绘画艺术将孩子转瞬即逝的外表留住已经成为一种习俗。在肖像方面,儿童从家庭中分离出来,就如一个世纪以前的 16 世纪初,家庭从画作的宗教部分分离出来一样。从今往后,儿童可以被单独表现,为他自己而表现:这是 17 世纪的全新现象。儿童成为最受欢迎的模特之一。这样的例子不胜枚举,其中有许多著名画家的作品,如鲁本斯(Rubens,1577—1640)、凡·代克(van Dyck,1599—1641)、法朗兹·哈尔斯(Franz Hals,1580—1666)、勒南(Le Nain,1593—1648)、腓力浦·香拜涅(Ph. de Champaigne,1602—1674)等。有些作品表现小王子,如凡·代克所画之查理

---

[1] 此为一位画家的假名,他的真实身份依然争论不清,最活跃的作画时间为 1483—1500 年。——译者注

一世（Charles Ier）的孩子，尼古拉·德·拉吉耶尔（Largillière，1656—1746）所画之詹姆斯二世（Jacques II）的孩子；另一些作品表现大贵族的孩子，如凡·代克所画之三个孩子的画，最年长的佩着剑；还有一些作品表现富裕市民的子弟，如勒南和腓力浦·香拜涅之画。最后发展为，在画中的题跋上留下孩子的姓名和年龄，就如以前给大人作画时的习惯那样。有时，画中的孩子为单身一人（如馆藏于格勒诺布尔的腓力浦·香拜涅作品）；有时，画家画同一家庭的一群孩子。孩子肖像越来越普及，许多无名画家竞相效仿。我们经常可以在外省的博物馆和一些古董商处看到许多无名画家的儿童画。从此，每个家庭都想拥有他们孩子的画像，拥有他们孩子还处在孩提时代的画像。这种风尚诞生于17世纪，以后不断发展，到19世纪，照片替代了绘画，但情感依旧。

在我们结束孩子画像这一论题之前，还需要指出非常重要的一方面，即在宗教还愿画上表现儿童。现在人们到处都能发现此类还愿画：比如皮伊（Puy）大教堂博物馆的馆藏，还有，1958年的17世纪绘画展上一幅令人惊讶的画中有一位病孩，这应该也是一幅还愿画。

因此，虽然从13世纪至17世纪人口条件没多大变化，死亡率仍然居高不下，但是有一种新情感开始赋予这些脆弱并受死亡威胁的小生命以特殊性。对于这些小生命的特殊性，人们以前是视而不见的。好像只是从那时起，人们才共同意识到，孩子的灵魂也是不朽的。可以确定的是，此种对儿童人格的重视与更深层次的风俗基督教化紧密地联系在一起。

凡·代克所画查理一世的孩子们

对儿童的兴趣要比人口生存条件的改变早一个世纪。人们大致将人口条件变化的时间界定为从琴纳（Jenner）[1]发现种牛痘术始：一些信件，如马尔唐吉（Martange）将军的信件[2]表明，许多家庭当时已经坚持要给他们的孩子种牛痘。这项防治天花的医术暗示了一种精神状态，此种精神同时推动了其他卫生实践的开展，为死亡率的下降提供了条件，同时由于出生控制的日益推广，死亡率下降也部分地得到平衡。

---

[1] 英国乡村医生（1749—1823），发明了牛痘接种术。——译者注

[2] *Correspondance inédite du général de Martange*, éd. Breard, 1893.

* * *

另一种在中世纪并不存在的儿童表现形式是"皮托"(putto)，即裸体小男孩（裸婴）。它出现于 16 世纪末叶，但显而易见，这是希腊化时代爱神厄洛斯的复现。裸婴的题材很快受到特别热烈的欢迎，甚至包括法国——意大利文化形式在那里受到本地人的抵制。根据财产清单，贝里（Berry）公爵拥有一间"小孩屋"，即一间用织有裸婴图案的挂毯来装饰的房间。凡·马勒（van Marle）曾经质疑"是不是那些清单抄写员有时并不把这些带点异教色彩的天使称为孩子：这些裸婴在 15 世纪下半叶已经经常在挂毯的花叶饰中被当作点缀"。[1]

到了 16 世纪，这种图案尽人皆知。裸婴充斥在绘画中，成为一种不断重复的图案，直到令人生厌。提香特别爱用，如果不是滥用的话——只要想一想他的那幅馆藏马德里普拉多博物馆的《崇拜维纳斯》[2] 就可以了。

17 世纪的人们仍然乐此不疲，在罗马、那不勒斯、凡尔赛，人们仍然用旧名称"滑稽的孩子"（marmousets）来称呼这些裸婴。由于中世纪的侍童、天使形象转变成了裸婴，因此宗教画也难脱干系。从此以后，天使也不再是波提切利绘画中那样的古希腊青

---

[1] Van Marle, op. cit., I, p. 71.
[2] 依原书应译为《维纳斯的胜利》，但画面上是许多裸体男孩和若干成年人对一尊维纳斯雕像顶礼膜拜，一般在艺术史著作中，此画的标题为《崇拜维纳斯》。——译者注

年男子形象（护卫天使除外），他们也成了裸体的小爱神，甚至为了满足后特兰托会议时代的那种对裸体的羞怯感，裸体常常被云彩、雾气和一些布条半遮半掩。孩提时代的耶稣以及其他一些圣婴形象也受到这种裸婴的影响。当全裸还被讨厌之时，人们满足于让裸体若隐若现。为了不让耶稣穿得太多或在襁褓中包裹得过于严实，人们选择母亲打开襁褓布条的时刻来表现，让他露

提香：《崇拜维纳斯》

出肩膀和大腿。[1] 科伦比埃（Colombier）神父在论及藏于佛罗伦萨"育婴堂"（Hôpital des Innocents）博物馆内的卢卡·德拉·罗比亚（Lucca della Robbia）的作品时指出：他表现孩子时很难不采用裸体形象。[2] 这种对儿童裸体的偏爱明显与希腊罗马古典时代对裸体的普遍喜好密切相关，在肖像画方面也是如此。然而，这种偏爱持续了更长的时间，几乎传染到所有的装饰领域：我们只要想一想凡尔赛宫的情况，想一想罗马博尔盖塞（Borghèse）别墅天花板上的装饰就可以了。对裸婴的偏爱除了与古典时期的裸体喜好有关外还有更深层次的原因，它必定与更广泛的儿童兴趣的产生与发展有密切关系。

与中世纪的儿童、圣婴、灵魂隐喻、天使的形象一样，裸婴在 15 和 16 世纪均没有真名实姓，也非历史上真正存在过的孩子。由于裸婴题材与儿童肖像画同时诞生和发展，裸婴为非真实存在之人的现象则更值得注意。而且 15 和 16 世纪儿童画像中的儿童从来（或几乎从来）不裸体，他们或被裹在襁褓之中（甚至孩童跪着祈祷时也被画成裹着襁褓）[3]，或穿着与他们年龄和生活水平相配的衣服。人们很难想象，一个真实的孩子，甚至是非常小的孩子，会被表现为神话和装饰中才出现的裸体形象。这种区别持续了很长时间。

---

[1] Baldovinetti, *Vierge à l'enfant du Louvre.*
[2] P.du Colombier, op. cit.
[3] Vierge au Trône, *portrait présumé de Béatrice d'Este*, 1496.

儿童绘画的最后乐章就是将婴孩装饰性的裸体形象移植到真实的孩子身上。时间也应该定位在 17 世纪。16 世纪，人们已经注意到有一些裸体儿童的画像，不过数量仍然非常少：最古老的一件应该是小霍尔拜因所作之梅叶家庭中那位早夭的孩童（1521），人们禁不住要联想到中世纪的灵魂。在因斯布鲁克的皇宫中有一幅壁画，当时女皇玛丽亚－特蕾莎（Marie-Thérèse）希望将他们一家都集中表现在那幅画中：在活着的人的旁边，有一位已经去世的小公主，被画成近乎裸体，只有少量的纱羞答答地挂在身上。

在提香 1571 年或 1575 年所作的一幅画中[1]，西班牙国王腓力二世（Philippe II）以奉献的姿态，将他的儿子斐迪南（Ferdinand）献给胜利之神，斐迪南就是婴孩，一丝不挂。他与提香常画的裸婴如出一辙，婴孩的表情犹如他遇到很好玩的事情一般：提香常常把裸婴画成在游戏。

1560 年，委罗内塞（Véronèse）[2]依照惯例在抱着孩子的圣母像前画库西那－费亚科（Cucina-Fiacco）一家，他们聚在一起：画中有三位成年人，其中有父亲和母亲，以及 6 个孩子。在画的最右端还有一位女子，在画中只有一半——这位女子手上抱着一个裸体的男孩，就如圣母抱圣婴一般；这种相似性更因为这一事实而得到加强：这位妇女所穿的衣服并非是那个时代的。因为她有一

---

[1] Prado，*Glorification de la victoire de Lépante*.
[2] 威尼斯画派画家（1528—1588）。——译者注

半处在画面之外,所以她不是孩子的母亲。难道是最后出生的那个孩子的保姆?[1] 荷兰画家彼特·阿尔岑(P. Ærtsen)16世纪下半叶的一幅画中表现了一个家庭:父亲、5岁左右的男孩、4岁的女孩。母亲坐着,搂着膝盖上坐着的一名裸体的小男孩。[2]

腓力二世将儿子献给胜利之神(提香作)

---

[1]　Pinacothèque de Dresde.

[2]　复制品:H. Gerson, *De nederlandse Shilderkunst*, 2 vol., 1952, tome 1, p. 145。

当然，更深入的调查还会发现其他类似的事例，但这些画作的数量还不足以表明在当时已经形成普通和平常的趋向。

到了 17 世纪，这样的作品变得更多，更具有情感上的特征：慕尼黑的海伦娜·芙尔曼（Hélène Fourment）手里抱着一丝不挂的儿子，但与流行的裸婴形象有所区别，一方面他的面容有点像母亲，另一方面他头上戴着一顶装饰有羽毛的软帽，当时的孩子通常都戴这样的帽子。凡·代克 1673 年所画英王查理一世最小的孩子位于他兄弟姐妹之侧，赤裸着身子，被他躺在其上的织物半遮半掩。

奥特克尔（L. Hautecoeur）写道："1647 年，夏尔·勒布伦（Le Brun, 1619—1690）画了一幅银行家、古董收藏家雅巴赫（Jabach）在他圣梅里街家中的画。他向我们展示了这位财大气粗者的形象，衣着普普通通，长筒袜皱巴巴的，正在向他的妻子和儿子谈及他新近收集到的藏品……他其他的孩子也在其中，最小的孩子全身赤裸，就如圣婴耶稣，坐在靠椅坐垫上，他的姐姐在逗他玩。"[1]这位小雅巴赫超越了霍尔拜因、委罗内塞、提香、凡·代克，甚至鲁本斯所绘之孩童像，已经有现代艺术照中那种孩子的姿态了。从此，婴孩裸体成了通例，在勒南和腓力浦·香拜涅时代，礼节上一定要穿衣服的孩子此时都表现为裸体。无论是为大资产阶级作画的拉吉耶尔，还是宫廷画家米尼亚尔（Mignard, 1612—1695），人们都能在他们的画中看到这样的通例：米尼亚尔

---

[1]　L. Hautecœur, *Les Peintres de la vie familiale*, 1945, p. 40.

勒布伦所绘之雅巴赫家族画像，1647 年

所画大王储[1]一家的画像（馆藏卢浮宫）中，新生儿子就光着身子坐在他母亲身边的靠椅坐垫上，形同前面提到的小雅巴赫。

当时的孩子画像或者是全身赤裸，就如米尼亚尔所画的《图卢兹伯爵》[2]那样，只缠着一条根据某种需要延展在身上的黄布条，与拉吉耶尔所画之拿钩刀的孩子相仿[3]；或者身上穿着衣

---

[1] 路易十四之子（1661—1711），称他为大王储不是因为他有什么伟大之处，完全是由于他身材魁梧。——译者注

[2] Musée de Versailles.

[3] Rouches. Largillière, peintre d'enfants. Revue de l'Art ancien et moderne, 1923, p. 253.

服，但不是当时流行的那种现实中的服饰，而是掩盖不住肉体的那种便服，有意地让身体裸露：诸如西蒙·贝勒（Alexis Simon Belle）[1]的孩子画像，腿和脚是裸露的；又如米尼亚尔所画之勃艮第公爵，只穿一件薄薄的衬衣。关于这一论题，我们用不着再往下叙述，因为它已经成为普遍流行的东西。在其终点，人们可以在家庭的相册里、在昨日"艺术摄影"的橱窗中再次发现它：婴儿摆着姿势，恰好露出他们的小屁股，但他们又被精心地遮盖，裹着襁褓，或穿着小裤子。还有，小男孩和小女孩，人们根据不同场景给他们穿上衣服，但恰到好处地用了美丽透明的衬衣。所有的孩子都保留有他们裸体的形象，这是文艺复兴"皮托"（裸婴）们的直接遗产——这是在集体爱好中长期流行的奇异现象，不论在资产阶级中，还是在普通大众中均是如此，它的起源来自装饰艺术。古典世界的小爱神在15世纪复活，一直充当着19和20世纪"艺术肖像"的范式。

* * *

阅读了前面书页的读者可能都注意到了17世纪在儿童绘画主题发展方面的重要性。正是到了17世纪，独立的儿童画像才日益增多，而且普及起来。也正是在17世纪，最古老的全家福画像逐渐围绕着孩子来布局，孩子成了构图的中心。儿童中心

---

[1] 法国宫廷画家（1674—1734）。——译者注

化的倾向在鲁本斯一张家庭画[1]中令人印象特别深刻：在这张画上，母亲扶着小孩的肩膀，父亲则拉着小孩的手；此外，还有法朗兹·哈尔斯、凡·代克、勒布伦等人的画，画上的儿童或拥吻，或搂抱，他们用嬉戏的势态和柔情蜜意给严肃的成人群体增添了活泼的气氛。巴洛克绘画依靠儿童来增加群体肖像画中缺乏的生动。在17世纪，儿童甚至在风俗画中也保留着突出的地位：有无数约定俗成的儿童场景：如阅读课（此为14世纪和15世纪圣母阅读主题世俗化后的重现），如音乐课，男孩或女孩们阅读、绘画、游戏等。我们无法一一列举所有这样的题材，因为它们在17世纪前半叶的绘画中特别丰富，接着又表现在版画上。最后，在17世纪下半叶，我们看到，裸体表现成为儿童肖像画的通例。对儿童的发现也许从13世纪开始，我们通过15世纪和16世纪的艺术史和绘画追寻着它的路标。但各方面的证据日益增多并富有说服力，是从16世纪末开始的，而且主要在17世纪。

对小孩爱怜之情的普遍性还可通过人们爱看小孩的神态、爱用"童言稚语"得到证实。我们已经在本书序言中提到过，那时人们称呼小孩用了许多新词，如 bambins、pitchoun、fanfans 等。人们也以重现小孩的表情、使用小孩的词语（即奶妈或保姆对小孩说话时所用的语言）为乐。文学上很少保存有这些童言稚语，

---

[1] Vers 1609. Karlsruhe, Rubens, éd. Verlags, p. 34.

即便是通俗文学也很少。但如果从但丁的《神曲》[1]之中发现这类语言，你是否会感到惊讶？"即便你死时脱离的是苍老的躯体，在历经千年后，难道你的名声还能大过在会说'pappo'和'dindi'之前就死去的你吗？""pappo"就是儿语"面包"。在但丁那个时候，法语中就有类似的"papin"一词。我们在《圣母圣迹》的一段文字中可以找到该词，这段文字是关于"一个孩子给圣母抱着的耶稣吃东西"，里面提及将"papin"送向嘴里。然而，"papin"一词难道真的仅仅是小孩的语言吗？或者它更可能就是人们的日常语言？无论怎样，《圣母圣迹》就如14世纪的其他作品一样，见证了某种将儿童作为活生生的人加以关爱的倾向。但这一切并不能阻碍我们下这样的结论：在17世纪以前，童言稚语的借用仍然非常罕见。不过，到了17世纪，这种童言稚语日见丰富。仅举几例：有一本在1657年出版的布松奈和斯泰拉的版画集[2]，上面的说明文字与此有关。在此画集中收集了一系列裸体男孩游戏的版画，说明文字形式为非常蹩脚的诗歌，用一些小孩的童言稚语，也有一些是学校青少年用语，因为在当时幼童与少年的区别并不太确定。有一幅图的画面为小男孩骑木马，版画的标题为"哒哒"（*le Dada*）。

两个孩子掷骰子，其中一位不奉陪，

---

[1] *Purgatoire*, XI, pp. 103-105.

[2] Cl. Bouzonnet, *Jeux de l'enfance*, 1657 (d'après Stella).

另一位，眼看玩不成，抱着"嘟嘟"找安慰。

儿语"papin"（面包）一词到 14 和 15 世纪已经不再使用，至少在市民儿语中；也许该词已经不太具有儿语的特征了。而其他一些带着孩子般傻气的词涌现出来，至今仍在使用，如"嘟嘟"（toutou，即"狗"的儿语，相当于我们的"小狗子"）、"哒哒"（dada，即"木马"的儿语）。

除了儿语外，这些裸婴还说一些学校用语，或者是军事院校的行话。如下面关于滑橇游戏的一段解说词：

这位"波皮洛"，如同罗马皇帝，
乘舆任由拖行。

"波皮洛"（populo，"小孩"之意），为学校里使用的拉丁词。同样指孩子，塞维涅夫人在谈到格利尼昂夫人的孩子时叫他们"这些小人儿"（petit peuple）。

有一个玩游戏的孩子表现得特别机灵，说明文字如下："这位'老弟'似乎艺高胆大。""老弟"（cadet，即军校生）为军校用词，指一些在军校学习使用兵器、骑术和战略战术的贵族子弟（通常为次子）。该词在我们的词语中仍然保留，如"士官生学校"（école des cadets）。

有一幅网球游戏图，这样解说：

脱光了衣服，轻装上阵，精神抖擞，
在得到允许后，
这些孩子们挥舞起网球拍。

其中"得到允许"（avoir campos）的表达方式，为军事院校用语和军事专用语，意为"获准"。一般人有时也这样用，我们在塞维涅夫人的信件中就看到过。

有一幅孩子洗浴图，文字解释提到有些孩子在游泳，

大部分人喝着饮料，
为他们"卡马哈德"的健康干杯。

"卡马哈德"（camarades）在当代法语中是"伙伴""同志"之意，在 16 世纪末应该是新词，该词也起源于军事用语（它难道不是来自德语，来自讲德语的雇用兵吗？），通过军事院校传播开来。它主要在资产阶级圈子中使用。即使到了今天，一般的大众语言中也不用它。老百姓喜欢用更古老的一个词"伙伴"（copain），该词来自中世纪的词汇"compaing"（同伴）。

让我们再次回来讨论儿语。在西拉诺·德·贝尔热拉克（Cyrano de Bergerac）[1] 所写的《被玩弄的教书先生》（*Pédant joué*）中，主人公格朗热用"嘟嘟"来称呼他的儿子："来亲一下我，

---

[1]　17 世纪法国戏剧作家（1619—1655）。——译者注

来,我的嘟嘟。""糖果"(bonbon)一词,我认为也应该归属于保姆奶妈们的特殊用语,后来被普遍接受。同样的例子还有短语"像天使般漂亮"和"没有比这更大的了",这些短语塞维涅夫人使用过。

塞维涅夫人甚至竭力记下她自己照顾的小女儿在牙牙学语阶段的一些象声词,并告诉在普罗旺斯的格利尼昂夫人:"她说起话来,非常有趣:啼哆嗒(titota)、呔啼嗒(tetita)、咿哆嗒嗒(y totata)。"[1]

早在17世纪初,法王路易十三的御医艾罗阿尔(Heroard)在他的日记中就仔细地记载了他所看护的这位未来小国王的天真,记载了小孩结结巴巴说话的样子,说他将"voilà"(法语,意为"那就是""就是这样")说成"vela",将"écrivez"(您写)说成"équivez"(法语无此词,这是原词"您写"的变音——译注)……

塞维涅夫人描写她幼小的女儿时,用一些诸如"小甜心"(petite mie)、"小心肝"(petites entrailles)这样的词汇,她其实给我们描绘了一幅犹如勒南和亚伯拉罕·博斯(Abraham Bosse)所画的那种风俗画的画面,甚至还带有17世纪版画家和18世纪艺术家画作中的那种娇媚。"我们的女孩是位小美人,一头深褐色的头发,非常漂亮。你看,她来了。她一个劲儿地吻我,弄得我满脸都是口水,不过,她从来不哭。""她吻我,她认出了我,

---

[1] Mme de Sévigné, *Lettres*, 8 janvier 1672.

她朝我笑，她简单地叫我妈妈（不是叫'好妈妈'）。""我全身心地爱她。我让人给她剪了头发，梳成头发紧紧鬈曲的发型。这发型非常适合她。她的脸色、她的喉部、她娇小的身体令人着迷。她做着各种各样的小动作：说话、抚摸、胸前画十字、请求原谅、行屈膝礼、吻别人手背、耸肩、跳舞、恭维人、托腮——总之，她怎么看怎么美丽。我每时每刻都在享受。"[1] 许多母亲和奶妈当时都已有如此感受。但是没有一位愿意承认，这样的感情值得如此铺张地表达出来。这些文学作品中表现出的儿童场景与绘画作品和版画作品可谓异曲同工：发现幼童，即发现幼童的身体，发现幼童的姿态，发现幼童的童言稚语。

---

[1] 18 septembre 1671，22 décembre 1671，20 mai 1672。

第三章 儿童的服装

13世纪以前对儿童特点麻木不仁（除圣母圣婴之外）的现象不仅仅表现在绘画方面：在时尚方面，儿童在很大程度上也没有自己特别的服饰。婴孩一旦离开襁褓，即褪去那些人们裹在他身上的布条以后，他的穿戴一如他那个社会等级的成年男子和成年女子。我们现在的人想象不出儿童与成年人服装完全相同的情景，因为我们自己小时候在很长时间里穿着童式西装短裤，后来这身装束成了孩子长不大的一种外部特征，甚至让人觉得羞耻。我们这一代人大概要到初中二年级[1]结束时才脱掉儿童穿的西装短裤，而且往往要给顽固的父母施加压力——我的父母亲总是劝说我要有耐心，还举例说，我的一位当将军的叔叔在进入巴黎综合理工学院时还穿着童式西装短裤呢！然而，在今天，少年这一人生阶段分别向前和向后延长，运动装同时适合少年和童年，大

---

[1] 法国学制，小学五年、初中四年，初中四年的年级名称与中国不同，依次是第六年级、第五年级、第四年级和第三年级，因此初中二年级学生在法国称为初中第五年级生，约为13岁。——译者注

有取代 19 和 20 世纪初儿童标志服装之势。总之，如果说 1900—1920 年这一时期将本该属于儿童特有的服装延续到青少年身上，那么在中世纪，人们的穿戴并无年龄区别，他们关心的仅仅是服饰的外观是否与社会等级相符。在服装方面，没有任何东西将儿童与成年人区分开来。我们想象不出当时有对儿童区别对待的态度。

然而，到了 17 世纪，儿童，至少是贵族和资产阶级的儿童，再也不穿成年人的服装。基本的事实就是：自此以后，儿童有了自己年龄特有的服装，可以将他们与成年人区分开来。我们只需看一下 17 世纪初众多的儿童绘画就可一目了然。

让我们欣赏一下兰斯博物馆收藏的那幅腓力浦·香拜涅的美丽油画，画上聚集了哈贝尔（Habert）家族的 7 个孩子。最年长的 10 岁，最小的 8 个月。这幅画对我们的论题来说可谓弥足珍贵，因为画中注明了每个孩子的精确年龄，甚至精确到月份。最年长的 10 岁孩子，已经穿戴得如小大人一般，裹着一件成人外套：外表上他属于成人世界。也许，这仅仅是外表。他应该还在上学，学校生活由此使儿童阶段得以延长，但是他在学校不会再待很久，应该会很快离开，汇入成人社会中，他现在已经穿上了成人的服装，将在兵营中、在大学里或在商场上与成人共同生活。画面中的两位孪生兄弟年岁为 4 岁 9 个月，两人亲密地一手牵手，一手搭肩：他们不穿成年人衣服，而是穿一身长裙，这身长裙与女子的裙子不同，因为其前襟开口，由一排纽扣扣上，此外领子下还系以细饰带。这种长裙有点类似教士的长袍。同样的长裙还可在克贝（Cebes）的"人类生命图"[1]中看到：在那幅画中，第一年龄段，人从虚无状态勉强脱颖而出，全身赤裸；接着的第二年龄段，人包裹在襁褓里；第三年龄段，应该是 2 岁左右，仍然还不能单独站立，但已经身穿长裙，我们知道这是一位男孩。第四年龄段是一个骑木马的孩子，所穿的长裙就如我们在香拜涅画中所见哈贝尔家孪生兄弟穿着的那种，前襟开口，中间有一排纽扣，像教士的长袍。在整个 17 世纪，小男孩穿的就是这种长裙。人们还可以在路易十三孩子的画中看到它，同时也可以在众多法兰西、英格兰和荷兰的儿童肖像中发现它，甚至在 18 世纪初，我们还可以看到少年贝蒂西（Bethisy）那样的画像

香拜涅所画哈贝尔家族的孩子们

---

[1] *Tabula Cebetis*, gravure de Merian. Cf. Lebègue. op. cit.

(西蒙·贝勒[Simon Belle]作于 1710 年）。[1] 在贝勒的那幅画像里，男孩的长裙前面不再有纽扣，但它与姑娘的裙子还是不同，不带服装配饰。

贝勒所画贝蒂西姐弟

---

[1] Musée de Versailles，Catherine de Bethisy et son frère.

这种长裙，有的非常简单，就如"人类生命图"中那位骑木马男孩所穿；有的可以非常豪华，下摆是长长的拖裾，就如阿尔诺（Arnoult）的版画中少年安茹公爵的穿戴。[1]

这种形如教士长袍的长裙并非孩子脱离襁褓之后的第一种服装。让我们再来看一下香拜涅为哈贝尔的孩子们所作的画。23个月大的弗朗索瓦和8个月大的最小孩子，他们的穿戴确切地说与他们的姐姐一样，即如同小妇人：内有短裙，外有长裙，并配有围裙。这就是小男孩的服饰：人们保留了16世纪的习俗，小男孩穿戴如小女孩，而小女孩的穿戴就是成年女性的服饰。在女性方面，孩子与成年人的服饰一直不存在区别。伊拉斯谟在《基督徒婚姻》（*Mariage chrétien*）[2]中给我们描绘了这种服饰，而1714年法文版的编辑者在翻译这段描写时似乎并不困难，因为这样的服饰在他们的时代仍然流行："人们给（孩子）添加上内衣、保暖的长筒袜、宽大的衬裙和束缚肩膀与髋部的外套，浑身上下铺陈了大量的布料和裙褶，人们让他们相信，整套行头会给他们带来极好的气质。"伊拉斯谟谴责这种当时还是新式的打扮，他倡导要解放青少年的身体，穿更轻便的衣服。[3]但他的观点未能战胜当时的风尚。必须等到18世纪末，孩子们的服装才变得更为轻便、更为宽松，不再受拘束！鲁本斯的一幅画向我们显示了

---

[1] Arnoult, Le duc d'Anjou enfant. Gravure：Cabinet des Estampes, in-f°, Ed. 101, T. f° 51.

[2] Erasme, *Le Mariage chrétien*, traduction française de 1714.

[3] Dessin. Louvre, reproduit dans A. Michel, *Histoire de l'Art*, VI¹, p. 301, fig. 194.

一名男孩仍然身穿近似伊拉斯谟所描绘的衣服：开口的长裙处可以见到里面的短裙。当孩子开始蹒跚学步时，人们抓住孩子背后的背带，那时候人们称之为"学步牵拉带"。艾罗阿尔的日记让我们能追随路易十三孩提时代的每一天，我们从中读到：1602年6月28日（路易十三9个月大）："他的长裙上被装上了学步牵拉带，以教他走路。"[1]不太喜欢他的姐姐穿了与他相似的衣服："公主穿着和他一样的裙子来了，他出于妒忌将她赶走了。"当这些小男孩还穿着女式服装的时候，人们称他们还"系着围兜"（à la Bavette），这种状况要延续到四五岁。让·鲁（Jean Rou，生于1638年）在他的回忆录[2]中叙述道，他的童年早熟，很早就在女佣的陪同下被送到哈考脱（Harcourt）学校学习："当时我还处在'系围兜'期，即还没穿那种带衣领的长裙，那种带衣领的长裙又在穿护腿紧身长裤之前。""我刚刚讲的那种穿戴（即穿着如女孩）在学校里绝无仅有，于是成了那个地方的新景，从未出现过的一景。"长裙的衣领是男人的衣领。从那时起，习俗中加入了孩子依照不同年龄而穿衣的规范：首先是系围兜期，即穿女孩子的裙子，然后是那种"带衣领的长裙"（人们也称之为"礼服"，即jaquette）。1654年，一所教区小学校的规章制度[3]中规定：星期日，小孩被带到教堂，在接受宗教教育后，要参加弥撒。学校

---

[1] *Journal d'Heroard*, publié par E. Soulié et E. de Barthelemy, 2 vol., 1868.

[2] *Mémories de Jean Rou 1638-1711*, Publié par F. Waddington, 1857.

[3] *Escole paroissiale ou la manière de bien instruire les enfants dans les petites écoles*, par un prestre d'une paroisse de Paris, 1654.

下令不能让小孩和大人混在一起，即不能让穿短衣的人和穿长衣的人混在一起，人们让"那些穿带衣领长裙的人与他们的同类待在一起"。

艾罗阿尔的日记一天不落地记载了路易十三的童年生活，其中也显示了人们对待儿童服装严肃认真的态度：日记让我们看到了儿童在穿衣方面成长转变为成人的各个阶段。这些阶段以前是察觉不到的，而在那时已经成为某种应该得到尊重的礼仪，艾罗阿尔细心地记下它们，就如记载着重要的事情。1602年7月17日，人们在这位王太子的裙装上安上了学步牵拉带。他带着这条带子超过两年：到了三岁两个月，人们让他穿上"第一件不装牵拉带的裙子"。孩子高兴极了，他对卫队长说："长长（注意记录者对儿语的模仿），我的背带不见了，可以自己一个人走了。"几个月之前，他彻底告别了摇篮，在床上睡觉了——这是一个阶段。到四岁生日的时候，他在裙子里面穿上了护腿紧身袜，一年以后，人们拿掉了他头上的"童帽"，给他戴一顶大人的帽子。这又是一个阶段："现在人们摘掉了你的童帽，你再也不是孩子了，你开始成为大人。"（1606年8月7日）不过，六天以后，王后重新让他戴上了童帽。

1607年1月8日："他要求穿护腿紧身长裤（替代长裙），蒙格拉（Montglas）夫人对他说，你到了八岁时才能这样穿。"

1608年6月6日，他七岁零八个月。艾罗阿尔郑重其事地写道："他穿上了紧身短上衣和紧身裤，告别了孩子的服装（即长裙），披上外套，带着佩剑（就如香拜涅所画哈贝尔家族孩子中的老大)。"然而,最后,人们又让他重新穿上了长裙,就如以前让他重新戴上童帽一样,但他对此非常厌恶:当他穿上紧身长裤和紧身上衣时,"高兴极了,欢乐无比,再也不愿穿回以前的长裙"。穿着打扮的习俗绝不是微不足道的事情!习俗与它所表达的情感紧密相连,这一点在此表现得淋漓尽致。

幼年的路易十三与其母亲、亨利四世的王后玛利亚·德·梅蒂奇

在中世纪学校里，半寄宿生在紧身长裤外面穿长裙。16 世纪的《科尔迪埃对话录》（*Les Dialogues de Cordier*）向我们描绘了一位半寄宿生早上起床时的情景："醒来以后，从床上起来，我穿上我的紧身短上衣，披上披肩，我坐在坐凳上，穿上紧身长裤和长筒袜，把它们都往上拉，我穿上鞋子，将紧身长裤与短上衣用系带连上，再用松紧袜带将长筒袜系在膝盖之上，我扎上腰带，梳头，戴上我装饰好的帽子，穿上长裙"，接着，"离开房间"……[1]

在 17 世纪初叶的巴黎，"你可以想象一下看到法兰西翁（Francion）[2] 走进教室，内裤从紧身长裤里露出，直至鞋子上端，**长裙完全穿歪了**，钱包夹在腋下，将烂苹果给一个人，弹一下另一个人的鼻子。"[3] 在 18 世纪，拉弗莱什（La Flèche）寄宿学校的校规规定：寄宿生全套衣服行装中，应包括可穿两年的"寄宿生长裙"。[4]

在女童的服装方面，我们没有发现这样的分化。女孩们就如以前的男孩，褪去襁褓以后，马上就换上了小妇人的服装。然而，我们如果再仔细地观察 17 世纪的一些儿童画像，就能注意到，小男孩和小女孩的女式服装上有一种特殊的饰物，而这一饰

---

[1] Mathurin Cordier, *Colloques*, 1586.
[2] 法国的传说和神话人物，据说是原希腊特洛伊的王子，后辗转他乡，成为法兰克人之王，传说中的法兰西创始人。——译者注
[3] Collège de Lisieux. G. Sorel, *Histoire comique de Francion*, publié par E. Roy, 1926.
[4] C. de Rochémonteix, *Le Collège Henri IV de La Flèche*, 1889.

物在妇女服装上是看不到的：在裙子的背后肩膀的位置下垂着两条宽大的布带，挂在背上。哈贝尔家族孩子的那幅画里，在从左往右第三个孩子身上，我们可以看到布带的一个侧面。同样的情况在克贝版画第四年龄段（穿裙子的骑木马的孩子）的画面中以及 18 世纪初的年龄梯度表中 10 岁女孩的画面上也能看到，这里所举例子仅局限于我们提到过的画像。我们在众多儿童肖像画里经常可以看到，甚至包括朗克雷 [1] 和布歇 [2] 的绘画。裙子后面的布带在 18 世纪末消失，那时儿童的服装起了变化。背上吊着布带的最晚的一张肖像也许是加布列埃尔·吉雅尔（Gabrielle Guiard）夫人 1788 年为路易十五的公主阿黛莱德（Adélaïde）和维多利亚（Victoire）所作的画。[3] 画上画了她们的姐姐大公主（王子夫人 [Madame Infante] [4]），其时，她已经去世将近 30 年，享年 32 岁。加布列埃尔·吉雅尔夫人在画中将她画成女童，身旁是她的保姆。把一位"30 岁妇女"拉回到她的童年时期以保存对她的回忆，这种做法表现出一种新的情感。非常明显，女童的背上拖着两条布带，证明这在 1730 年左右还在使用，而在画作形成的年代应该已过时了。

---

[1] 尼古拉·朗克雷（Nicolas Lancret, 1690—1743），法国洛可可风格画家。——译者注

[2] 弗朗索瓦·布歇（François Boucher, 1703—1770），亦为法国洛可可风格画家。——译者注

[3] Gabrielle Guiard, Portrait de Madame Infante pour Mesdames, 1788, musée de Versailles.

[4] 她是路易十五最年长的女儿，原名路易丝－伊莉莎白（Louise-Elisabeth），因 1739 年嫁给西班牙小王子改称"王子夫人"，生于 1727 年，卒于 1759 年。——译者注

因此，背上挂下的这两条布带在17世纪和18世纪初叶是儿童服装的标记，不论是男孩还是女孩。现代人免不了对儿童服装上这样的配件感到困惑不解，有人还将它们与婴儿的"学步牵拉带"（小孩走路不稳时背上装的背带）混为一谈。[1] 在威斯敏斯特修道院的小博物馆里，人们展出了几尊用于悼念死者的蜡像，蜡像塑造的是死者，在葬礼进行时，人们让它们平躺在棺材上面，这是一种中世纪的习俗，在英格兰甚至保持到1740年左右。这些蜡像中有一尊塑造的是诺曼比（Normanby）小侯爵，他在三岁就死了：他穿着一条黄色的丝绸短裙，外面套一件紫罗兰的长裙（青少年服装），背后就有作为儿童标记的扁平的布带，博物馆的介绍中将它们称为"学步牵拉带"。事实上，学步牵拉带是绳状的，它们与这些布带没有相似之处。有一幅盖拉尔[2]的版画图解"成熟年龄"，向我们展示的一个孩子（男孩或女孩）穿着长裙，梳丰丹（Fontange）式发饰[3]，我们看到的是背部：在两条从肩部垂挂下来的布带之间，我们清楚地看到那条环状的绳带，那才是用来帮助小孩走路的，是学步牵拉带。[4]

---

[1] Louis XV en 1715 tenu en «lisière» par Mme de Ventadour, gravure. Cabinet des Estampes, pet. fol. E e 3 a.

[2] 尼古拉·盖拉尔（Nicolas Guérard），活跃于17世纪晚期至18世纪上半叶的法国版画家。——译者注

[3] 由路易十四的情妇丰丹侯爵夫人最早用于打扮的发式和发饰，得到路易十四喜欢以后，从宫中流行到民间，其状高耸。——译者注

[4] L'âge viril, gravure de Guérard, vers 1700.

如上分析可以让我们发现,儿童穿着专门服装的习俗,在16世纪末普遍形成,一直保持到18世纪中叶。把儿童服装与成人服装加以区别的风俗表现出一种新的关怀(在中世纪难觅其踪),它通过衣着方式将儿童区分和分离出来。那么,这种儿童的服装又是如何起源的呢?

孩子们的长裙其实就是中世纪12、13世纪成人的长装,这以后成年男性的服装发生了革命,短上装和暴露在外的紧身长裤替代了长装,这就是我们现在男性服装之滥觞。直至14世纪,所有的人均穿长裙或短裙,男人的裙装与女人的不同,通常裙子要短一些,有点类似束腰套衫,或者前襟开口。从13世纪一些年历画上的农民形象可以看到,他们的裙子齐膝长,而有声望的大人物,他们的裙子长达脚背。总之,在很长时间里,男人们穿合身的长装,这种长装与希腊和罗马打褶宽松的传统服装不同:它延续的是高卢蛮族或东方蛮族的习俗,这种习俗在公元最初的几个世纪里被引入,成为罗马的时尚,不论是东罗马还是西罗马都一致接纳了这种装束,土耳其人的服装也同样由此演变而来。

从14世纪起,在男性服饰方面,短装、甚至紧身短装替代了长裙,这使一些传统卫道士和道德说教者们深感沮丧,他们谴责这些时尚有伤风化,在当时这是不道德的标志!事实上,受人尊敬的人物依然穿长裙,其中有由于年纪而受尊敬者(17世纪初叶的老人在画像中还穿着长裙),也有由于社会地位而受尊敬者:法官、国家官吏、教会成员等。某些人一直穿长装,时至今日依然如此,至少在特定的场合,如律师、法官、教师、教士等。教会人士未能摆脱长装，这是因为当短装彻底成为习俗，当17世纪人们已经完全遗忘了短装不光彩的起源之时，教士的长袍完全与他们履行的职责联系在一起，而不再具有道德上的意义。一位神甫不穿长袍出现在公众面前，或面见主教大人，就如军官不穿军装出现在宫廷之中一样。[1]

儿童也一直穿长装，至少是那些家庭地位优越的儿童。15世纪《圣母圣迹》中有一幅细密画[2]呈现一家人围绕着分娩孕妇的床榻的场景：父亲穿短装、紧身裤和紧身短上衣，但三个孩子穿长裙。在同一画集中，那位给圣婴耶稣食物的孩子穿一件侧面开口的长裙。

在意大利，情况相反，大部分文艺复兴艺术家所画的儿童均穿成人的紧身长裤。在法国、德意志，似乎人们对这种时尚比较反感，他们让孩子一直穿长装。在15世纪初，习惯形成，并成为一种通则：儿童们总是穿着长裙。这个时代德意志的挂毯表现的四岁的孩子身穿长裙，长裙的前襟是开口的。[3]法国艺术家让·勒克莱尔（Jean Leclerc）的版画以儿童的游戏为主题[4]：《玩滚珠进洞》《玩老式网球》《玩曲棍球》……孩子们在他们的紧身裤外面穿着前面钉有纽扣的长裙，这就是他们这个年龄段孩子的制服。

---

[1] Mme de Sévigné：Ier avril 1672.

[2] *Miracles Notre-Dame*, Westminster, éd. G. F. Warner, 1885. T. I, p. 58.

[3] H. Gobel, *Wandteppiche*, 1923, T. I, pl. CLXXXII.

[4] Jean Leclerc, *Les Trente-Six Figures contenant tous les jeux*, 1587.

在 17 世纪可以区分孩子（不论是男孩还是女孩）的那两条挂在背上的扁平带子，它们的起源与长裙相同。16 世纪的长外套和长裙经常有袖，人们可以随意地将手臂套进去，也可以不套进去，让它们空垂着。在勒克莱尔的版画《玩滚珠进洞》中，我们看到有些袖子只是通过几个点连接在衣服上。追求洒脱优雅之士，尤其是这样的女子，喜欢袖子空垂的效果。于是，人们不愿套入手臂的袖子就成了没有实用性的纯粹装饰物，就如失去功能的人体器官一样，如此这般的袖子也逐渐萎缩，供手臂穿过的袖筒被略去了，袖子压平了，看起来就像连在肩膀背后的两片宽大的布带——17 和 18 世纪儿童服装上的布带就是 16 世纪假袖的最后残余。我们还可以在另外一些类型的服装上发现这些萎缩的袖子，如大众服装或者与之相反的礼仪服装：18 世纪初被无知兄弟会会员[1]改造为教士制服的农民外套、火枪手制服这类最早的纯军事服装，宫廷侍从的号衣，最后还有年轻骑士学习生的服装。骑士学习生就是那些为了成为骑士被送往其他贵族家庭的贵族子弟，他们要为教导他们的家庭提供一些服务，这类服装就是他们举行仪式时所穿的制服。路易十三时期的这些年轻骑士学习生身穿紧身的灯笼裤，背上垂着假袖。这一骑士生的服装逐渐成为礼仪制服，被当成荣誉和受尊敬的标志：在勒波特尔（Lepautre）的一幅版画中，一些身穿骑士生古色古香服装的年轻人参与弥

---

[1] 即 Saint-Jean de-Dieu 修会。"无知兄弟会"为修士自谦之称。修会于 1680 年在法国建立。——译者注

撒。[1] 然而，这类服装作为礼仪用服毕竟稀少，而扁平的带子却出现在所有富裕家庭（贵族和资产阶级）孩子（不论男孩还是女孩）的肩膀上。

如此，为了将从前穿衣如成人的儿童区分出来，人们将以前体面人物已经很长时间抛弃不用的一些古老服装特点重新加以利用，专门让它们为儿童所用。诸如此类的事例就是长裙（或长装）和假袖。除此之外的例子还有襁褓中婴孩所戴的下巴有扣带的童帽：这种下巴系带的帽子在13世纪还是所有男子的帽饰，用于在劳动时固定他们的发式，就如我们在亚眠圣母院的年历画中所看到的那样。

最早的儿童服装就是大约一个世纪前为所有人所穿的服装，而此后只有儿童才穿。 显然，人们不会为儿童专门设计一种所有的构件均是全新的服装。但人们已经感觉到应该通过服装、通过一种显而易见的形式把儿童与成年人区分开来。因此，为他们选择了在某种条件下保留一些传统特征但人们已经不再穿着的服装。采用儿童特有的服装的做法从16世纪末起在上流社会中逐渐流行，这是有关儿童感情的形成过程中非常重要的、带有标志性意义的时期，此种儿童观念让儿童世界成为与成人世界分离的社会。

我们应该思考一下服装在古代法国的重要性。它经常代表着一笔不小的财富。人们的许多花销用于衣着打扮，人死后，要费

---

[1] Lepautre, gravure. Cabinet des Estampes, Ed. 43 fol. p. 11.

很大的劲为其建立一份衣橱清单，而时至今日，人们建立清单的对象仅限于毛皮大衣了。当时的服装非常昂贵，人们甚至通过禁止奢侈浪费的立法试图减少在服装上的过分消费，这种服装上的奢侈可以使一部分人破产，也可以使另一部分人骗取社会地位，隐瞒他们的出身。那时服装的重要性要远甚于我们当代社会，当然在现今社会，服装对于妇女来说仍然非常重要，她们的首饰仍然是家庭富裕、社会地位高的重要符号。那时的服装严格代表了穿着者在复杂的和不容争辩的等级社会中的地位。人们身穿他那个阶级所特有的服装——礼貌文明手册多次强调人们的穿着与其年龄和身份不符是有失体面的做法。细微的社会差别均可以通过服装符号表现出来。到16世纪末，习俗形成规定，从此得到社会承认的儿童也应该有自己特有的服装。

* * *

在儿童服装的起源方面，我们首先找到了一种仿古现象：长装的继续存在。这种仿古倾向经久不衰：18世纪末，在路易十五时代，小男孩们的衣领是路易十三时代或文艺复兴时代的。朗克雷和布歇绘画中的青少年经常打扮成前一个世纪的时髦模样。

然而从17世纪开始，另两种倾向开始主导服装的发展。第一种倾向是强化少年男性的女性特征。前文我们已经提及，在穿"带衣领的长裙"之前那些"系围兜"男孩穿的是女孩的长裙或短裙。从16世纪中叶开始显露出来的这种男孩女性化，最初是新鲜事物，仅在部分特征上有所表现。例如，男孩衣服的上半部分仍然保留着男性服装的特征。但是很快，人们就将带花边的衣领安在小男孩的身上，而这种带花边的衣领实实在在地是妇女们的衣领。在四五岁以前，要区分男孩和女孩几乎不可能，这种风俗一成不变，达两个世纪之久——在1770年左右，男孩从四至五岁起才脱掉带衣领的长裙。在此年龄之前，男孩穿戴如女孩，这种情况到了19世纪末依然如故——如此女性化的习俗直至1914年第一次世界大战爆发后才告结束，抛弃这种习俗应该与妇女对紧身胸衣的抛弃相关，服装革命传达了道德观念变化的信息。依然令人感到好奇的是，把孩子与成年人区分开来的想法始终停留在男孩身上：区分小女孩仅有的标志就是假袖，而这一饰物在18世纪就被弃用了。似乎在童年脱离成人生活的程度上女孩要弱于男孩。服装上所表达出来的东西进一步印证了其他方面的一些证据：男孩是最早受到专门对待的儿童。在16世纪末和17世纪初，男孩大量开始上学。对女孩的教育到费讷隆的时代和曼特农（Maintenon）夫人[1]的时代才勉强开始，很晚才发展起来，而且发展得很慢。由于缺乏学习阶段，女孩很早就与妇女混杂在一起，就如早年男孩与男人们混杂在一起的情况一样。人们也不会考虑让她们的服装看上去不一样，对于男孩来说这种服装的区分已经开始真实地存在，但无人考虑要给女孩加以同样的区分。

为了把男孩与男性成年人区分出来，人们把他们打扮成女

---

[1] 亦称曼特农侯爵夫人，路易十四第二任妻子，因非公开结婚，无王后称号，生于1635年，卒于1719年。——译者注

孩,而女孩又与妇女没有区分,为什么会造成这样的情况呢?这种风尚在一个人们很早就得谋生的社会里是如此新颖,又如此令人惊奇,然而它又为什么能够一直延续到距离我们今天很近的时代——至少延续到 20 世纪初,而不顾时代风俗习惯的变化,不顾儿童年龄段的延长呢?在此我们接触到一片尚未探索的领域,即与年龄和性别相联系的社会关于自身行为的意识——直到现在,我们关心的仅仅是阶级意识!

第二种倾向和仿古倾向、女性化倾向一样,可能也起源于乔装打扮的愿望,即资产阶级家庭的孩子采用普通大众的服装或者工作服的某些特征。这方面儿童要超前于成年男性的时尚,他们在路易十六统治时期就开始穿长裤(pantalon),早于无套裤(sans-culottes)时代。[1] 路易十六时代儿童所穿的服装既有仿古的因素(文艺复兴时代的衣领),又有大众因素(长裤),同时还有军事因素(军人制服的前排纽扣装)。

还是回到 17 世纪,当时还没有特别的大众服装,更不必说地区服装……穷人们所穿的衣服是别人施舍给他们的 [2],或者是从旧货商那里买来的。普通民众所穿的衣服都是二手衣服,就像今天普通民众常开二手汽车一样(把过去的衣服和今天的汽车进行类比,并不是如它表面上看起来那样仅仅具有修辞上的意义,

---

[1] 法国大革命以前有身份的人都穿及膝的紧身套裤,套裤以下穿长筒袜。劳动大众不穿套裤,直接穿长裤,因此被称为"无套裤汉"。大革命以后,无套裤成了新时尚。——译者注

[2] Jean de Bray, 1663, Une distribution de vêtements, H. Gerson, I, n° 50.

汽车继承了旧时服装所具有的、现在已经丧失殆尽的那种社会意义）。因此，普通男人所穿服装是早几十年有身份的男人们穿的时髦衣服：在路易十三时期的巴黎街头，普通男人戴的是16世纪装饰有羽毛的那种帽子，而普通妇女戴16世纪的女式包头巾。富人和穷人服饰的时间差依地区不同而不同，主要取决于该地区富裕的人们追随时髦的速度。在18世纪初，某些地区（如莱茵河沿岸）的妇女仍然戴15世纪的头巾。但到了18世纪，穷人追随富人穿着的进程停止了，甚至固化了，其中原因，一方面是富人和穷人的道德要求相距越来越远，另一方面也由于富人和穷人在千百年混杂以后出现了人以群分的现象。地区服装的诞生既缘于人们对地区特点的新爱好（这是布列塔尼、普罗旺斯等地区宏大历史的时代，在此时代人们对由于法语的发展而变为方言的地区语言重新表现出兴趣），也由于服装发展的现实多样性，同时也因为城市和宫廷的时尚传播到每个人群和每个地区的时间不同。

  18世纪末叶，在普通民众比较集中的城郊，人们开始穿一种非常特别的服装——长裤，它有点类似19世纪工人的工作服和今天蓝领工人的蓝色工作服，含有社会地位和所从事工作的意涵。值得注意的是，大城市普通民众在18世纪的穿戴再也不是17世纪乞丐们的那种模样：无固定式样且时代错位的破衣烂衫，或来自旧货商处的旧衣服、二手货。我们从中看到了追求集体特征的自发意向，这种意向有点接近阶级意识的形成。因此，当时就出现了一种工匠的服装——长裤。长裤，即长及脚部的贴身裤子，长期以来是海员水手的服装。它经常出现在意大利的喜剧中，也通常穿在海员和沿海沿河的居民身上，如佛兰德斯人、莱茵河畔人、丹麦人、斯堪的纳维亚人等。如果我们相信 17 世纪的服装收藏，那么斯堪的纳维亚人甚至在那个时代还穿这种裤子。英格兰人已经不穿了，但在 12 世纪，他们对此应该不会陌生。[1] 后来当一些组织程度较高的国家对国家军队和军队装备进行规范时，它成了海军的制服。由此，几乎同时，它似乎传播到城市郊区的普通民众之中——这些普通民众此时已经厌恶穿别人的破衣烂衫，同时也传播到富裕家庭的男孩身上。

新发明的制服很快被资产阶级家庭的孩子所接受，首先是在私立寄宿制学校中。自从耶稣会士遭驱逐以后，这类寄宿学校变得越来越多，这些学校通常为孩子进入军事学校和军事生涯作准备。人们非常乐于看到好的体型，大人们通常用军人的制服或海军的制服将自己的孩子打扮起来——由此创造出小海军的形象，这一形象从 18 世纪晚期一直延续到今天。

从某些方面看，儿童穿长裤是来自对制服的新嗜好，这种嗜好到 19 世纪扩展到成人，在那个时代，制服成了宫廷服装，也成了礼仪之服，这种情况在法国大革命之前是从来没有过的。另一方面，儿童穿长裤可能也来自让儿童摆脱传统服装束缚的需要，人们希望让孩子穿得落拓不羁，而郊区居民那时正以一种自豪感穿着这种落拓不羁的服装。由于有了普通大众的和海员们的长裤，人们才能够让孩子既摆脱过时或过分孩子气的长裙，又不

---

[1] Evangéliaire de saint Edmont, Millar, *La Miniature anglaise*, 1926, pl. XXXV.

穿过于礼节性的套裤。更有甚者，人们还一直出于好玩让富裕家庭的孩子佩戴一些老百姓服装中具有特点的东西，例如一般劳工、农民甚至苦役犯戴的那种无边软帽，我们今天称之为"拿波利帽"，法国大革命时的革命者出于阶级爱憎称之为"弗里吉亚帽"。波纳尔（Bonnard）所作的一幅版画向我们展示的一个孩子就戴着这样的帽子。[1] 今天，我们也亲身经历了一种类似于路易十六时代男孩们穿起长裤那样的服装变迁：工人蓝、粗布长裤演变为"牛仔裤"，年轻人自豪地穿上它们，作为青少年明显的标志。

＊　＊　＊

由此，从儿童穿戴如成年人的 14 世纪出发，我们最终到达我们所熟悉的儿童们穿自己特殊服装的状态。我们已经指出，这一变化主要涉及男孩。因儿童情感的觉醒得益的首先是男童，而女童在更长的时间中一直处在传统的生活方式里，这种生活方式将她们与成年妇女混为一体——我们还会不止一次地观察到妇女在采纳现代文明表面形式时的滞后性，现代文明基本上还是男人们的文明。

如果仅就服装领域的证据而言，儿童服装的专门化很长时间里仅局限于男童。可以确定的是，这种专门化也局限于资产阶级家庭和贵族家庭。普通老百姓的孩子、农民的孩子、手工工匠

---

[1]　Cabinet des Estampes, O a 50 pet. fol. f° 137.

的孩子,那些在村庄草地上、城市街道间、家庭厨房里玩耍的孩子们,依然穿着成年人的衣服——画面里从来没有看到他们穿长裙、缀假袖。他们保留着古老的生活方式,那种没有将他们与成年人分离的方式,无论是服装,还是劳动、游戏,都未能将他们区别开来。

第四章　小小游戏史

多亏了御医艾罗阿尔的日记，我们才能想象 17 世纪初儿童的生活，想象他们的游戏，想象与每种游戏相关联的儿童体能和心智的发展阶段。尽管日记涉及的是法国王储，即未来的路易十三，但他的事例仍然具有典型意义，因为在亨利四世的宫廷中，国王的孩子，不论是正统的，还是非婚生的，受到的待遇都和当时其他贵族子弟一样，当时的王宫和贵族城堡之间还不存在绝对的区别。除了王子不去学校，而当时贵族子弟的一部分已经上学这点不同之外，小路易十三的培养也与他的同伴们一样。给他上剑术和马术课的老师，同样也在军事学院里培养未来从事军事职业的贵族子弟，他就是普吕维内尔先生（M. de Pluvinel）。普吕维内尔先生马术教科书中的插图、德·波（de Pos）美丽的版画中都有青年路易十三在驯马场练习的场景。到了 17 世纪后半叶，情况完全不同了，对国王的崇拜使得小王子在童年时就早早地与其他凡人分开了，甚至包括出身高贵的贵族子弟。

路易十三生于 1601 年 9 月 27 日。他的医生艾罗阿尔给我们留下了一本非常详细的关于路易十三童年一切事件和行为的日记。[1] 在路易十三一岁五个月大时,艾罗阿尔记录道,他"拉小提琴和合唱"。在此以前,他满足于玩玩最小的婴孩习惯玩的拨浪鼓,骑骑木马,玩玩小风车,"他试着抽打陀螺"。一岁半的时候,人们已经让他手持小提琴:那时的小提琴还算不上高贵乐器,它是在乡村婚礼和节庆时为舞蹈伴奏的发出"吱哩吱哩"声响的蹩脚提琴。在这件事上,我们可以感觉到歌唱和音乐在那个时代的重要地位。

青年路易十三在驯马场练习(普吕维内尔马术教科书中的插图)

还是同一年龄,路易十三玩槌球,"玩槌球的王太子一下打

---

[1] Heroard, *Journal sur l'enfance et la jeunesse de Louis XIII*, publié par E. Soulié et E. de Barthélémy, 2 vol., 1868.

歪了,伤了隆格维尔(Longueville)先生"。这一情况就如一位一岁半的英国小孩玩板球和高尔夫球。在一岁十个月时,我们知道,他"不停地以各种击打节奏敲打他的小手鼓"——当时各战斗部队均有自己的鼓乐和进行曲。人们开始教他说话:"人们先让他发一个一个单独的音节,然后让他说单词。"就在同月,即 1603 年 8 月,"王后将用正餐,让人抱他来,把他放在桌子的另一端"——16 和 17 世纪的一些版画和绘画经常表现孩子用餐,人们让孩子高高地坐在一张高脚小坐椅上,把他固定在那里,不让他掉下来。路易十三也坐在这样的婴幼儿椅子上,看他母亲吃饭,就像众多其他家庭的孩子一样。当这小不点正好两岁的时候,他被"带到国王的小房间,在小提琴的伴奏下,跳着各式各样的舞蹈"。我们注意到,在那个时代,音乐舞蹈早早地成为培养儿童的内容,由此可以解释为什么在专业家庭里经常会出一些我们今天称之为"神童"的人物,如少年莫扎特等。随着人们对音乐(其中包括最原始的音乐或变相的音乐)亲近度的降低或消失,此类神童变得越来越少,同时也变得越来越神奇。不久王太子能开口说话了,艾罗阿尔原原本本地记下了小孩咿咿呀呀的语音:他把"我要去告诉爸爸"说成"告诉爸爸"[1],把"écrivez"(您写)说成"équivez"。他也经常被鞭打:"令人觉得厌烦了,就被狠狠地鞭打(因为他不愿吃饭)。平静下来后,他嚷着要吃饭,就吃了。""离开以后,在自己房间又高声

---

[1] 没有动词时态的变化。——译者注

地叫起来，然后被结结实实地鞭打了一顿。"尽管他和大人们生活在一起，一起玩，一起跳舞，一起唱歌，但总是玩孩子们的游戏。当他两岁七个月的时候，苏利（Sully）[1]送给他"一辆装满玩具娃娃的小车"作为礼物。他用儿语称呼它为"嘟嘟（？）[2]的美丽娃娃"。

他喜欢战斗部队："他始终受士兵们的喜爱。""他玩小炮。""跟士兵们做一些小的军事动作，马尔尚先生给他装了个高领，这是他第一次装上高领，对此他高兴极了。""他和贵族小伙伴们玩战争游戏。"我们还知道，和玩槌球一样，他也经常玩网球，但却仍然睡在摇篮里。1604年7月19日，两岁九个月，"他非常高兴地看到安了一张他的床，他第一次睡在自己的床上"。他已经对宗教略知一二：在做弥撒、在举扬圣体仪式时，人们给他看圣体面包："这就是好上帝（bon Dieu）。"让我们注意"好上帝"这一用语，今天在神甫和信徒的嘴巴里我们不断听到这种说法，但在旧制度的宗教文献中，我们从来没有看到过。我们在此看到，这一用语在17世纪初——也许存在的时间也不会太长——属于儿童的语言，或者是父母和保姆对孩子说话时所用的语言。到了19世纪，随着宗教的女性化，它影响了成年人的语言，雅各的上帝就成了小孩们说的"好上帝"。

---

[1] 即苏利公爵（duc de Sully, 1560—1641），路易十三之父亨利四世最重要的心腹和谋臣。——译者注

[2] 问号为原文所有，作者对此音的意义也不明。——译者注

现在，王太子已能流利地说话了，他会讲一些冒犯他人的话，却常让大人们觉得非常有趣："国王问他（拿着笞鞭给他看）：'吾儿，此物为谁而设？'他恼怒地回答：'为您。'国王忍不住大笑起来。"

1604 年圣诞夜，他参加了传统的节庆活动，和大家一起欢愉——此时他已经三岁。"晚饭之前，他看人们安放圣诞树桩,[1] 他唱歌跳舞，迎接圣诞日的来临。"他收到了新年礼物：一只皮球、一些"意大利的小玩意儿"、上发条的鸽子（既是王后的玩具，也是他的玩具）等。在冬日的晚上，人们有段时间不能去户外，被迫关在屋子里，"他就用剪刀剪纸玩"。音乐和舞蹈在他的生活中始终占据着重要的地位。艾罗阿尔带一点敬佩的口吻写道："王太子能跳所有的舞蹈。"他能够记住他看过的芭蕾舞剧，虽然那时他还没有开始扮演其中的角色，但不久他就这样做了："他突然想起了一出一年前（当时他两岁）演出的芭蕾舞剧，问道：'为什么里面的小公羊不穿衣服？'他一丝不挂地扮演了丘比特。""他跳着快三拍子舞、萨拉班德舞、古老的奥弗涅民间舞。"他以唱歌和弹奏曼陀拉来自娱自乐。他唱罗宾（Robin）之歌："罗宾去图尔，购买丝绒布，为做女短衣，我的妈，我想要罗宾。""他让人唱着歌催他入睡：'谁想听唱歌，姑娘配路易,

---

[1] 西方圣诞节传统仪式，家人要从户外庄严地将事先砍伐的一截橡树原木（带树皮，通常近根部，故法语原词为 souche，"树墩"的意思）迎入户内，放置在壁炉架上，人们边唱颂歌，边往原木上洒酒，然后点燃原木。——译者注

国王爱之甚，最终怀孩子'。"对于孩子来说，这样的歌也实在太迷人了！再过几天，他就四岁了，他至少已经知道诗琴（鲁特琴[Luth]）琴弦的名称，诗琴是高贵的乐器："他用手指玩弄着自己的嘴唇，说道：这就是低音弦。"（艾罗阿尔总是忠实地转达儿语的发音，有时甚至还记下他的口吃。）但他对诗琴初步的了解并不影响他去听最为大众化的小提琴演奏，国王的一位厨师举办婚礼舞会，伴奏的就是小提琴。这也不影响他去听一位风笛手的演奏，那是"为他修壁炉"的一位泥水匠："他听了很长很长时间。"

到了人们教他阅读的时间了。三岁五个月，"他饶有兴致地翻阅着《圣经》的插图本，他的保姆教他字母，他认识了所有字母"。接着，人们教他皮布拉克（Pibrac）[1] 的四行诗、礼貌和道德守则（这是要求儿童牢牢记在心中的）。从四岁起，人们开始教他写字，他的老师是王家城堡小教堂里的一位教士，名叫迪蒙（Dumont）。"他让人把他的文具盒拿到饭厅去，在迪蒙的指导下写字，他说道：我放好了字帖，我要上学去了。"（他要照着字帖临摹）"根据人们在纸上留下的印痕，他依样书写，临摹得非常好，他乐此不疲。"他开始学习拉丁词汇。到六岁，一位专业"作家"替代了王家教堂的教士："他临帖写字，国王的作家勃格朗（Beaugrand）向他展示如何写。"

他一直玩玩具娃娃："他玩小玩具，玩弄一个德意志的小橱（纽伦堡的工匠用木头制作的缩微玩具）。"洛梅尼（Loménie）先

---

[1] 法国诗人、外交家（1529—1584）。——译者注

生给了他一具穿戴整齐、衣领抹香的小贵族玩偶,他为他梳头,说道:"我要让他和公主(他的姐姐)的玩偶结婚。"他喜欢剪纸。人们还讲故事给他听:"他的保姆向他讲述列那狐的故事[1]、邪恶财主和穷人拉撒路的故事[2]。""上了床,人们向他讲述水精灵梅露希娜(Mélusine)的故事。我对他说,这是神话,不是真的。"(已经有了现代教育的新观念。)这类故事不仅是讲给孩子们听的,晚上大人们讲的也是同样的故事。

在玩玩具娃娃的同时,这位四五岁的孩子也开始拉弓、玩纸牌、下棋(六岁时)、玩大人们的游戏,如"板球"、官兵抓强盗和无数种多人一起玩的游戏。在三岁时,他就已经玩"何物放入小篮?",此为一种问答游戏,回答者的回答应该与问题押韵,法语"小篮"是"corbillon",因此回答的结尾就应该是如"dauphillon""damoisillon"之类的词,当时在儿童和青少年中这样的游戏非常流行。他也和比他年龄大的国王寝室侍从玩"'军队使你高兴吗?'的游戏,而且玩了一遍又一遍。每一次他都要充任长官(游戏的主导者),当他不知道如何说他该说的话时,他就问别人。他玩这类游戏的时候,其神态就像一位15岁的青年。他还玩蒙上眼睛点蜡烛的游戏"。当他不和侍从玩时,就和士兵们玩:"他和士兵们玩各种游戏,如'你的位置让我喜欢'、绕口令、手拍手和躲猫猫等。"六岁时,他扮演各种生意人,扮

---

[1] 法国著名民间故事。——译者注
[2] 圣经故事,参见《路加福音》。——译者注

演喜剧角色，玩各种多人游戏，如通过人的动作和表情猜人的职业和发生的事情等，这也是青少年和成年人的游戏。

逐渐地，王太子混迹于成年人之列，观看成年人的节目。他五岁时，"被人带到猎狗屋后面的院子里（枫丹白露）去看为国王工程劳动的布列塔尼人的搏击比赛"。"被带到在舞厅里的国王身边，看狗与熊和公牛搏斗。""他前往上面盖顶的网球场，去看獾奔跑。"尤其是，他还参加芭蕾舞的演出。四岁半时，"他化好装，戴上面具，到国王的房间去跳芭蕾，然后他不愿意摘下面具，不想让人认出来"。他经常装扮成"庇卡底的贴身女仆"，装扮成牧羊女或其他的女孩（他一直身穿男孩的裙装）。"吃过晚饭，他观看跳舞，伴唱的歌由一位名叫拉福莱斯特（Laforest）的人所写。"那是一位士兵兼编舞者，也编一些闹剧。五岁时，"他冷漠地观看着一出闹剧，剧中，拉福莱斯特同时扮演爱开玩笑的丈夫蒙格拉（Montglat）男爵、惹人讨厌的妻子和勾引她的情人安得莱（Indret）"。"他跳芭蕾，一身男装，上身是紧身上衣，下身是在紧身长裤外套齐膝短裤。（此时六岁）"他观看表演巫师和魔鬼的芭蕾舞剧，演员为马尔桑（Marsan）先生手下的士兵，该剧由皮埃蒙特人让－巴蒂斯特（Jean-Baptiste）创作（另一位士兵兼编舞者）。他不仅跳芭蕾，还跳宫廷舞，这些舞蹈他是向一位宫廷老师学的，与学习阅读和书写同步进行。他也跳一些我们今天称为民间舞蹈的舞，国王的侍从们"跳着民间舞蹈——他们来自种白菜的圣约翰村（Saint-Jean des choux）[1]，他们互相用脚踢对方屁股。他也像他们一样跳舞、踢屁股。（此时他五岁）"此类舞蹈让我想起我看过的一种蒂罗尔人的舞蹈，在因斯布鲁克的咖啡馆里，一些穿紧身皮套裤的小伙子也欢快地跳着同样的舞。还有一次，他在娱乐活动中装扮成姑娘："闹剧一收场，他就脱去长裙，跳起了'他们来自种白菜的圣约翰村'这一舞蹈，用脚踢他旁边人的屁股。这一舞蹈使他非常开心。"

他终于在一些传统的节日里，如圣诞节、三王来朝节（主显日）和仲夏节，加入成年人的行列之中，由他在圣日耳曼城堡的院子里点燃仲夏节的篝火。在三王来朝节的前夜："他第一次成了国王，[2]人们喊着：国王喝酒。人们留出蛋糕的'上帝之份'，谁吃了它谁就必须施舍。""他被带到王后的房间，从那里，他看人们种下五月树。"

当他接近七周岁生日时，情况起了变化：他不再穿儿童服装，他的教育从此转到男人手里。他离开了他称为"我的芒加"（Mamangas）的蒙格拉（Montglas）夫人，归到苏毕斯（Soubise）先生名下管教。人们努力让他放弃小孩的游戏，尤其是玩具娃

---

[1] 法国地名，1920年后改称为"萨韦尔纳的圣约翰"，属下莱茵省，靠近德国边境。"白菜"（choux）是该村不太雅的绰号，故改之。——译者注
[2] 根据三王来朝节的习俗，人们要做一个"三王蛋糕"，来宾每人可以取得其中的一份，蛋糕里事先埋下一颗蚕豆，谁取得有蚕豆的一份，就成为国王（或王后）。蛋糕最后还得留出一份，称为"上帝之份"或"穷人之份"，据说是留给第一位光临门口的穷人。但据本书中的描写似乎是留给施舍者。——译者注

娃:"你不应该再玩这些小玩具(德意志玩偶)了,也不应该再玩小车,你已经长大,不再是孩子了。"他开始学习骑马和射击,也去打猎。他还玩博彩游戏:"他参与'白票'(la Blanque)[1]抽奖,赢得一件绿松石首饰。"似乎到了七岁这一年龄,人生进入一个重要阶段:在17世纪道德家们和教育家们的作品里,这一年纪一般被认为是进入学校,或进入生活的年龄。[2]但我们不要过分强调它的重要性。虽然他不再(或不应该再)玩娃娃游戏,但少年王太子的生活依旧,他依然要被鞭笞,他的娱乐活动没有多大变化。他去看喜剧的时间越来越多,很快几乎每天都去:想象一下,喜剧、闹剧和芭蕾在我们祖先室内和户外的观赏节目中占据多么重要的地位!

"他前往大长廊看国王骑着马用长矛挑落悬环。""他饶有兴致地听拉克拉维特(La Clavette)和其他人的不雅故事。""在他的房间和贵族小同伴玩掷硬币猜正反面的游戏,并且和国王一样,掷三个骰子玩。"和一个轻骑兵军官"玩躲猫猫"。"他到网球场看别人打网球,再从那里前往大长廊看骑马长矛挑悬环。""化装以后,跳'长裤'舞。"现在他已经九岁了:"晚饭以后,他去王后房间,玩蒙眼捉迷藏,他还让王后、公主和其他太太一起玩。""他玩'抢座位'游戏"和其他一些多人室内游戏。

---

[1] 抽奖游戏,抽到白票为输,抽到上面标有钱数和物品的彩票为赢。此游戏从意大利引入,从亨利四世时开始盛行。——译者注
[2] 参见本书第三部第二章。

"晚饭后，国王的保姆给他讲故事，他对此非常开心。"他已过了13岁，他依然玩"捉迷藏"。

七岁以前玩得更多的是玩具娃娃和德意志小玩具，七岁以后更多的是打猎、骑马、舞刀弄枪，也许更多的还有看戏。在这种消遣方式的长链中，变化是悄然而不易察觉的，儿童的消遣方式从成人那里借鉴，并和成人一起分享。在两岁之时，路易十三开始玩槌球、玩网球；四岁时，开始玩弓箭，这是所有人都玩的"体能游戏"——塞维涅夫人赞扬她的女婿在槌球上的灵巧。小说家和历史学家索雷尔（Sorel）写了一本有关多人室内游戏的论著，是写给成年人看的。但路易十三在三岁时就玩关于"小篮"的问答游戏，六岁时玩扮演生意人的游戏，出演喜剧，这些游戏在索雷尔书里有关屋内游戏的章节中占据大量篇幅。五岁，他玩纸牌。八岁，他赢得彩票，玩这种财富转移的运气游戏。

在音乐戏剧方面，也同样如此。三岁时，路易十三跳快三拍子舞，跳萨拉班德舞，跳古老的奥弗涅民间舞，在宫廷的芭蕾舞剧中扮演角色。五岁时，他参与闹剧的演出。七岁时，出演喜剧。他唱歌，拉小提琴，弹诗琴。他坐在观众席的第一排观看角斗、跑马、斗熊和斗公牛，观看杂技走钢丝。最后，他还参与宗教节日和季节节日的集体狂欢：圣诞节、五月节、仲夏日……如此看来，当时不存在如今天那样的儿童游戏和成人游戏的严格区分。儿童和成年人所玩均相同。

*　*　*

到了 17 世纪初，游戏多功能性不再适用于所有的小孩。我们对那时的儿童游戏已经有非常清楚的了解，因为从 15 世纪起，从被称为"皮托"的裸婴形象降临到人们的绘画之中起，艺术家们画了许多小孩的画，画了许多儿童玩耍的场面。人们从中看到了木马、小风车和被拴住脚的小鸟……有时——虽然不太常见——也能看到玩具娃娃。非常明显地，这些玩偶是专门供小孩玩的。人们因此要问，这种情况是不是自始至终就是如此，是不是此前这些东西从未属于成年人的世界？这些玩具之中，有一些源于儿童的模仿力，这种模仿力推动儿童模仿成年人的活动，将成年人的用具缩小：比如木马，那个时代，马是主要的运输和牵引工具。再比如风车：这些在小杆子顶端转动的小叶片也是孩子模仿成年人的技术而已；和模仿马不同，这项技术并不十分古老，风车技术在中世纪才引入欧洲。今天我们的孩子模仿卡车或小汽车，其思考方式与此相同。然而，风车在我们的乡村已经消失很久了，而小孩的玩具风车却仍然在玩具商店、街道上的小报亭、集市上销售。儿童构成了最保守的人类社会。

另一些玩具的起源似乎不能简单地归于对成人的模仿力。这一类情况就是人们经常画的小孩玩小鸟。路易十三就曾有一只伯劳鸟，他非常喜欢。类似的情况可能会让某些读者想起他们童年时那只剪断翅膀并想要驯服的乌鸦。这类画面中出现的小鸟一般都是拴着的，小孩用手抓住拴绳。有时，小鸟也可能是木头做的玩具。但无论如何，根据绘画的情况，拴住脚的小鸟似乎是人们最熟悉的玩具。然而，诸如尼尔森（Nilsson）那样的希腊宗教史专家告诉我们[1]，无论是在古代希腊，还是在现代希腊，都有一种习俗：在5月初，男孩要制作一只木头燕子，它围着一个轴心转动，并用花卉装饰起来。然后，他们拿着木头燕子走家串户地展示，接受人们给他们的礼物——这里的小鸟或玩偶并非个人的玩具，而是有关季候的集体节日活动的一部分，年轻人参与该项活动是由于他们的年龄段决定了他们的角色，我们在下面还会讨论此类节庆形式。这些后来变为个人玩具，成为与社团、年历和某些社会内涵脱离干系的东西，其起源似乎与某些风俗仪式有关，这些仪式常常将儿童、青少年（当时还很难与儿童区分）与成年人混杂在一起。同样也是尼尔森向我们揭示，[2]秋千这一在18世纪经常入画的游戏是如何出现在一个年历规定节日的仪式之中，这一节日叫作"爱奥拉节"（Aiora，"秋千"之意），即青年节。小伙子们要跳过盛满酒的羊皮袋，摇晃坐在秋千上的姑娘。荡秋千的场景出现在希腊的瓶画上。尼尔森的解读是，此乃有关繁殖力的巫术。在公共宗教仪式与游戏之间存在着紧密的联系，游戏构成了基本的仪式。随后，游戏摆脱了宗教象征，失去了公共的性质，同时世俗化和个人化了。成为世俗的和个人的活动之后，它越来越成为儿童的领地，游戏库于是似乎成为被成人社会和世俗化社会所抛弃的集体表现形式的最后保留地。

---

[1] Nilsson, *La Religion populaire dans la Grèce antique*.

[2] Ibid.

对玩具娃娃和缩微玩具的研究也使我们得出同样的假设。玩具历史学家、玩具娃娃和缩微玩具的收藏家要对属于儿童玩具的娃娃与考古发掘出土的大量小型雕像作出区分往往有很大困难，考古出土的小偶像常含宗教意义：家庭崇拜、丧葬崇拜、信徒朝圣后的还愿物等等。有时人们告诉我们此乃玩具，而事实上它们是置于坟墓中家庭用具的缩微品，这样的事例还少吗？但我不想由此得出结论说，那时的儿童还不玩玩具娃娃和其他成人物品的微型仿制品。但是我们可以说，他们不是唯一玩这些东西的人群，只是到了现代，这些东西才成了儿童的专属品，而在古代，它们是和他人共享的，至少和死人共享。玩具娃娃和微型仿制品的模糊属性一直持续到中世纪，在乡村持续的时间可能更长：布娃娃经常是各种巫师们用来伤害人的道具。将现实生活中的用品或人物缩小呈现的爱好，今天已经专属于幼儿，但同时还存在于民间艺术和手工艺品之中，这些艺术品既能使成年人感到满足，也能使孩子们感到轻松。著名的拿波里耶稣诞生马槽模型就是这种梦幻艺术的表现。博物馆，尤其是德国和瑞士的博物馆，拥有很多整套的复杂的家庭模型，内部结构和各种家具一应俱全，它们以缩小的尺寸再现了家庭摆设的所有细节。这些精巧复杂的微型杰作，难道就是布娃娃们的家吗？确实，这些成年人的艺术杰作也得到孩子们的欣赏：在法国，人们寻求"德意志的小玩具"或者"意大利的小玩意儿"。当这些缩微物品成了儿童的专属时，法语中却出现了一个专指这门工艺的单词：bimbeloterie（小摆设制造业），它的产品既面向儿童，也面向成年人。旧时的小摆设同样也是玩具。在语言的发展上,"小摆设"一词越来越远离原先孩童的和大众的含义,而观念的发展却正相反,人们越来越将这些小玩意儿和缩微物品看作仅仅是儿童玩耍的东西。19 世纪的小摆设是沙龙里和商店橱窗里的物品,但它们仍然是家庭物品的缩微:如小便携式椅子、小家具、微型餐具等,这些东西可不是供小孩玩的。在这种对小摆设的爱好中,我们应该看出,它是一种如意大利马槽模型和德意志家庭模型那样的大众艺术在资产阶级中的残存。旧制度下的社会长期忠实地迷恋这些小玩意儿,我们今天已经将它们归为孩子用品,因为这些小玩意儿已经完全归入小孩的领地。

但是在 1747 年,巴尔比埃(Barbier)还这样写道:"我们已经想象出了在巴黎被人们称为玩偶的那些小玩意儿……这些小人或做成阿尔勒甘(Arlequin)[1]、斯卡拉姆契亚(Scaramouche)[2][来自意大利喜剧],或做成面包店小伙计模样[来自职业],或做成牧童或牧羊女[来自装扮成乡下人的爱好]。这些小玩意儿使整个巴黎着迷,并充斥整个巴黎,以至于你找不到不在壁炉上挂这些玩意儿的家庭。人们把它们作为送给所有太太和女孩们的礼物,狂热的程度到了极点,今年年初,这些小玩意儿作为新年礼物塞满了所有的商店……夏尔特尔(Chartres)公爵夫人花 1500 锂买了一件布歇画的物品。"引述这段话的优秀

---

[1] 意大利喜剧中的丑角。——译者注
[2] 意大利喜剧中的典型人物,好吹牛、胆小的丑角。——译者注

珍本收藏家雅各布（Jacob）[1]承认，在他那个年代，人们也许已经没有这样的童心："世上的人过分地忙碌［这好像是今天说的呵！］，再也不能置身于如此美妙的空闲时分，在那美妙时代，人们经历了不倒翁和玩偶的繁荣。现在他们让孩子玩的是拨浪鼓。"

木偶戏似乎与产生德意志小摆设和拿波里马槽模型的缩微民间艺术有异曲同工之妙。它的发展历程也完全相同：19世纪初，里昂人吉尼奥勒（Guignol）是民间木偶剧中的角色，而且是一个成年人的戏剧角色。今天吉尼奥勒本身成了木偶戏的代名词，而吉尼奥勒戏剧已经为儿童专有。

长期延续的儿童游戏性质模糊也许可以解释为什么从16世纪至19世纪初穿衣的玩偶可以充当时装模特，充当系列时装的展示者。洛林（Lorraine）公爵夫人想送礼给一位产妇（1571）："她想请你给她送一些布娃娃，不要太大，数目四至六个，用你能够找到的最好服装将布娃娃装扮起来，这些娃娃要送给巴伐利亚公爵夫人刚刚出生的孩子。"礼物送给母亲，但名义上却是送给孩子的！大部分作为时装模特的玩偶不是儿童玩具，这些玩偶一般比较粗糙，制作得不够精致。作为时装模特的布娃娃后来消失，由于石印术的发展，被时装石版画所替代。[2]

---

[1] 法国作家和记者，雅各布是他的笔名，真名是保罗·拉克卢瓦（Paul Lacroix），生卒年代为1806—1884。——译者注

[2] Ed. Fournier, *Histoire des jouets et jeux d'enfants*, 1889.

因此，围绕幼儿玩具及其起源存在着某种模糊边缘地带。这片模糊地带在本章开篇涉及的那个年代，即 1600 年代前后，消失了——孩子玩具的专属性已经确立，虽然在细节上与我们今天的习惯还有一些不同。譬如，我们从路易十三那里看到，布娃娃不是专属于女孩的，男孩也玩布娃娃。在幼儿内部，男孩和女孩的区别并不如我们现代这么清楚：男孩和女孩都穿同样的衣服，同样的裙装。在儿童玩具的专属性和中世纪晚期绘画和服装上表现出来的那种对幼童感情的提升之间，可能存在某种联系。孩子成为被成年人抛弃的旧习俗的收藏者。

* * *

在 1600 年左右，游戏的专属性只局限在幼童的范围里。超过三四岁，这种专属性就减弱甚至消失了。**从那个年龄开始，儿童与成年人玩一样的游戏，有时是孩子与孩子玩，有时是孩子与大人一起玩。**我们可以通过丰富的绘画证据对此有所认识，因为从中世纪到 18 世纪，人们喜欢画游戏的场面——这也是娱乐在旧制度社会生活中所占地位的风向标。我们已经看到，路易十三在生命的最初岁月，在玩布娃娃的同时，还玩网球、槌球、曲棍球等这些今天我们看来应该属于青少年和成年人的游戏。在阿尔诺 17 世纪末的一幅版画[1]上，孩子们正在击球；从他们肩后挂着的女孩子的假袖，我们相信那些人应该是富家子弟。对孩子们玩纸牌

---

[1] Arnoult, gravure, Cabinet des Estampes, Oa 52 pet. fol. f° 164.

或其他有金钱输赢的赌博游戏，人们也不会有反感的情绪，只要这些孩子到了能玩的年龄。斯泰拉[1]的一幅版画[2]画的是一些裸体男孩在游戏，画面表露出对一位输掉游戏的孩子的同情。17世纪卡拉瓦乔画风的绘画经常画一些士兵在声名狼藉的酒馆中狂热赌博的场景：在一些老兵油子的身边，常常能看到年龄很小的男孩，在12岁上下，他们表现出同样的热情。塞巴斯蒂安·布尔东（S. Bourdon，1616—1671）有幅油画画了一群乞丐，他们围在两个孩子周围，看他们玩掷骰子。[3]孩子赌钱和玩彩票尚未引起舆论反对，因为表现这些场面的绘画不仅涉及老兵油子和乞丐，也涉及勒南画的那些正人君子。[4]

相反，成年人却玩我们今天认为应该是小孩子玩的游戏。有一件象牙雕[5]呈现的是被称为"青蛙"的游戏：一位年轻人席地而坐，他试图捉住那些推搡他的男男女女。成书于15世纪末的《萨伏依之阿黛拉伊德时祷书》（Les heures d'Adélaïde de Savoie）里有一幅年历画[6]，主要画的是游戏场面，是非骑士们的游戏（年历画最初表现的是各行各业劳动的场景，只有5月除外，那是保留给爱情题材的。游戏逐渐被引入年历画之中，并占据越来越多

---

[1] 法国女版画家，全名"克洛蒂娜·布佐内特 - 斯泰拉"（Claudine Bouzonnet-Stella，1636—1697）。——译者注

[2] Claudine Bouzonnet，*Jeux de l'enfance*，1657.

[3] Musée de Genève.

[4] P. Fierens，*Le Nain*，1933，pl. XX.

[5] Louvre.

[6] Chantilly.

的空间，其中有骑士们的游戏，如围猎，但也有民间游戏）。其中一种民间游戏叫"柴捆游戏"：一玩家站在由成对男女组成的圆圈中央，玩弄着蜡烛，女子紧贴在她男伴的身后，紧紧抱住男伴的腰。在这张年历画的另一个地方，村民们正在玩打雪仗，其中有男人也有女人，有孩子也有大人。在一张16世纪初的挂毯[1]上，农民和乡绅一起玩"猜猜谁打了你"的游戏[2]，乡绅们或多或少扮成牧羊人的模样。其中没有孩子。17世纪后半叶一些荷兰画也表现玩"猜猜谁打了你"的场面。其中一幅画[3]里还有若干孩子，但他们与各种年龄段的成年人混杂在一起：一名女子将头埋在自己的围裙里，两臂张开放在背后。路易十三和他母亲一起玩捉迷藏——躲猫猫。人们还在朗布依埃（Rambouillet）城堡"大小姐"（Grande Mademoiselle）[4]的家中玩蒙眼捉迷藏。[5]勒波特尔的一幅版画[6]显示，农民也玩蒙眼捉迷藏，而且全是成年人。

---

[1]　Victoria and Albert Museum, Londres.

[2]　直译为"热手"（La main chaude），游戏玩法：一人跪着，将头埋入另一坐着的人的怀里——如果头用围裙遮着，也叫"高贝壳"游戏（Haute Coquille，因埋入的头很像隆起的贝壳），后面一群人打他背部，然后让他根据各人的表情，猜谁打了他。——译者注

[3]　Berndt, n° 509 (Cornelis de Man), n° 544 (Molinar).

[4]　即奥尔良的安娜·玛丽·路易丝（Anne Marie Louise d'Orléan, 1627—1693），法王亨利四世之孙女，路易十四之堂姐。——译者注

[5]　Fournier, op. cit.

[6]　Lepautre, gravure, Cabinet des Estampes, Ed. 73 in-f° p. 104.

《萨伏依之阿黛拉伊德时祷书》年历画局部：打雪仗的村民

于是，我们理解了当代历史学家凡·马勒[1]通过绘画研究游戏而得到启发的那段评论："至于大人们的消遣，也许真的不能说他们的孩子气比起那些小孩的玩耍来要少一些。"当然喽，他们的游戏本身就是一样的！

* * *

儿童们也根据他们在其他年龄层人群中应处的位置参与季节性的节庆活动，这些节庆活动定期地将一地居民全部聚集起来。我们今天已经很难想象游戏和节庆活动在古代社会的重要性，因为对于当今生活在城市和乡村中的人们来说，游戏和节庆活动在辛苦劳累、恶性膨胀的职业工作与必不可少的、排他性的家庭生活的挤压下，只剩下非常狭窄的边缘空间。所有有关政治和社会的文字涉及的只是人们的生活水平和工作条件，是当时舆论的

---

[1] Van Marle, op. cit., t. I, p. 71.

反映；工会组织所要保护的是实际工资，以及减轻人们失业和疾病风险的社会保障制度，而这些是社会大众最主要的争取目标，至少在舆论之中，在文章之中，在政治依据之中，这是最为明显的。甚至退休后也变得越来越不可能休息，应该说它成了允许人们兼职获利的特权。娱乐消遣成为几近羞于启齿的活动，只允许在非常少的间隙时间进行，差不多是偷偷摸摸的：一年一次，它才被当作社会习俗的重要部分，那就是每年8月的度假潮，它将人们带向海滩和山林之中，带向绿水、空气和阳光，参加的人数越来越多，越来越大众化，同时也越来越机械化。

在古代社会，工作在一天中并不占现在那样多的时间，在舆论上也没有现在的重要性。它并不具备事关人们生存那样的价值，这种价值是一个多世纪以来我们现代人赋予它的。几乎不能说，过去的它具有和现在同样的意义。而相反地，游戏、消遣娱乐却远远超出我们现在留给它们的短暂时间：它们成为社会为了拉近人们的集体联系、为了将人们联合成整体而动用的主要手段之一。几乎所有的游戏都具有这样的功能，但更突显这种社会作用的是季节性和风俗性的大节庆。这些节庆在年历固定的日子里举行，它们的活动项目大致遵循着传统的规定。对这些节庆活动的研究仅局限于那些民俗问题的专家，而他们又过分地将节庆活动完全置于乡村环境之中。其实，节庆事关社会的全部，它们定期展现出整个社会的活力。而且，孩子们（不论是小孩还是年轻人）都参与其中，他们和社会所有其他成员具有同样的身价，最常见的是，他们扮演着习俗中为他们保留的角色。当然，我们在此并不想写一部节庆的历史（巨大的课题，当然对社会史的研究意义重大），而是想举一些例子，以便我们了解儿童们在其中所占据的地位。此外，这方面的史料非常丰富，即使我们几乎不用民俗文献的描述，尤其是农民的情形，也够用了：我们有丰富的绘画材料，众多的市民和城市的绘画，单单依据这些就足以证明这些节庆活动在集体记忆和集体情感中的重要性。人们用绘画留住这些活动，将其表现出来，让它们在记忆中保持更长的时间，而不是它们实际持续的短暂时刻。

艺术家和他们的主顾们最感兴趣的场景之一是三王来朝节（即主显节），这也许是一年中最大的节日。在西班牙，它一直保留了第一的位置，而在法国，最显要的地位让给了圣诞。当身在自己"悬岩"城堡的塞维涅夫人得知孙子出生之时，她希望他人与她一起分享快乐，她向格利尼昂夫人显摆她精心安排的一些事情，写道："我提供给人们喝的，供应大家晚餐，和三王来朝节前夜一模一样。"[1] 她在此提到了"三王来朝节前夜"。《萨伏依之阿黛拉伊德时祷书》中的一幅细密画呈现了此节庆活动的第一个节目。[2] 该场景发生在15世纪末，但这些仪式却长期保持，未加改变。男人们、女人们、家长们、朋友们汇聚在餐桌周围。宾客之一手持"三王蛋糕"，他甚至是垂直拿着的！有位男孩，大

---

[1] Mme de Sévigné, *Lettres*, 1671.

[2] Cf. n. 1, p. 103.

约在五至七岁之间，躲在桌子底下。画师在他手里画了一条卷轴状的纸带，代表他要说的话，上面的文字是一个人名的起始字母"法……"这幅画因此凝固了这一根据习俗让小孩抽签分"三王蛋糕"的时刻。根据既定的仪式，抽签是这样进行的：孩子躲在桌下。一位宾客切下一块蛋糕，然后报给小孩宾客的

《萨伏依之阿黛拉伊德时祷书》中表现的"三王来朝节前夜"的游戏

人名"法勃、多米纳……"，小孩指定其中一人的人名（卷轴式对话带中的"法……"），该人就是此块蛋糕的享用者。后面再如此继续。蛋糕有一份保留给穷人，即"上帝之份"，吃此份蛋糕者要通过向穷人施舍来赎买蛋糕。这个节日世俗化以后，吃到蚕豆而成为国王者有义务拿出钱来或准备另一份大蛋糕，我怀疑这就是由施舍演变而来的，不过这笔钱或蛋糕并非给穷人，而是为下一次聚会的宾客准备的。是不是真的如此，在此并不重要。我们只要记住传统所赋予儿童在节日仪式中的作用就行了。17世纪官方的抽奖程序可能受这一习俗的启发：有一本名为《评抽奖》(*Critique sur la loterie*) [1] 的书，卷首画就是一个小孩在抽签，

---

[1] Reproduit par H. d'Allemagne, *Récréation et passe-temps*. 1906，p. 107.

这种传统一直保持至今。人们抽奖,就如人们抽蛋糕国王。这种由儿童扮演的角色意味着在三王来朝节前夕的漫漫长夜里他也身处成年人之中。

  节庆的第二个节目,也是节庆的高潮部分,由全体宾客向幸运的蚕豆获得者、已戴上王冠的"国王"敬酒,人们高呼:"国王干杯!"佛兰德斯和荷兰的画家们特别喜欢这一题材。人们都知道约尔丹斯[1]在卢浮宫的那幅著名绘画,但同样题材在众多北方国家的画作中都能见到。例如,梅苏[2]的画更具现实性,较少夸张,较为真实。[3]他给我们展现了人们围绕着节日之王而聚会的画面,这组人中有各种年龄的人,甚至社会地位也不同,仆人和主人混杂在一起。人们围坐在餐桌边。节日之王是一位老人,正在端杯喝酒。一个孩子做了个挥帽的姿势向他致敬:也许他就是刚才根据习俗抽签决定蛋糕分配的那个孩子。另一个孩子非常年幼,还不能担当这一角色,他被安放在一个封闭式的箱型高座椅里,这种婴孩的座椅在当时十分流行。他还不能自己站立,但他也必须参加节庆。其中的一位宾客打扮成小丑模样。在17世纪,人们酷爱用奇装异服来装扮,而在这种场合下,人们的服饰最为奇特。我们还可以在其他一些关于这一熟悉场景的绘画里看到小丑的打扮,小丑是节日仪式的一部分,即"国王的小丑"。

---

[1] 荷兰画家 (1593—1678),也译乔丹斯,全名 Jacob Jordaens。——译者注

[2] 荷兰画家 (1629—1969),全名加布利埃尔·梅苏 (Gabriel Metsu)。——译者注

[3] Metsu, La fête des Rois, reproduit dans Berndt, n° 515.

梅苏:《国王的节日》

这一过程的最后也有可能是宾客中的小孩吃到了有蚕豆的蛋糕。例如艾罗阿尔日记所记载 1607 年 1 月 5 日的那一天（节庆活动是在 1 月 6 日主显日的前夜举行的），未来的路易十三当时年仅六岁，他"第一次成了节日之王"。斯汀[1] 1668 年的一幅油画[2]是为庆祝画家最年幼的儿子加冕为节日之王而作的。幼儿戴着一顶纸做的王冠，人们让他站在一条板凳上，就像把他放在王座上

---

[1] 荷兰画家（1625—1679），全名扬·斯汀（Jan Steen）。——译者注
[2] Steen, Cassel, reproduit dans F. Schmidt-Degener et Van Gelder, *Jan Steen*, 1928, p. 82.

一样，一位年长的妇女温柔地拿着酒杯让他喝酒。

节庆还没完。接下来开始第三个节目，它会延续到第二天清晨。我们看到，若干宾客乔装打扮起来：有时他们在头饰上竖一招牌，上面注明他们在节目中扮演的角色。"小丑"带领着一支小分队，其组成人员为若干名戴面具者，一位乐师——通常是小提琴手，此外还包括一名小孩。习俗赋予小孩以确定的功能，他要手持三王蜡烛。在荷兰，蜡烛的颜色似乎为黑色。在法国，它是彩色的——塞维涅夫人曾经说到一位夫人，说她"穿戴得五颜六色，就如三王蜡烛一般"。在小丑的引导下，这群"星星歌手"（在法国，人们如此称呼他们）出去拜访他们的邻居，向他们要燃料和食品，向他们提出掷骰子的挑战。1641年马佐[1]的一幅版画[2]展现了星星歌手们的队列：两名男子，两名妇女，他们弹奏着吉他，一个孩子手持三王蜡烛。

多亏一幅18世纪初的扇面水彩画[3]，使我们能够跟随这支小丑队列，来到邻居迎接他们的那一刻。画中邻居家的大厅被用神秘戏舞台装饰的方式或15世纪的绘画方式垂直地剖开，可以让人同时看到大厅内部的、大街上的和门背后的情景。在大厅里，人们请节日王喝酒，给节日王后加冕。大街上，一支戴假面具的

---

[1] 活跃于17世纪中叶的法国版画家，全名弗朗索瓦·马佐（François Mazot）。——译者注

[2] Gravure de F. Mazot：La Nuit.

[3] Eventails gouachés, exposition Paris, galerie Charpentier, 1954, n° 70 (provenant du cabinet Duchesne).

队伍来到了,敲打着大门:有人将会为他们开门。人们越是"疯狂",也就越享乐;谁知道"疯子"(fous)这个词会不会是由此而来的?

因此,人们看到在整个节庆过程中,儿童积极地参与了传统仪式。人们在圣诞夜也同样能看到他们的身影。艾罗阿尔向我们讲述了三岁的路易十三"看人们安放圣诞树,他唱歌跳舞,迎接圣诞日的来临"。甚至有可能,当时正是由孩子将盐和酒洒在圣诞原木树桩上。一位德语区的瑞士人托马斯·普拉特(Thomas Platter)在 16 世纪末向我们描绘了这样的仪式,当时他正在蒙彼利埃学医。此番情景发生在乌泽(Uzès)。[1] 人们将一大截原木放在壁炉的柴架上。当它就位后,一家人聚集到一起。最年幼的孩子右手拿着酒杯、面包屑和一撮盐,左手拿一支点燃的大蜡烛。人们摘下帽子,孩子开始向十字架祈求。以圣父之名……他将一撮盐洒向炉床的一端,以圣子之名……洒向炉床的另一端,等等。人们将烧过的木炭保存起来,这是吉祥之物。儿童在此依据传统仍旧扮演了主要角色,而且是在群体集会之中。这种角色在其他一些场合还能看到,这些场合比较普通,但同样具有社会特点:比如家庭用餐。风俗要求由一位最年幼的孩子念诵饭前的谢恩祷告,由全体在场的孩子负责餐饮服务:他们负责斟酒倒水、更换菜肴、切割肉食……我们后面在研究家庭结构时,还有机会

---

[1] *Thomas Platter á Montpellier*, *1595-1599*, p. 346.

更详细地掌握这些习俗的含义。[1] 这里我们要了解的不过就是在 16 和 17 世纪这种托付儿童以特殊职能的习惯在多大程度上已被人们习以为常，儿童的特殊职能表现在家庭和社会集会的仪式之中，这些仪式包括普通的和特殊的。

其他一些节庆，尽管与社会全体成员有关，但让年轻人担当起独一无二的积极角色，其他社会成员只是观众而已。这些节庆似乎已经成为儿童或青年的节日：我们前面已经提到，当时儿童和青年的界限模糊不定，今天已经截然分明了。

在中世纪，纪念希律王屠杀无辜婴孩之日的那一天，孩子们要齐集教堂。[2] 其中一名孩子被同伴推选为主教，主持仪式，仪式的最后要举行游行、乞讨和宴会。按照在 16 世纪仍然流行的传统，那天的早晨，年轻的伙伴要用一顿鞭子将他们的朋友抽醒，说是"为了把那些无辜的婴孩给他们"。

封斋前的星期二似乎也是在校生和年轻人的节日。费茨·斯蒂芬（Fitz Stephen）[3] 描写了 12 世纪伦敦的景象，写到了主人公托马斯·贝克特（Thomas Becket）的青少年时代。[4] 托马斯·贝克特当时还在圣保罗大教堂学校读书："所有学校里的孩子都将

---

[1] 参见本书第三部第二章。

[2] T. L. Jarman, *Landmark in the History of Education*, 1951.

[3] 英国 12 世纪晚期作家，曾任托马斯·贝克特主教手下的教士，写有关于托马斯·贝克特主教的传记。托马斯·贝克特（1118—1170）是英王亨利二世的心腹，后出任坎特伯雷大主教。——译者注

[4] T. L. Jarman, *Landmark in the History of Education*, 1951.

他们的斗鸡带给他们的老师。"斗鸡现在在佛兰德斯地区和拉丁美洲仍然存在，而且依然受大众欢迎，但主要是面向成年人的，然而在中世纪，它却和青少年联系在一起，甚至与学校联系在一起。一份迪耶普（Dieppe）15 世纪的文书也透露出这方面的信息，这份文书列举了应该付给渡船艄公的船费："当斗鸡游戏在学校和城里其他地方举行之时，管理迪耶普学校的校长交付一只公鸡，所有迪耶普学校的学生可以因此免去船费。"[1] 在伦敦，根据费茨·斯蒂芬的说法，封斋前星期二的一天是由斗鸡开始的，这项活动占据了整个上午。"下午，城中所有的年轻人到郊外参加著名的球赛……大人们、家长们、社会贤达骑马赶去，观看年轻人的游戏，和年轻人一起，他们也变得年轻了。"所谓球赛，法国称之为"苏勒球"[2] 比赛（jeu de la soule），它将若干个居民群体邀集起来参加同一项集体活动，有时是两个教区的对抗，有时是两个不同年龄段的人群对抗："苏勒球赛是在圣诞节那一天举行的传统游戏，在来自奥弗涅（Auvergne）地区凯拉克（Cairac）地方上（那是当然的啦）的同胞之间进行。比赛分为两个队，一队为已婚者，另一方为未婚者。人们将球从一地带到另一地，互相之间抢夺球，以获得奖励。带球带得最好的人就可获得当天的

---

[1] Ch.de Robillard de Beaurepaire, *Recherches sur l'instruction publique dans le diocèse de Rouen avant 1789*, 1878, 3 vol. II, p. 284.

[2] 法国旧制度时流行的球类游戏，或许是当今足球和橄榄球的前身，但更接近于橄榄球，触球部位主要是脚，但也可以用手，甚至还可以用曲棍，而且没有人数限制，有时实际上是两个村庄全部人员参加。——译者注

大奖。"[1]

甚至在 16 世纪的阿维尼翁，嘉年华（狂欢节）由司法书记员团体的"院长"——即公证人和诉讼代理人书记员同业行会的会长——来组织操办。[2] 这类年轻人团体的领导人到处都有，尤其是在法国南部。用一位现代学者的用语可称呼他们为"寻乐首领"（"爱情王子""司法书记员团国王""青年会会长""同城儿童和同伴会会长"等）。在阿维尼翁，大学生们在嘉年华那天享有痛打犹太人和妓女的特权，犹太人和妓女可以交赎金而免遭毒打。[3] 阿维尼翁大学史告诉我们，1660 年 1 月 20 日，教皇副特使（vice-légat）[4] 确定妓女的赎金为 1 埃居。

年轻人的重大节日是五月节和十一月节。通过艾罗阿尔的描述，我们知道，孩提时代的路易十三会到王后的窗台上看人们种植五月树。五月节是继三王来朝节之后艺术家们第二感兴趣的节日题材，艺术家们喜欢将它表现为最受大众欢迎的节日。五月节给众多画家、版画家、挂毯设计师以灵感。瓦拉尼亚克（M. A. Varagnac）在佛罗伦萨乌菲齐美术馆藏波提切利画作《春》中辨认出它的主题为五月节。[5] 其他一些画家以更现实主义的手法精

---

[1] J.-J. Jusserand, *Les Sports et Jeux d'exercice dans l'ancienne France*. 1901.

[2] Paul Achard, *Les Chef des plaisirs*, dans Annuaire administratif du département du Vaucluse, 1869.

[3] Droit de barbe et bataculé, Laval, *Université d'Avignon*, p. 44-45.

[4] 阿维尼翁曾为教皇教廷所在地（14 世纪），后教廷迁回罗马，阿维尼翁交给教皇特使统治，后改由副特使管理，因此，副特使为阿维尼翁的最高行政长官。——译者注

[5] A. Varagnac, *Civilisations traditionnelles*, 1948.

准地表现传统的节日仪式。有一幅 1642 年的挂毯可以让我们想象 5 月 1 日这一天乡村和城镇里的情形。[1] 人们在街上，一对年纪接近中年的夫妇和一位老人走出家门，在门口等待。他们准备迎接一队正向他们走来的女青年。女青年中领头的那一位拿着一只装满水果和糕点的篮子。这队女青年挨家挨户地走过去，每户人家要给她们一些食物，她们以美好的祝福作为回报。如此挨户乞求是这些青年节日的基本因素之一。在画的前景，有一些幼儿，他们仍然穿着女孩那样的连衣裙，头戴母亲为他们做的花叶冠。在另外一些绘画中，年轻乞求者的队伍以一男孩为中心，他手里举着一棵五月树。1700 年的一幅荷兰画作 [2] 表现的情形就是如此。这群孩子跟着手持五月树者跑遍了整个村庄：幼儿们头戴着花冠。大人们走出门口，准备迎接孩子的队伍。五月有时以一根长竿上面套花叶冠作为象征形象。[3] 然而，伴随五月树的那些事情在这里不是我们关心的重点，我们只要记住下面这些就够了：年轻人向成年人乞求食物，孩子头戴花冠的习俗，和植物再生的观念联系在一起，人们手持五月树和种植五月树的象征意义也是如此。[4] 这些花冠后来也许成为孩子们熟悉的游戏，但更确定的是，它们成为画家们表现儿童的一种标志物。在个人或家庭的肖

---

[1] Les saisons, Florence. H. Göbbel, Wandteppiche, 1923, t. II, p. 409.
[2] Brokenburgh（1650-1702）reproduit dans Berndt, n° 131.
[3] Tapisserie de Tournai, H. Göbbel, op. cit., t. II, p. 24.
[4] Voir aussi I. Mariette, Cabinet des Estampes, Ed. 82 in-f° et Merian, Cabinet des Estampes, Ec 11 in-f°, p. 58.

像画中，孩子戴着花冠或叶冠，或戴着用花和叶编织成的辫子。图卢兹博物馆馆藏的尼古拉·马埃（Nicolas Maes）的作品画了两位小女孩：第一位女孩一手往头上戴叶冠，另一只手去拿她姐姐递给她的篮里的花。[1]人们禁不住要将五月节仪式与童年和植物生长相关联的共识联想在一起。

另一组儿童和青年的节日位于11月初。作为学生的普拉特在16世纪末写道："（11月）4日和8日，人们要举行天使假面舞会。我也戴上了面具，前往举办舞会的萨波塔医生家中。"[2]这是年轻人的假面舞会，不仅只有小孩。这种化装舞会已经在我们的习俗中彻底消失，被相距太近的万灵节挤走了，公众不愿意接受一个与万灵节相邻的欢乐儿童化装节日。不过，它在盎格鲁－撒克逊人的美洲却依然存在，即万圣节。稍后，圣马丁节成为年轻人（也许更确切的是小学生们）特别表现自己的机会。我们在一段16世纪初小学生回想在莱比锡学校生活的对话中读到："明天将是圣马丁节了，我们学生在那一天都会收获颇丰……这是一种习俗，穷苦的孩子挨家挨户去接受别人施舍的金钱。"[3]我们在此又看到了在五月节中遇到的到别人家中乞物的现象：这是年轻人节日特别的做法，有时是一种接受别人迎接和欢迎的举动，有时就是实实在在的乞讨。我们感觉触摸到了非常古老的社会结构的

---

[1]　Musée des Augustins, Toulouse.

[2]　*Felix et Thomas Platter [Le Jeune] á Montpellier*, Montpellier, 1892. p. 142.

[3]　L.Massebieau, *Les Colloques scolaires*, 1878.

最后一丝残余，那个古老的社会是根据不同年龄段的人群来组织的。现在保留下来的仅仅是一种简单的记忆，表现为年轻人在一些重大集体节庆活动中扮演的基本角色。此外，我们还注意到，在节庆仪式中很难分出儿童和青年。这是童年和青年混淆时代的残余，它已经完全与现实风尚不相适应，17世纪的一些习惯做法透露出这方面的信息，那时鲜花和树叶只用来装扮幼儿，即那些还穿着连衣裙的男孩；而在中世纪年历画上，鲜花和树叶用来打扮到达爱情年龄的青少年。

不论儿童和青年分配到的角色如何，比如在五月节中为首要角色，在三王来朝节是偶尔为之的角色，它都得服从约定俗成的规矩，符合集体游戏的规则，集体游戏动员了社会成员，把所有年龄阶层的人都召集在一起。

* * *

另有其他一些场合也同样能够吸引不同年龄的人参与到共同的享乐之中。从15世纪到18世纪，有的地方甚至到19世纪初（德意志），有许多油画、版画和纺织品表现家庭成员聚会的风俗场景，孩子和父母亲们组成室内小乐队，为一位歌唱者伴奏。最常见的情形，是人们聚餐之时。有时是人们撤走餐具之后，有时就在用餐过程中加入一段音乐插曲，比如一幅1640年左右的荷兰油画[1]描绘的就是这样的场景：聚会者正在用餐，上菜斟酒暂停；

---

[1] Lamen （1606-1652） .L'intermède musical, reproduit dans Berndt. n° 472.

为他们服务的侍者拿着碟子和酒罐,停在那里;一位宾客背靠壁炉站立着,手拿酒杯,正在唱歌,也许在唱饮酒歌;另一位宾客手持诗琴为他伴奏。

我们今天再也无法想象音乐、歌唱、舞蹈在过去日常生活中所占的重要地位。1597 年出版的《实用音乐导言》(*Introduction to Practical Music*)一书的作者叙述了当时的环境如何使他成为一位音乐家。他参加一个聚餐:"当晚饭结束时,根据习惯,人们将乐谱拿到餐桌上,女主人把乐谱的一部分分派给我,很认真地请我唱这一段。我不得不深深地表示歉意,承认我不会唱。在场的每一个人似乎都感到非常惊讶,有几位甚至窃窃私语,问我是在哪儿受的教育。"[1] 虽然乐器演奏和唱歌作为家庭和大众的习惯在伊丽莎白时代的英国发展最盛,但在法国、意大利、西班牙、德意志等地也同样非常流行。它遵循的是中世纪古老的习俗,历经了人们的喜好变化和技术改进,一直维持到 18 世纪和 19 世纪,结束的早晚依地区而有不同。今天这一习俗除了在德国、东欧和俄罗斯以外已不再存在。那时真实的情形是,在贵族和资产阶级的生活圈子里,人们喜欢将自己画成正在参加一个室内音乐会;同样真实的是,在更平民化的生活圈里,那些农民、甚至乞丐将自己表现为演奏风笛、手摇弦琴和原始的、为舞蹈伴奏的小提琴(那时的小提琴还没有提升到现在这样高贵的地位)

---

[1] Thomas Morley, cité dans F. Watson, *The English grammar schools to 1660*, 1907, p. 216.

的形象。儿童很小的时候就玩音乐。路易十三出生不久就开始唱大众歌曲和讽刺歌曲，这些歌与两个世纪以来我们的儿童歌曲毫无共同之处。他从小就知道高贵乐器——诗琴——的琴弦名称。孩子在所有的室内乐队的演奏中都有份，旧时的绘画里这样的场面很多。他们有时也自己演奏，画家习惯上喜欢画孩子手持乐器：其中就有法朗兹·哈尔斯所画两个男孩的画像[1]：一位男孩用诗琴为他的兄弟或同伴的歌声伴奏。哈尔斯和勒南还画了许多吹笛子的孩子。[2] 布鲁威的一幅画[3] 表现了这样的场面：在大街上，有点儿衣衫褴褛的老百姓家的孩子，贪婪地听一个从乞丐游民区逃出来的瞎子演奏手摇弦琴——这是 17 世纪非常流行的乞丐题材。一幅荷兰画家温克尔巴昂的油画[4] 更值得我们特别关注，其中的细节非常有意义，反映了对儿童新的情感：与其他类似的画一样，一位手摇弦琴手在给一群孩子演奏，但画面截取了这样的一个时刻，即孩子们朝着乐器的音乐声跑去。其中一个孩子年龄太小，跟不上其他孩子的步伐。于是他的父亲抓住他的臂膀，很快赶上其他听众，由此让孩子不致错过节日的任何东西：快乐的孩子向弦琴演奏者张开双臂。

---

[1]　Franz Hals, Enfants musiciens, Kassel, Gerson, t. I, p. 167.

[2]　Franz Hals, Berlin. Le Nain, Détroit; la charette, du Louvre.

[3]　Brouwer, Vielleux entouré d'enfants, Harlem, reproduit dans W.von Bode, p. 29.Atelier de Georges de la Tour, exposition Paris, Orangerie 1958, n° 75.

[4]　Vinckelbaons (1576-1629), reproduit dans Berndt, n° 942.

我们观察到，年幼的孩子也同样过早地参加舞蹈活动：我们在之前已经看到，路易十三三岁时就跳快三拍子舞、萨拉班德舞、古老的奥弗涅民间舞等。让我们把勒南的一幅油画[1]和盖拉尔的

法朗兹·哈尔斯所绘演奏诗琴的少年

---

[1] Le Nain, reproduit dans P. Pierens, Le Nain, 1933, pl. XCIII.

一幅版画[1]作一比较：这两幅画从时间上看相差约半个世纪，但在风尚上看，并没有因为有这一时间差而发生变化，甚至版画的艺术手法似乎更保守一些。在勒南的画中，我们看到小女孩和小男孩们正在跳集体圆舞：其中一个小男孩还穿着有衣领的连衣裙。两个小女孩上举手臂并拉在一起，搭成一座桥，跳圆舞的孩子从下面通过。盖拉尔的版画表现的也是集体圆舞，但是跳舞的是成年人，一个女子跳起在空中，就如小女孩跳绳似的。孩子们的舞蹈和成年人的舞蹈几乎没有什么不同。后来，成年人的舞蹈发生了变化，改成跳华尔兹，完全局限于男女伴舞的形式。古老的集体舞蹈被城市和宫廷、市民和贵族抛弃以后，在农村和19世纪儿童的圆舞中还存在了一段时间（现代民俗学者还到农村去重新发掘）。然而，不论是乡村集体舞还是儿童圆舞在今天均正在消失。

我们不能将舞蹈与戏剧完全分开：当时的舞蹈比我们现代的男女伴舞更具集体性，而且较之更接近当时的芭蕾。我们在艾罗阿尔的日记里已经能够感受到路易十三的同时代人对舞蹈、芭蕾和喜剧的喜爱，当时这些都是非常接近的剧种——人们在芭蕾舞剧中扮演一个角色，就如人们在舞会上跳舞一样（法语中两词的词形相近[2]，非常有意思：它们原来是同一词，后来一分为二，"舞会"留给业余舞蹈者，"芭蕾"让给专业舞蹈者）。那时在喜

---

[1] N. Guérard, gravure, Cabinet des Estampes Ee 3 in f°.
[2] 法语单词"芭蕾"为"ballet"，"舞会"为"bal"。——译者注

剧中有芭蕾舞，甚至在耶稣会学校的校园剧中也还存在。在路易十三的宫廷里，编剧者和演员当场从贵族中招募，而且也在侍从和士兵中招募。孩子们可以参加演出，也可以出席观看。

难道这仅仅是宫廷里的活动？并不尽然，这是普遍的公共活动。索雷尔书里的一段文字向我们证明，在乡村里，人们从来没有间断过戏曲的演出，这类戏曲与古老的神秘剧和现在中欧的耶稣受难剧相似。"我认为他如果看了如我所看到的**整个村庄的小伙子**［没有女青年？］所演出的悲剧，也许就会心满意足［阿里斯特[1]觉得那些专业喜剧演员非常无趣］。那出悲剧关于一位邪恶的有钱人。舞台搭得高如屋顶，在戏剧开演以前，演员两个两个地在舞台上转着走七八圈，就像座钟上的小人儿似的。""……我有幸又有机会看了《浪子回头》和《尼布甲尼撒的故事》的演出，后来还看了《梅多尔和安琪莉卡之恋》和《拉达蒙下地狱》等剧，也都是此类演员演的。"[2]索雷尔书中的说话者带有讽刺的口吻，他一丁点都不喜欢这些民间演出。几乎普遍的情况是，剧本和整个演出依据的是口头传承。在巴斯克地区，在这些戏曲消失之前，口述传统已将其记载下来。在18世纪末19世纪初，已经写下和出版了若干"巴斯克牧歌剧"，其中的主题有些是骑士传奇故事，另一些属于文艺复兴时期的牧歌剧。[3]

---

[1] 索雷尔书中第一人称就是阿里斯特(Ariste)，可被看作索雷尔本人的代言者。——译者注

[2] Charles Sorel, Maison des jeux, 1642, 2 vol., t. I, p. 469-471.

[3] Larché de Languis, auteur de *Pastorales basques*, vers 1769.

和音乐与舞蹈一样，戏剧也将一地的全体居民聚集起来，使不同年龄的人打成一片，不论是演员还是观众均如此。

* * *

我们现在要自问，对于在古代社会占据如此重要地位的游戏，传统道德所持的态度如何？人们的态度表现为矛盾的两个方面。一方面，社会大部分人毫无保留、不分好坏地全盘接受这些游戏；另一方面，也就在同时，少数有权有势、知识渊博、严守戒规的人几乎毫无例外地对所有的游戏持绝对谴责的态度，指责游戏不符合道德。绝大多数人对道德的不在乎和少数受过教育的精英的不宽容长期共存；经过17和18世纪的发展，两种态度实现了妥协，预示了与古代基本不同的有关游戏的现代态度。它与本书主题有关，是因为它也见证了对儿童新的感情：这是以前未曾有过的一种关怀，希望儿童能遵守道德，对他们进行教育，禁止他们玩那些自此被归入有害之列的游戏，向他们推荐公认的好游戏。

17世纪人们所持有的对博彩游戏的赞赏可以让我们评估那种对道德不在乎的态度的广泛程度。我们今天将博彩游戏视为可疑的和危险的游戏，游戏所得被认为是最不道德和最没有价值的收入。博彩游戏我们一直还在玩，但总带着一点负罪感。在17世纪可完全不是这样，这种现代的负罪感来自深入发展的道德化，这一道德化的过程将19世纪的社会打造成"思想正统者"的天下。

《论富人与无钱乡绅的财富》（*La Fortune des gens de qualité*

et des gentilshommes particuliers）[1] 是一本给年轻绅士谋生提出建议的箴言录。当然，它的作者卡耶尔（Caillère）军官绝不是个冒险家，他曾编过一本关于昂日·德·茹瓦耶斯神父这位神圣联盟会员的有用的著作，他虽然说不上是笃信宗教的信徒，但对宗教还是虔诚的，始终没有什么原创性，也没有多少才能。他的评价因此代表了1661年那个时代普遍流行的观点。他不断地提醒年轻人要抵制放荡的生活：如果说放荡是德行的敌人，那它也是财富的敌人，德行和财富对人来说缺一不可。"放荡的年轻人透过妓院和小酒馆的窗户眼睁睁地看着能使上帝感到高兴的机会流失了。"20世纪的读者已经厌倦了这些司空见惯之地，他们一定会对那时吹毛求疵、反对光顾这些地方的道学家大谈博彩游戏的社会有益论倍感惊讶。"如果没钱的绅士（与'富人'相对）玩博彩游戏，那该如何？"这是书中一章的标题。这并不是天经地义的：这位军官承认，专业的道德说教家，即教会人士，公开反对博彩游戏。这也许会使我们的作者有点不自在，但无论如何，面对需要连篇累牍的解释来消除的拘束，他仍然坚持另外的观点，维持对古代世俗观点的忠诚，而且努力赋予它道德上的正义性："我们可以证明，如果它是在必要的条件下进行，有益的一面就超过了有害的一面。""我说，这种游戏对富人来说是危险的，而对无钱绅士却是有益的。前者有太多的风险，因为他太有钱；后

---

[1] Maréchal de Caillière, *La Fortune des gens de qualité et des gentilshommes particuliers*, 1661.

者没风险,因为他没钱。然而,没钱的人和大领主在获取博彩游戏的财富上却机会均等。"前者一切皆输,后者一切皆赢——奇怪的道德区别!

根据卡耶尔的观点,博彩游戏除了赢钱以外还有别的好处:"我一直认为,热爱博彩是一种自然天性,我认定这种天性是有利的。""我们天生热爱博彩这一事实是我立论的基础。""体力游戏(这是我们今天最想推荐的)看起来很美妙,但不适合赢钱。"他进一步明确道:"我听说过纸牌游戏和掷骰子游戏。""我从一位从中赢了很大一笔钱的聪明玩家那儿听说,他为了将博彩游戏转变为手艺,唯一的秘诀就是控制自己的感情,将这种活动看作赚钱的行当。"玩家似乎用不着太焦虑,厄运也不会让他一无所有:博彩玩家总是比"一位好商人"容易借到钱。"此外,这项活动还让无钱的绅士进入更好的社交圈,聪明的人如果知道如何把握机会,就可以从中获得巨大好处……我认识一位聪明人,他的收入就来自一副纸牌和三颗骰子,他的生活圈比那些外省领主老爷们还要风光,那些外省领主有大笔财产(但没现钱)。"

这位优秀军官的结论完全出乎我们今天道德的想象:"我建议一位懂玩和爱玩的人,要敢于拿钱去冒险,因为他没有什么可以失去的了,他冒险的金额不大,但却可以赢回很多。"对于昂日神父的传记作家来说,博彩游戏不再是一种消遣,而是一种生活状态,是一种获得财富和维持社会关系的手段,是一种完全体面的手段。

卡耶尔不是唯一持这种观点的人。梅雷(Méré)骑士被人们当作上流社会成员的典型，一位正直的人。根据当时流行的喜好，他在《世界贸易续篇》(*Suite du commerce du monde*) 一书[1]中所表达的也只能是卡耶尔那样的观点。"我进一步注意到，如果人们用灵巧优雅的姿态去玩博彩，它可以产生好的效果：人们可以凭此进入所有人们玩博彩的地方，而王公贵族们感到厌倦时经常就只能去那里消磨时光。"他列举了一些位尊者的事例：路易十三（在孩提时就在银行赢得绿宝石）、黎世留（他只在博彩中才得到休息）、马扎然、路易十四及其"母后，她只做两件事，赌博和向上帝祈祷"。"不管你有多大功绩，如果你没有进入上流社会，就难以赢得很高的声誉，而博彩游戏就非常容易为你打开大门。这甚至是一种不用说什么话就能经常加入上流社会聚会的有效方式，尤其如果你玩起来像一个高尚文雅之士的话。"就是说，要避免"怪异行为"、避免"反复多变"和避免过分迷恋。"玩者必须高尚大气，对输赢已了然于胸，无论是输还是赢，均可做到面不改色，行事如常。"但要当心不要使自己的朋友受损：理性的推理是徒劳的，"我们始终保持的姿态是，我们不应该对那些损害过我们的人心存怨恨"。

如果博彩游戏没有遭到任何道德上的谴责，那么也就没有理由禁止儿童参与：由此涌现出无数孩子玩纸牌、玩骰子和玩西洋双六棋那样的场面，艺术作品已经将它们固化，一直保存到我们现在。既作为小学生文明养成读本又作为拉丁词汇课本的学校对

---

[1] Méré, Oeuvres, éd. Ch. Boudhors, 3 vol., 1930.

话录有时也接纳博彩游戏，虽然不总是热衷于此，但至少把它们当作十分流行的活动。西班牙人比韦斯（Vivès）[1]仅满足于制定一些规定来防止孩子过度游戏。他规定了什么时候玩，和谁玩（避免与坏人玩），玩什么游戏，赌注多少："赌注不可以没有，否则会显得滑稽，也提不起兴趣，但赌注也不可以太大，否则它会让你心慌意乱。"还规定了"什么姿态"，即要做一个好玩家；还规定了游戏时间的长短。

即使在学院这一道德管束最有效的地方，玩钱的游戏虽让教师们反感，却长期存在。18世纪初法国特鲁瓦（Troyes）的奥拉托利会学院校规规定："不能赌钱，但数目极少并经过批准者除外。"一名现代大学教师在1880年评论这段文字时，有点儿不满意这种与现代教育原则相去甚远的习俗，他补充道："这实际上批准了赌博。"或至少，是听之任之。[2]

甚至在1830年左右，在英国公立学校里人们还公开玩彩票，有人下注巨大。《汤姆·布朗的学校生活》（*Tom Brown's School Days*）的作者回忆当时在德比（Derby）的橄榄球队的孩子中掀起的赌博的狂热。稍后阿诺尔德博士的改革在英国学校中杜绝了这些流行了几个世纪的古老活动，以前人们对此漠然接受，自此以后它们被视为不道德的和邪恶的。[3]

---

[1] Vivès, *Dialogues*, trad. française, 1571.

[2] G. Carré, *Les Elèves de l'ancien collège de Troyes*, dans Mémoires de la Société académique de l'Aube, 1881.

[3] Thomas Hughes, *Tom Brown's School Days*, 1857.

从 17 世纪至今，有关博彩游戏的道德态度以一种非常复杂的方式演变：一方面，那种将博彩游戏看作危险沉迷和严重罪恶的观念得以传播，另一方面游戏本身也经历了某些变化，它减少了以牺牲玩家算计能力和智力为代价的偶然成分（但一直存在），当这种减少达到一定程度，某些纸牌和棋类的玩法在这种对博彩游戏原则无可挽回的打击下逐渐消失了。

另一项娱乐活动的演变大不相同——这就是舞蹈。我们已经看到，儿童和成年人共同参与的舞蹈在日常生活中占据着重要位置。我们今日的道德感应该不会像对博彩游戏那样大惊小怪。我们知道，教会人士有时也会跳舞，公众不会视之为丑闻，至少在 17 世纪宗教改革之前是如此。我们了解 17 世纪初莫毕松（Maubuisson）修道院的生活，当时安吉莉卡·阿尔诺（Angélique Arnauld）嬷嬷到达那里，准备对修道院进行改革。修道院的生活说不上有多少感化作用，但也谈不上臭名远扬，最恰当地说是非常世俗化。科涅（Cognet）先生这样说给我们听（他引用他姐姐的传记作者圣让的安吉莉卡 [Angélique de Saint-Jean]）："夏天，天气晴朗之时，人们匆匆完成了晚祷之后，女修道院长就带着修女们远离修道院，在通往巴黎道路边的池塘周围散步。住在附近蓬图瓦兹（Pontoise）的圣马丁修道院的修士们经常来和修女们跳舞，无拘无束，就如俗人们所做的那样，而俗人们找不到任何理由对此指责。"[1] 这些修女和修士的圆圈舞激怒了圣约翰的安吉莉卡。

---

[1]　L. Cognet, *La Mère Angélique et saint François de Sales*, 1951, p. 28.

不可否认，这样的行为不太符合修道院生活的精神，但它也不会给公众带来如当今男女教士依现代舞姿相拥跳舞那样的震动。人们应该承认，这些修士们也不会有这样的罪恶感。传统习俗中也有教士可在某些场合跳舞的规定。比如在欧塞尔（Auxerre）[1]，每位新任议事司铎要向教区居民奉献一只球，以供那时的大型游戏之用，标志着快乐时刻的来临。球（苏勒球）的玩法一直就是分成两个阵营的集体游戏，单身汉对已婚者，或一个教区对抗另一个教区。在欧塞尔，节日以高唱《复活节牺牲者颂》（*Victimae laudes Paschali*）作为开端，以一场每个议事司铎都加入其中的集体圆圈舞作为结束。历史学家们告诉我们，此习俗一直可上溯至 14 世纪，在 18 世纪还保持着。有可能反宗教改革的支持者们也跟圣约翰的安吉莉卡嬷嬷看待莫毕松的修女与蓬图瓦兹的修士跳舞一样，对这种集体圆圈舞持批评的眼光——不同的时代，对世俗有不同的理解。在 17 世纪大众舞蹈并不具有两性特征，只有到了 19 和 20 世纪，人们才从两性关系的方面对其进行指责。那时还有专业舞蹈，即作为职业的舞蹈：人们知道在西班牙的比斯开（Biscaye）地区存在保姆跳的舞蹈，跳舞时保姆手里抱着婴儿。[2]

如果要说明古代社会对娱乐的道德性的漠视，舞蹈因涉众面广，其价值比不上博彩游戏；但就评估改革精英的严厉和不宽容

---

[1] J. -J. Jusserand, op. cit.
[2] 人们称此舞蹈为 Karril-danza。信息由 Gil Reicher 夫人提供。

程度而言，舞蹈的意义就更大一些。

在旧制度社会里，游戏形式多种多样，有体育活动、多人室内游戏、博彩游戏等等，占据着社会的重要位置。这种重要性在我们现代技术性的社会中已经丧失，但还可以在当今原始部落和保留古老传统的社会中寻获。[1] 然而，面对这些所有年龄、所有社会阶层的人均热衷的活动，教会则给予绝对的谴责；和教会站在一起的还有追求严肃生活和社会秩序的世俗人士，他们竭力想驯服他们认为还处在野蛮状态的大众，去除原始习俗以达到文明状态。

教会反对游戏的一切形式，毫无例外，也毫无保留。特别严格执行的是学校教士群体，而旧制度下的学院和大学的诞生和他们有关。这些机构的条例可以让我们略知这种对游戏的不妥协态度。英国研究中世纪大学的历史学家拉希达尔在阅读这些条例时，对章程条例中全面禁止消遣活动深感吃惊，[2] 这些学校的学生基本上还是 10 岁至 15 岁的孩子，条例规定竟然完全否认无害的游戏的存在。人们谴责博彩游戏不道德，多人室内群体游戏、喜剧和舞蹈有失体面，体育活动太野蛮，事实上体育活动经常沦为群殴。学校的条例既是为了防止违法犯罪，也是为了限制娱乐机会。学生尚且如此，教会人员更不必说了。对教士的禁止全面且严格，1485 年桑斯（Sens）主教公会通过的法令禁止教士玩网

---

[1] R. Caillois, *Quatre Essais de sociologie contemporaine*, 1951.

[2] H. Rashdall, *The Universities of Europe in the Middle Ages*, 1895, 3 vol., rééd. 1936.

球，尤其不能穿内衣和在公开场合玩——事实上，在 15 世纪，如果某人不穿紧身上衣和长袍，松开紧身长裤，那就跟裸体差不多了！他们已经认识到那时还不能说服沉迷于喧闹游戏的非教会人士，而教会就有义务保护好它的教士，禁止他们接触一切游戏。于是生活方式形成巨大反差，如果……如果禁令被切实遵守的话。下面就有一例，我们可以看到纳博讷（Narbonne）学院的内规是如何针对学生游戏的（该条例制定于 1379 年）："任何人不得在室内玩网球、曲棍球和其他危险性游戏（insultuosos），违者罚款 6 丹尼尔（denier）铜币，也不得玩掷骰子及任何赌钱的游戏，也不得聚餐（comessatione），违者罚款 10 苏（sous）铜币。"[1] 游戏和宴饮被同等对待。那么，人就没有一点放松的机会吗？"有时或偶尔［如何的小心翼翼，但它很快就不起作用了！一旦大门打开那么一条缝，那就挡不住所有过度的行为！］以玩诚实和娱乐游戏［但我们并不清楚是哪种游戏，既然网球也在禁止之列。难道指的是多人室内游戏?］为限，赌注仅限 1 品脱或 1 夸脱酒，或少许水果，不得大声喧哗且不得形成常规（sine mora）。"[2]

请看 1477 年的西兹（Seez）学院："我们规定任何人不得玩骰子游戏，不得玩其他不诚实和遭禁的游戏，甚至也不得在

---

[1] "丹尼尔"和"苏"均为法国古钱币单位，为铜钱，1 苏等于 12 丹尼尔。——译者注

[2] Félibien, V, p. 662.

公共场地（即修道院内和食堂餐厅）玩诸如网球那样得到允许的游戏。倘若在其他地方玩此类游戏，也不可频繁（non nimis continue）。"[1] 在创建蒙泰居（Montaigu）学院的昂布瓦斯大主教1501年的通谕中，有一章节的标题为："身体练习"（de exercitio corporali）。[2] 他就此想说些什么？文本一开始给予"身体练习"以笼统的甚至模棱两可的评价："身体练习如果与精神研修和宗教修炼混杂在一起，看起来并无益处，然而，如果它与理论研究和科学研究交替进行，却可促进健康的大发展。"但事实上，作者的"身体练习"意指的不是体育游戏，而是所有的体力劳动，是与脑力劳动相对的；放在第一位的就是家务劳动，人们认为家务劳动有助于精神放松，其中包括厨房劳动、清扫劳动、用餐服务等。"在上述的练习中（即在家务劳动中），人们绝不会忘记，人要尽可能干得快和尽可能用力。"在家务劳动后，才能游戏，而且包含着多少保留条件啊！"当神甫（宗教团体负责人）认为，由于研修而造成精神疲劳，需要通过娱乐获得放松，他应该给予宽容（induldebit）。"某些游戏允许在公共场所进行，即那些所谓诚实的游戏，不太累也不太危险的游戏。在蒙泰居，有两部分学生：一部分是受资助的学生，就如在某些基金会里人们所称的"穷人"（pauperes），另一部分是自己付钱的住校生。这两部分学生是分开生活的。人们规定，受资助生比他们的同伴每次玩的时

---

[1] Félibien, V., p. 689.

[2] Ibid., p. 721.

间要短，玩的次数要少：也许是因为他们有义务学得更好，因此应该更少分心。已经受现代纪律意识影响的1452年巴黎大学改革其实是严厉校规传统的延续："（学院的）教师们不能允许他们的学生在行业的节日或其他节日里跳不道德和不名誉的舞蹈，穿不体面的、平民的服装（短衣，不穿长袍）。为了缓解学习的紧张、适当休息，他们也可允许学生玩体面、欢快的游戏。""在这些节日期间，教师不能允许学生去城里喝酒，也不能挨家挨户地走访。"[1] 改革者在这里所指的就是那种允许青少年在季节性节日期间挨家挨户致意并随之收取钱物的传统。在一篇学校对话录中，比韦斯如此概括16世纪巴黎的情形："在教师放假期间，学生们能玩的仅仅是网球，有时他们也偷偷地玩纸牌和下棋，年龄小一些的玩接子游戏（garignons）[2]，最坏的孩子玩掷骰子。"[3] 事实上，学生与其他男孩一样可以自由出入酒馆和赌场，玩掷骰子游戏、跳舞。禁令的严厉与它们执行的无效一直并行不悖，对于关心有效性甚于原则性的我们现代人来说，当权者如此冥顽不灵太让人吃惊了！

以维护秩序和良好管理、维护纪律和权威为己任的司法界、警界官员和法学家们支持学校教师和教会人士的行动。在数个世

---

[1] Publié dans Thery, *Histoire de l'education en France*, 1858, 2 vol., t. II.
[2] 也称为osselets游戏，有5颗动物小趾骨头作为玩子，其中一颗为"父"子，颜色有别，或模样有别，玩者将"父"子抛向天空，在它下落时接住它，并同时抓取放在地上的其他若干颗玩子。——译者注
[3] Vivès, *Dialogues*, cf. n. 2, p. 119.

纪里，接二连三、从未间断的法令禁止学生踏进游戏房的大门。这类禁令在18世纪还一直有人引用，比如1752年3月27日莫兰（Moulins）警察局局长颁布的法令，至今还保存在艺术和民间传统博物馆，它被公布在公告板上："禁止网球房和台球房老板在上课时间提供游戏，禁止滚球戏和九柱戏老板在任何时候向学生和佣人开放。"我们应该注意到，在此将学生与佣人混为一谈，因为当时他们的年龄几乎一样，人们同样担心他们的淘气，担心他们不能自我控制。滚球戏和九柱戏在现在已经是非常平和的游戏，而在那个时候却常常引起争吵，以至于警察局局长们在16和17世纪有时彻底禁止这些游戏，试图将教会人士强加于教士和学生身上的禁令扩展到整个社会。如此，道德秩序的维护者们实际上将游戏归入半犯罪活动之列，就如酗酒、卖淫、嫖娼一般，人们可以给予有限的宽容，但却容不得有一星半点的过分。

  不过，这种对游戏绝对反对的态度在17世纪有了变化，这变化很大程度上得益于耶稣会士的影响。文艺复兴时期的人文主义者在他们反经院哲学的斗争中已经觉察到游戏的教育意义。然而，正是耶稣会创办的学院逐渐地向维护社会秩序的人士灌输对游戏较为温和的观点。耶稣会的神甫们一开始就认识到，不可能完全禁绝游戏，而且这也不是人们所希望达到的目标；当然，带有某种容忍态度减少游戏时间和次数的做法不可靠，有点儿羞羞答答，也行不通。相反，他们建议同化它们，将游戏正式引入他们的教育科目和规定之中，前提条件就是要对游戏进行甄别筛选，对此制定规则，进行有效控制。如此纳入制度轨道后，那些公认的好游戏被接纳、被推荐，从此被认为是与学习研究一样有价值的教育手段。人们不仅停止了对舞蹈不道德的指责，而且还在学院里学习舞蹈，因为舞蹈可以协调身体运动，避免笨手笨脚，它可以使人行动灵巧，仪表端庄，"举止高雅"。同样，17世纪遭遇道德家们猛烈抨击的喜剧也被引入学院之中。最初在耶稣会士的学院里，喜剧表演的对白用拉丁语，题材为宗教题材，接着，喜剧被引入法国的剧院，题材也逐渐世俗化。人们甚至开始容忍芭蕾，尽管当时耶稣会上层还竭力反对，丹维尔神甫（P. de Dainville）曾经写道："对舞蹈的热爱在太阳王的同时代人中达到相当程度，以至于1669年，国王不得不建立舞蹈学院，战胜了上层神甫们的强制命令。从1650年以后，就没有不在中间穿插芭蕾舞表演的悲剧了。"[1]

克里斯班·德·波（Crispin de Pos）一本1602年的版画集表现了一所学院（在荷兰巴达维来地区）里学生生活的场景。[2]人们看到有室内操场，有图书馆，同时还看到舞蹈课、网球赛和球赛。因此出现了新观念：教育吸纳了以前一直遭禁或被看作罪恶程度稍低的活动而得到有限容忍的游戏。耶稣会士们用拉丁语编撰了一些有关体操的论文，其中对他们所推荐的游戏制定规则。越来越多的人认识到身体锻炼的必要性，费讷隆就写道："他们（孩子们）最爱的游戏是能让身体动起来的游戏。他们一挪地方

---

[1] F. de Dainville, *Entre nous*, 1958. 2.

[2] *Academia sive speculum vitae scolasticae*, 1602.

就感到高兴。"18 世纪的医生们根据以前的"体能游戏"设计出了耶稣会士的拉丁操[1]，由此出现了身体保健的新技术——体能培养。1722 年，洛桑的哲学和数学教授克鲁泽（Crousez）写了《论儿童教育》（Traité de l'éducation des enfants）这本书，里面写道："人在长身体的时候，身体必须要多动……我认为开展体能游戏要强于其他所有的游戏。"梯索（Tissot）的《医疗和外科操》（Gymnastique médicale et chirurgicale）推荐体能游戏，认为这是最好的锻炼："人们同时活动身体的各个部位……还不包括由于游戏者大声呼喊和招呼带来的肺部活动的增加。"到 18 世纪末，体能游戏获得了另一种正当性，即爱国——它们有利于备战。那时人们已经理解了体育教育可以为军事教育服务。在那个时代，士兵训练已经成为一门深奥的学问，同样在那个时代，现代的民族主义开始萌芽。诸如杜维维埃（Duvivier）和饶弗雷（Jauffret）那样的作者毫不掩饰地写道：军事训练"自始至终均是为所有其他训练打基础的训练（运动操的基础），它特别适合我们这个年代（共和十一年，公元 1802 年）和我们这个国家"。"根据宪法的本质精神，我们的孩子早就献身于保卫国家的共同事业，他们还未出生就已经是战士了。""所有与军事有关的一切都散发出难以名状的、伟大和崇高的东西，它可以将人提升到足以超越他本身。"

如此，历经人文主义教育家、启蒙时代的医生、最早的民族

---

[1] J. -J. Jusserand, op. cit.

主义者的持续影响，在古老习俗中业已存在但被人们看作暴力和可疑的游戏转变为体操和军事培养，从民间斗殴发展到体育社团。

＊　＊　＊

游戏如此演变的决定因素是人们对道德、健康和公共利益的关怀。与此演变平行发展的还有另一种演变，也就是起初同属于全社会的游戏据年龄和社会地位而专门化。

达尼埃尔·莫尔内（Daniel Mornet）在他关于古典文学的著作中如此谈及多人室内游戏："我们这一代资产阶级年轻人[作者生于1878年]在他们的家庭举办上午舞会之时，玩着一些'小游戏'，他们通常都不会怀疑，250年前，这些游戏应该更多、更复杂，已经使上流社会乐此不疲了。"[1]应该比250年早得多！还在15世纪勃艮第公爵夫人的时代，我们就见证了一种"小纸条"的游戏：一位夫人坐着，膝盖上放着一只篮子，年轻人往篮里放了一些小纸条。[2]在中世纪晚期，非常时髦的游戏是对诗游戏，也称"买卖游戏"。"一位夫人向一位绅士，或一位绅士向一位夫人抛出一个有关鲜花或任何物品的问题，被问到的人要立刻毫不迟疑地用一句恭维话或一首押韵的诗回答。"多亏了克里斯蒂娜·德·皮桑（Christine de Pisan）的现代校勘者向我们描述了

---

[1] D. Mornet, *Histoire de la littérature classique*, 1940, p. 120.
[2] Cf. n. 1, p. 103.

这样的游戏规则，因为克里斯蒂娜·德·皮桑写了 70 首对诗。[1]
例如下面有一首：

> 我要卖您这支蜀葵
> 您是如此美丽，我不敢对您张嘴
> 如果您一言不发看着它
> 对您的爱慕引我追随

　　这些对诗及游戏可能属于骑士献殷勤的方式。但后来发展为民歌，成为孩子们的游戏：我们前面已经看到，三岁的路易十三在"何物放入小篮?"这类押韵问答的游戏里获得乐趣。不过，它也没有被那些告别童年已经多年的成年人和年轻人抛弃。有一幅 19 世纪埃皮拿勒（Epinal）的彩色印刷画[2]画着同样的游戏，但它的标题是"昔日的游戏"，含义就是这些游戏已经被时尚抛弃，已经变为乡下人的游戏，要不然，就是孩子们和民间的游戏。其中有："热手游戏"（猜猜谁打了你）、"吹哨游戏"（猜猜哨子在哪里）、"刀插水罐"、躲猫猫、"鸽子会飞"（文字游戏）、"好心骑士"、蒙眼捉迷藏、"不准笑的小人"、"爱情罐"、"赌气者"、"被告板凳"、"烛台之上接吻"、"爱情摇篮"等。一部分是儿童游戏，

---

[1] Christine de Pisan, *Oeuvres poétiques*, publié par M.Roy, 1886, p. 34, 188, 196, 205.

[2] 一种面向大众的通俗的彩印画，经常刊载在报刊上，因发明者来自法国小镇埃皮拿勒而得名。——译者注

另一部分则比较暧昧，不太天真，以前备受道德家们的谴责，甚至连不太苛刻的伊拉斯谟也对其持批评态度。[1]

索雷尔的著作《游戏之屋》能够让我们对17世纪上半叶这段有趣的时间里游戏发生的变迁有所了解。[2] 索雷尔把游戏分成"多人室内游戏""体能游戏"和"博彩游戏"三种。后两种游戏"适于所有人玩，不论他是仆人还是主人……而且对所有人来说都很容易，不论他是文盲和粗人还是学者和雅士"。而多人室内游戏却是"智力和对话的游戏"。原则上，"它们只能让上流社会的人获得乐趣，这些人知书达理，有足够的智慧进行交谈和妙语连珠的答辩，判断精确，自有主见，不会让别人来完成游戏"。至少，这是索雷尔的观点，他本人想要玩的就是多人室内游戏。事实上，在那个时代，玩多人室内游戏的有孩子，有百姓，也有"文盲和粗人"。索雷尔承认这一点。"我们可以把儿童的游戏归入第一类游戏。""里面有一些体能游戏"[曲棍球、抽陀螺、爬梯、大球类、羽毛球等，还有"蒙上眼睛和不蒙眼互相抓来抓去的游戏"]。但"还有一些游戏就需要有一点智力"，他所举的例子就是"押韵的问答游戏"，如克里斯蒂娜·德·皮桑的"买卖游戏"，它们不仅娱乐儿童也娱乐大人。索雷尔对这些游戏的古代起源做出推测："这些孩子玩的带有押韵语言的游戏（如'何物放入小篮'）一般来自非常古老而且用词非常简单

---

[1] Erasme, *Le Mariage chrétien*.

[2] Ch. Sorel, *Maison des jeux*, 1642, 2 vol.

的语言,这些话直接取自古代的某些故事和骑士文学,表明人们在以前是如何通过简单地模仿骑士和上流社会贵妇人的语言来自娱自乐。"

索雷尔最后观察到,这些孩子的游戏也是大众阶层成人们的游戏,这一现象对我们来说非常重要:"因为这是孩子们的游戏,它们也可以为乡间村夫们所用,他们的智力在这方面没有比儿童高出多少。"然而,在17世纪初期,索雷尔应该同意"有时有很高社会地位的大人们也涉及这些游戏,以之为娱乐",公众舆论对此也不反对:这些"混杂性"的游戏,即所有年龄和所有社会阶层均玩的游戏,"可以推荐以利用它们固有的好的一面"……"有一些不太需要动脑筋的游戏,低龄孩子能够玩,尽管事实上有时大人和态度非常认真的人也会去玩一下"。这种过去的情景已经不是所有人都能接受的了。在《游戏之屋》一书中,阿里斯特认为,这些小孩的和平民的玩意儿配不上有身份的人。索雷尔在书中的代言人对全面禁止这些游戏表示反感:"那些似乎低下的游戏也可以通过给予它们新的玩法而得到提升,我已经提到的那一种仅仅是样板。"他试图提升在室内进行的"对话游戏"的水平。说实话,现代读者对此仍有许多困惑,不清楚成人玩的猜拳游戏(游戏主人伸出一个手指、两个手指或三个手指,他的对手也迅速地伸出手指,并叫出总数的游戏)比专断地归属于儿童的游戏("何物放入小篮")高明在哪里,聪明在哪里——这属于阿里斯特的观点,他的视野应该具有现代性了。读者可能更感讶异的是,作为小说家和历史学家的索雷尔竟然将这么一部大作贡献给娱乐活动，贡献给对娱乐活动的改造——这又是游戏在古代社会占据重要地位的新证据。

因此，人们在 17 世纪已经将成人游戏、贵族游戏和儿童游戏、平民游戏区分开来。此种区分古已有之，可以追溯到中世纪。但那时，从 12 世纪起，区分只涉及若干游戏，数量并不多，仅仅是非常特殊的一些，如骑士游戏等。很久以前，在贵族的概念最终确立之前，游戏是世人共享的，不管他们的社会地位如何。有些游戏保留这样的特征很长时间。弗朗索瓦一世（François Ier）[1]和亨利二世（Henri II）[2]均不鄙视摔跤，亨利二世还玩球——但在下一世纪里，这就不能被人接受了。黎世留在他官邸的过廊里玩跳跃，就如特里斯坦（Tristan）在马克国王（rois Marc）[3]王宫中所做的那样。路易十四还玩网球。但接下来，这些传统游戏在 18 世纪也被上流社会所抛弃。

自 12 世纪起，某些游戏已经专属于骑士，更确切地说是成年骑士。相对于共同的游戏——摔跤，比武和骑马摘环的游戏就专属于骑士了。平民无法进入比武现场，儿童，甚至是贵族儿童也无权出席：也许这是历史上的第一次，习俗禁止儿童，同时还有平民，参加集体游戏。因此，孩子们只好模仿被禁的比武游戏来取乐。《格里马尼日课经》[4]向我们展现了奇特的孩子比武场面，

---

[1] 法国国王（1494—1547），1515 年登基。——译者注
[2] 法国国王（1519—1559），弗朗索瓦一世的继承者。——译者注
[3] 特里斯坦和马克国王均为欧洲传说故事"圆桌骑士"中的人物。——译者注
[4] De Vriès et Marpago，*Le Bréviaire Grimani*，1904-1910，12 vol.

人们相信其中一个孩子应该是未来的查理五世；孩子们骑在木桶上，以代替原来的马。

当时出现了一种贵族避免与平民接触、自己内部娱乐的倾向，然而这种想法最终并未全面强加给整个社会，至少从 18 世纪起贵族失去了它的社会功能，被资产阶级取而代之。在 16 世纪和 17 世纪初，许多绘画资料证实，在季节性节日中各阶层的人混杂在一起。意大利外交家卡斯蒂利奥内（Balthazar Castiglione）的《廷臣》（Livre du Courtisan）是 16 世纪的经典著作，被译成多国语言，这部对话录中有一段话，人们讨论贵族与混杂的问题，但难以达成一致[1]："这时领主帕拉齐维若说道，在我们伦巴底，大家没有这样的观念（指廷臣应该只和贵族玩），因此有一些贵族在节日里整个白天与农民一起跳舞，和他们一起玩扔短棒、摔跤、跑和跳等，所以我认为这没有什么不好。"宾客中有人提出反对意见，认为贵族与农民一起玩应该有严格的条件，最好是他能够不费吹灰之力就"获胜"——应该"几乎肯定可以获胜"。"看到一位贵族被一位农民战胜，特别是在摔跤时，是非常难堪和丑陋的事情。"当时体育精神并不存在，除非是在骑士的游戏中和在其他与中世纪荣誉有关的形式下。

16 世纪末，比武活动被舍弃了。在青年贵族聚会中、在宫廷中、在军事院校里，取而代之的是其他体能游戏，17 世纪前半期，贵族们在军事院校里学习使用武器和骑术。一种游戏是人像

---

[1] B. Castiglione, *Le Courtisan*.

靶：人们骑马瞄准木制的目标，如突厥人的人头，这取代了古代比武中的活人靶。另一种游戏是摘环：人们在骑马跑动中摘取悬挂着的圆环。在军事院校教官普吕维内尔先生的马术教科书中，以及克里斯班·德·波的一幅版画中都展现了儿童路易十三玩人像靶的场景。[1]作者这样评论"人像靶"游戏，认为它是处于"一些人用长矛刺杀另一部分人的狂暴（比武）和跑动中摘取吊环的优雅"之间的中庸之道。在16世纪50年代的蒙彼利埃，当时学医的学生费利克斯·普拉特（Félix Platter）报道说："6月7日，贵族们玩摘环游戏，马匹身上披满了各种马甲，有毯子，还有五颜六色的羽毛装饰。"[2]在艾罗阿尔关于路易十三童年生活的日记里，经常提到在卢浮宫和圣日耳曼城堡玩摘环游戏。普吕维内尔这位专家指出，"骑马摘环的活动每天都有"（穿紧身上衣，不带武器的）。人像靶和摘环游戏取代了比武大会，取代了中世纪的骑士游戏，它们专属于贵族。那么，后来它们又如何了呢？时至今日，它们并不如我们认为的那样已经完全退出历史舞台。当然，人们不可能再在网球场附近和高尔夫球场附近找到它们的身影，但在乡镇市集节日里，我们还能看到人们射突厥人头，看到小孩骑着旋转木马摘圆环。中世纪比武大会的残余留至今日，就成了孩子的游戏和民间的游戏。

  这种古代游戏变为儿童游戏和民间游戏遗产的事例并不少

---

[1] Pluvinel avec gravures de Crispin de Pos. Cabinet des Estampes ec 35ᵉ，in f° fig 47.

[2] *Félix et Thomas Platter á Montpellier*，p. 132.

见。例如滚环游戏。在中世纪末，滚环还不属于儿童游戏，或者可以说，不仅仅是幼儿的游戏。在一幅16世纪的挂毯画上[1]，一群少年在滚环，其中一人用棍棒推动。在让·勒克莱尔的一幅16世纪末的木刻版画里，年龄较大的儿童不满足于用棍棒推滚环圈，他们像跳绳那样，用环来跳圈。画上的说明文字写道："最佳者，当属跳圈者。"[2] 环圈也能玩杂技，有时可以做出难度很高的姿态。它也深受年轻人甚至老人的喜爱，他们用环圈来跳传统舞蹈，就如1596年阿维尼翁的瑞士学生费利克斯·普拉特向我们描述的那样：封斋节前的周二那一天，一群一群的年轻人聚集在一起，他们戴着面具，"打扮成朝圣者、农民、船员、意大利人、西班牙人、阿尔萨斯人"等的模样，有乐器演奏手陪伴。"到了晚上，他们在街上跳着环圈舞，许多身穿白色衣服、佩戴首饰的贵族年轻男子和年轻女子也加入其中。每人将一只白色和金色相间的环举向天空，跳着舞蹈。他们进入了小旅店，我在里面看得真切。看到他们在环圈之下伴随着音乐，来回穿梭，聚拢又散开，有节奏地相互交叉着，真是妙不可言。"今天还可以在巴斯克地区的乡村看到这类舞蹈。

17世纪末，在城里，滚环游戏似乎已经属于儿童专有：梅里安的一幅版画[3]向我们展示一名幼儿正在滚环，就像整个19世纪

---

[1] Göbel, op. cit., II, 196.

[2] Leclerc, op. cit.

[3] Merian, gravure, Cainet des Estampes Ec 11 in f°, p. 58.

和 20 世纪的一部分时间里幼儿们做的那样。环圈，曾经是所有人的玩具、杂技表演和舞蹈的道具，自那时候起，就只供孩子使用了，而且玩滚环的孩子越来越小，最后终于被抛弃。这也许可以证明这样一个真理，如果玩具要引起儿童的注意，它应该让孩子们想到这东西与成人世界有点联系。

在本章开头，我们已经知道，人们讲故事给小路易十三听，讲那些梅露希娜的故事，仙女的故事。然而，在那个时代，这些故事也是面向大人的。研究 17 世纪晚期"仙女故事时尚"的历史学家斯托雷（M. E. Storer）注意到"塞维涅夫人沉浸在仙女们的梦幻世界里"。古朗热先生关于某个叫居薇尔冬的女人的俏皮话逗乐了塞维涅夫人，但她不敢回应，"生怕癞蛤蟆会跳到她脸上，以惩罚她的忘恩负义"。[1] 这里提到的应该是行吟诗人戈蒂埃·德·科万西（Gauthier de Coincy）的一则神话，通过代代相传而为人所知。

塞维涅夫人在 1677 年 8 月 6 日写道："古朗热夫人……非常愿意给我们讲她逗乐了凡尔赛王宫贵妇人的那些故事，她把这叫作'哄她们'。然后她也来哄我们，给我们讲了一座绿岛的故事，在岛上，人们抚养着一位公主，比阳光还要美丽灿烂。仙女们一刻不停地将仙气吹到她身上，等等。""故事持续了整整一个小时。"

我们还知道，科尔贝（Colbert）"在余暇时间，**请贴身的人**

---

[1] M. E. Storer, *La Mode des contes de fées* (1685-1700), 1928.

（粗体由引者所加）给他讲与《驴皮公主》(*Peau d'Âne*) 相似的故事"。[1]

然而，在 17 世纪的下半叶，人们已经开始觉得这些神话故事过于简单了，而同时人们继续对它们感兴趣，不过是用一种新态度，这种新态度的发展方向是将传统的朴素的口头叙述转变为一种时髦的文学形式。这种爱好一方面表现为出版一些儿童读物，至少原则上是供儿童阅读的，比如夏尔·佩罗（Perrault）的童话故事集，对老神话故事的爱好一直是遮遮掩掩的；另一方面出版一些较为严肃的作品，供大人阅读，小孩和平民被排除在外。这种变化可以让我们想起前面提及的有关多人室内游戏的变化。缪拉（Murat）夫人向现代仙女们喊话："那些老仙女，你们的前辈，在你们身边已经显得幼稚可笑。她们所做的事都是低下的、幼稚的，只有仆人和保姆才感兴趣。她们所关心的不过就是打扫房间、煮饭烧菜、漂洗衣物、轻摇摇篮哄孩子睡觉、饲养奶牛、制作奶酪等等千百种低贱的可怜事⋯⋯这就是为什么她们的所作所为今天只能留在《傻妈妈的故事》(*Contes de ma mère l'Oye*) [2]里。""她们不过就是女乞丐而已。""而你们，尊敬的公主们（现代仙女），你们走的是完全不同的道路。你们从事的是伟大的事业，最小的事情也是给愚昧者以智慧，给丑陋者以美貌，给无知

---

[1] Cité d'après M. E. Storer, op. cit.
[2] 它的作者即为佩罗，原书名也可直译为《我乌瓦(Oye)妈妈的故事》，古法语"Oye"即现代的"oie"，原意为"鹅"，引申为"傻瓜"。——译者注

者以雄辩，给穷人以财富。"

相反，另一些作者依然对他们以前听过的旧仙女故事情有独钟，寻求保存它们的方法。莱莉蒂埃（Lhéritier）小姐是如此介绍仙女故事的：

上百次，保姆和我妈咪
讲给我听美丽的故事；
那是在夜晚，在壁炉旁，
我能做的，那只是零星的修饰。

"您可能会感到惊讶……这些如此令人难以置信的故事，一代一代地传到我们这里，没有人想到要把它们写下来。" 136

相信它们不太容易，
但，这世界上只要还有孩子，
有母亲，有祖母，
人们将把它们保留在记忆里。

人们开始将长期的口头传承化为固定文字：某些"在我还是孩子时人们讲给我听的"故事，"近年来被一些天才的作家留在了纸上"。莱莉蒂埃小姐认为，故事的源头可以追溯到中世纪："口头传统告诉我们：普罗旺斯的行吟诗人和故事叙述者，在阿伯拉尔（Abelard）[1] 和著名的香槟伯爵蒂博（Thibaud de Champagne，1201—1253）缔造自己的浪漫故事之前很久，就创造了菲耐特（Finette）的故事[2]。"因此仙女故事就成了可以修饰为哲学故事的文学形式，或者继续保持古老的面貌，如莱莉蒂埃小姐的作品那样。她写道："你们一定会向我承认，我们最好的故事就是最接近保姆讲述风格的简洁的那些。"

当故事在 17 世纪末成为一种新的书面和严肃文学（不论是带哲学意味的还是保留古风的），其口头形式被抛弃了，而抛弃它的人甚至就是新的时髦文字作品所面向的读者。科尔贝和塞维涅夫人听着人们讲述的故事——那时没有人认为这有什么特别之处，仅仅是普通的消遣，就如我们今天阅读侦探小说一样。但到了 1771 年，情况就完全不是这样了。在上流社会的成年人中，这些口耳相传的老故事几乎被遗忘了，有时成了如考古文物和原始部落民用品那样的稀奇之物，几乎预示了现代人对民间艺术和俚语的兴趣。舒瓦瑟尔（Choiseul）公爵夫人写信给德芳（Deffand）夫人，称舒瓦瑟尔"整天让人给他读仙女故事。我们大家一起读。我们觉得这故事和现代史一样真实"。这样的场景就如我们现代一位政坛失意的政治家，退下来以后，阅读贝卡希娜[3] 和丁

---

[1] 法国中世纪著名哲学家（1079—1142）。——译者注
[2] 后收入佩罗的童话故事集中，名为"机灵公主菲耐特"。——译者注
[3] Bécassine，是法国早期连环画里的主人公，一位令人发笑的布列塔尼女仆形象。——译者注

丁[1]之类的故事：没有比现实更愚蠢的了！公爵夫人跃跃欲试，她自己也写了两个故事，我们觉得她的故事带点儿哲学故事的意味。对此我们通过《快乐的王子》的开篇就可以做出判断："我亲爱的玛戈，你在我的书房里用'傻妈妈'那样的美丽童话催我入睡或把我唤醒，再给我讲一些高尚的故事吧，我可以在同伴聚会时与他们分享。不，玛戈压低了声音说，男人需要的只是童话。"

根据那时另一则轶闻，有位夫人有一天感到无聊，产生了如舒瓦瑟尔那样的好奇心。她打铃让仆女过来，让她去拿《普罗旺斯的皮埃尔与美丽的玛格罗娜的故事》(Histoire de Pierre de Provence et de la belle Maguelonne)，如果没有勃拉姆斯那些令人赞叹的民谣，我们今天对此也许会完全遗忘。"那位侍女非常吃惊，在夫人将要求重复了三遍以后，才带着有点儿轻蔑的神情接受了看起来非常奇怪的命令。但她也必须服从，于是下到厨房，拿着那本小册子上来，脸都红了。"

事实上，在18世纪，一些专门的出版商，特别是在特鲁瓦(Troyes)那个地方，为乡村的读者印刷出版童话故事。在乡村，阅读童话故事仍旧流行，流动小商贩将这些书销往那里。由于这些书被印刷在蓝色的纸张上，因此人们称之为"小蓝书"（蓝色故事）。但这些故事与17世纪末时髦的文学没有什么关系，它们的来源是老的口头流传故事，根据时代不可避免的兴趣变

---

[1] Tintin 为比利时著名连环画《丁丁历险记》中的主角。——译者注

化而做必要的改写。1784 年出版的"小蓝书"里，除了《普罗旺斯的皮埃尔与美丽的玛格罗娜的故事》以外，还有《魔鬼罗伯特》《埃蒙四子》《佩罗故事集》《力量小姐和奥尔内夫人的故事》等。

与"小蓝书"一直共存的，还有漫漫长夜里业余讲故事的人，也有专业人士，他们是古代朗诵者、吟唱者和行吟诗人的继承者。17 和 18 世纪的油画和版画、19 世纪美丽的石印画都青睐讲故事者和跑江湖者。[1]跑江湖者站在一方讲台上，他一边讲故事，一边用杆子指着写在一块大木板上的文本，他的同伴有时用手举着木板，听众边听边看文字。在法国外省的某些城市，小资产阶级有时还保留着这种消磨时间的方式。一位回忆录作者向我们讲述了特鲁瓦 18 世纪末期的情形，人们在喝下午茶时聚集在一起，冬天在小酒馆里，夏天"在花园中，人们摘去大礼帽，戴上小软帽"。[2] 人们称之为"便装小憩"（cotterie）。"每次便装小憩均有一位讲故事者，每个人都以他的才能作为楷模。"这位回忆录撰写者回忆起其中一位讲故事者：一位老屠夫。"我和他一起生活了两天（那时候我还是个孩子），日子就在听他讲故事、讲童话中度过，那种魅力、效果和天真是现代人，如果不说难以给予，至少也是难以体会的。"

---

[1] Guardi dans Fiocco, *Venetian painting*, pl. LXXIV. Magnasco dans Geiger, *Magnasco*, pl. XXV. G. Dou, Munich, K. d. K., pl. LXXXI.

[2] *Vie de M.Grosley*, 1787.

如此，在科尔贝和塞维涅夫人的时代男女老少都听的老故事，逐渐被贵族、然后是资产阶级所抛弃，把它们留给了儿童和农村里的人。接下来，当"小报"（Petit Journal）取代了"小蓝书"的时候，儿童和乡下人对它们也厌烦了。因此，儿童成了它们的最后读者，但时间也不长，儿童文学在今天也正经历着脱胎换骨，就和游戏与道德观念一样。

网球是最流行的游戏之一。在所有的体能游戏中，它是旧制度末期的道德家最少反感，并且有条件给予宽容的游戏。它最受人们的欢迎，在几个世纪里为各种社会阶层的人所共享，不论是国王，还是平民……在17世纪末前后，这种全民一致欢迎的状况不复存在了。此后，我们看到，它首先在上流社会成员中失宠。1657年，巴黎还有114个网球场；到了1700年，尽管人口增加，但网球场的数目跌至10个；到了19世纪，只剩下两个，一个位于马扎里纳街（rue Mazarine），另一个在杜伊勒里宫的花园平台上（该网球场1900年还存在）。[1] 游戏史专家茹塞朗（Jusserand）已经对我们说过，路易十四对玩网球没有多大兴趣。如果说养尊处优的成人对此已不屑一顾，农民和儿童（甚至是养尊处优的）却依然对它不离不弃，只是玩的形式多种多样，有的用大球，有的用羽毛球，有的用线团大小的小球。在巴斯克地区，这种游戏一直存在，直到经过改进，它以大回力球和小回力球的形式复兴。

---

[1] J.-J. Jusserand, op. cit.

有一幅 17 世纪末梅里安的版画[1]展示了一场球赛,聚集在一起的有大人也有孩子:画面上,人们正在给球吹气。然而,球赛或苏勒球赛在那个时代已经受到倡导文明和健康生活方式的专家们的质疑。托马斯·埃利奥特(Thomas Elyot)[2]和莎士比亚(Shakespeare)建议贵族们不要染指。英格兰国王詹姆士一世禁止他儿子玩。在迪康热(Du Cange)[3]眼里,这只是农民玩玩的东西。"苏勒球,一种每个人可以用脚猛踢的球,它现在还在外省农民中流行。"这项活动在有些地方一直延续到 19 世纪,比如在布列塔尼,我们在共和八年(1799 年)的一份文献中读到:"村里的领主或显贵将填充着麸皮的球抛向人群中,来自不同小区的人努力地争抢……在我还是孩子时(作者生于 1749 年),就亲眼看到有人在跳过去抓球时被地窖的通风窗撞断了腿。这些游戏可以维持人的体力和勇气,但我再说一遍,它们也非常危险。"类似的感觉还让人们发明了谚语:"君子动口不动手"(jeu de mains, jeu de vilains,直译为"用手的游戏是百姓的游戏")。我们知道,球戏被保留在儿童之中,同时也保留在农民之中。

其他的体能游戏也依此转移到儿童和平民的世界之中。这其中就有槌球。塞维涅夫人在 1685 年写给她女婿的信里讲过:"我已经与玩伴玩了两圈槌球了(在悬崖城堡)。啊!我的伯爵,我

---

[1] Merian, gravure, Cabinet des Estampes, Ec 10 in f°.
[2] 英国外交家和学者(1490—1546)。——译者注
[3] 研究中世纪史和拜占庭史的法国历史学家(1610—1688)。——译者注

想到的一直是您，您推球的时候是何等的优雅。我希望您在格里尼昂也能打出如此漂亮的一击。"[1] 所有这些游戏，如滚球戏、九柱戏和槌球，被贵族和资产阶级抛弃之后，在 19 世纪，就成年人来说转移到了乡村，从儿童来看转移到了儿童活动室。

这些以前共同适用于整个社会集体的游戏，在民间和儿童那里找到残留的空间，其中还有古代社会最广泛流行的娱乐形式之一：化装。从 16 世纪到 18 世纪的小说充斥着乔装打扮的故事情节：小伙扮成姑娘，公主扮成牧羊女，等等。这类文学引入的是一种爱好，这种爱好通常会在季节性的节庆和偶然的节庆活动中表达出来：三王来朝节、封斋节前的周二、十一月节……很长时间里，人们，特别是妇女，戴面具外出参加社交活动是很正常的，人们爱把自己打扮成自己喜欢的模样。贵族男子有时也这样。从 18 世纪起，化装聚会在上流社会举办得越来越少，也越来越隐秘。而嘉年华变成大众的节日，甚至漂洋过海，落户到了美洲黑人奴隶中间，而化装则让给了儿童。嘉年华时戴面具的只有儿童，他们通过乔装打扮来取乐。

* * *

每一样游戏都经历了相同的演变，单调地重复着。由此我们可以得出重要的结论。

我们的出发点是，所有年龄的人和所有社会阶层的人玩相同

---

[1] Mme de Sévigné, *Lettres*, 13 juin 1685.

游戏的社会阶段。必须强调的现象是，这些游戏被上层社会的成年人抛弃，而同时却在下层群众和上层阶级的儿童中幸存下来。确实，在英格兰，贵族并非如法国的情况那样摒弃古老的游戏，但他们将游戏改头换面，正是在差不多已经变得面目全非的现代形式之下，这些游戏才在资产阶级中扎下根来，它们成了"体育"……

特别引人注意的现象是，旧的游戏共同体同时出现两种决裂，一种是成年人和儿童的决裂，一种是平民与资产阶级的决裂。如此的偶合已经可以让我们一瞥儿童意识与阶级意识的关系。

第五章　从不知羞耻到天真无邪

我们现代约定俗成的道德观念中，有一条规则最具强制性，也被遵守得最好，这就是要求成年人在孩子面前避谈有关性的话题，不能有任何暗示，尤其是不能开这方面的玩笑。但古代社会对此观念则完全陌生。现代人读亨利四世的御医艾罗阿尔记载小路易十三生活点滴的日记[1]，一定会对里面人们对待儿童的放肆、玩笑的粗俗、对大庭广众之下的下流举止不以为耻、反而习以为常的情形感到惊讶。要说明在16世纪晚期和17世纪初完全不存在现代的儿童观念，没有其他的材料比这更具说服力了。

路易十三还不到一岁时，"当保姆用手指拨动他的阴茎时，他笑得气都喘不过来"。如此玩弄颇具诱惑力，小孩毫不迟疑地就自己学着做了，他叫住一位侍者，"嘿，过来！然后他自己撩起衣服，让他看自己的阴茎"。

路易十三一岁时，艾罗阿尔记载道："他非常开心，活泼可爱；他让别人吻他的阴茎。"他确信每个人都觉得这样很好玩。

---

[1] Heroard, *Journal sur l'enfance et la jeunesse de Louis XIII*, publié par E. Saulié et E. de Barthélémy, 1868, 2 vol.

甚至人们看到他在两位来宾面前也玩这样的把戏时甚觉有趣,这两位来宾一位是博尼埃尔(Bonnières)先生,另一位是先生的女儿:"他对着先生大笑,撩起衣服,让他看自己的阴茎;而特别的是,面对他的女儿,他拿着阴茎,微微笑着,晃动着整个身体。"人们对孩子如此不断地重复一个让他觉得非常成功的动作感到很有趣。在"一位小小贵妇人"面前,"他撩起了他的裙子,让她看自己的阴茎,其狂热程度有点儿忘乎所以。他背躺在地上给她看"。

他一岁刚过,就与西班牙公主订婚。他的随从让他明白这意味着什么,而他理解起来一点儿也不难。那人问他"公主的亲爱的在哪里?他把手放在自己的阴茎上"。

在他三岁以前,对在开玩笑时触摸他的性器官,没有人讨厌和感到难堪:"侯爵夫人[韦尔讷伊(Verneuil)夫人]经常将手伸入他的衣服里面;他被放在保姆的床上,保姆与他一起玩,将手伸入他的衣服里面。""韦尔讷伊夫人想和他闹着玩,摸着他的乳头。他把夫人推开,嚷着:拿开,拿开,不要碰这里,走开。他再也不想让侯爵夫人碰他的乳头,因为他的保姆已经教育过他,对他说:我的小主人,不要让任何人摸你的乳头,也不能碰你的阴茎,人们会把你的阴茎割了。他记住了。"

"早上起床时,他不愿穿上内衣,说道:不内衣(艾罗阿尔喜欢如实记下孩子的切口、语音语调甚至病句),我先要把我阴茎里的奶给别人。人们向他伸出手来,他朝着他们就像真的将奶挤出那样,嘴里发出'噼噼'……的声音,每个人都给到了,然后才让人们给他穿衣。"

下面是一则经典的玩笑：人们经常反复对他说，"我的小主子，您的阴茎没了"，"他回答道，嘿，不在这里吗，他兴高采烈地用手指把他的阴茎抬起来"。这类玩笑并不局限于仆人、没有头脑的年轻人、举止轻佻的夫人（如国王的情人）之间，他的母亲、王后本人也如此："王后将手放在他的阴茎上，说道：'吾儿，我拿着你的小嘴了。'"更为奇特的有这样一段文字："他脱光了衣服，公主（他姐姐）也是如此，他们全身赤裸和国王一起在床上，他们接吻，叽哩哇啦地说着话，使国王感到非常高兴。国王问道：'吾儿，小公主的包包在哪里？'他指了一下，说道：'爸爸，她的包包没有骨头。'接着，那部位有点紧绷，他又嚷起来：这下有骨头了，它有时有骨头。"

人们还饶有兴致地看到他阴茎的最早勃起："他八时醒来，叫来贝杜扎伊（Bethouzay）小姐，对她说：扎伊，我的阴茎成吊桥了，这样往上去了，这样放下来了。他用手将阴茎拨上拨下。"

4岁时，已经对他进行性教育了：

> 介斯（Guise）夫人把他带到王后房间，指着王后的床对他说："我的小主子，你就是在这里造出来的。"他回问："和我妈妈？"
>
> 他问他保姆的丈夫："这是什么呀？"
>
> ——"这是我的丝袜"，保姆的丈夫回答道。
>
> ——"那么这个呢？"[有点像流行的问答游戏。]

——"这是我的紧身套裤。"

——"它是什么做的?"

——"绒布。"

——"这呢?"

——"这是长裤的开档。"

——"这里面有什么呀?"

——"我不知道,我的小主子。"

——"啊,那是阴茎啊。它是给谁的呢?"

——"我不知道,我的小主子。"

——"嗯,它是给杜安杜安夫人[Doundoun,即他的保姆]的呀。"

他站在蒙格拉夫人的两腿之间[蒙格拉夫人是他的家庭教师,一位身份高贵、受人尊敬的夫人,她对所有我们今天看来难以容忍的玩笑也没有表现出比艾罗阿尔更多的激动]。国王对他说:"那是蒙格拉夫人的儿子,这就是他生出来的地方。"他[路易十三]突然离开他站的地方,换到他母亲王后的两腿间站着了。

从五六岁开始,人们不再拿他的性器官开玩笑了:反而是他拿别人的性器官取乐。梅尔希埃(Mercier)小姐、他的贴身女仆之一,早上已经醒了,但仍赖在床上,女仆的床紧挨着他的床(他的仆人们,有的已婚,也和他同睡一个房间,即使有他在场,他们也不感到拘束)。"他和她闹着玩",拨弄她的脚趾和大腿的上部,"他让他的保姆去拿鞭子来打女仆,请保姆执行……他的保姆问他:'我的小主子,你从梅尔希埃那里看到了什么?'他回答道:'我看到了她的屁股',样子冷冷的。'你还看到了什么?'他又不动声色、不苟言笑地回答,他看到了她的阴户。"又有一次,他"和梅尔希埃小姐一起玩,他把我[艾罗阿尔]叫过去,和我说,梅尔希埃的阴户有这么大(他用两个拳头比划着),里面有水"。

从 1608 年起,这类玩笑消失了:他长成了一位小绅士(七岁是个关键的年龄),从那时开始,要让他懂得哪些行为和语言是不体面的。当人们告诉他,小孩是从哪里出生时,他开始如莫里哀戏剧《太太学堂》中女主角阿涅丝那样咬耳朵来作答。当他"拿出他的阴茎让小女孩旺特莱看"时,蒙格拉夫人呵斥了他。虽然在他早上醒来时,人们还继续将他放到他的女教师蒙格拉夫人床上,并让他睡在蒙格拉夫人和她丈夫中间,但艾罗阿尔已经对此感到愤怒,他在日记的外侧空白处加注:恬不知耻的印记(insignis impudentia)。人们开始要求这十岁的孩子举止端庄,但对五岁的孩子却从来没有这种期待。教育差不多在七岁以后才开始。此外,这种姗姗来迟的对不体面行为的顾虑可能也与道德改革的起步有关,可以看作 17 世纪宗教和道德更新的信号。当时教育的价值似乎要到接近成年年龄时才开始体现出来。路易十三在14 岁左右时,似乎还一点也不懂事,因为当他 14 岁零两个月时,人们几乎是强行将他按在他妻子的床上。在婚礼以后,他"躺了一会儿,六时三刻在床上用了晚餐。格拉蒙(Gramont)先生和一些年轻贵族给他讲一些粗俗的故事安慰他。他要了拖鞋,穿上裙装,在八时到了王后的房间,被放倒在床上,躺在王后即他妻子的身边,母后在场。十时一刻,他在睡了一个小时左右后又回到王后房间,第二次行房。根据他所告诉我们的,他的阴……似乎都红了"。

那时男青年在 14 岁结婚已开始变得少见,但姑娘 13 岁结婚却仍然十分流行。

我们没有理由认为,在其他的贵族和平民家庭,道德风气会截然不同:这种将儿童与成人性玩笑联系在一起并习以为常的做法属于共通的民风,没有遭到舆论的反对。在帕斯卡家族里,雅克琳娜·帕斯卡在 12 岁时还写了有关王后怀孕的诗歌。

托马斯·普拉特在回忆自己 16 世纪末在蒙彼利埃学医的情景时报告说:"我认识一个男孩,他用巫术加害他父母的女仆(在女仆结婚之际,把男性长裤系住开裆的绳并打三个结,希望以此造成她丈夫的性无能)。女仆求他解开绳结,解除对她丈夫的魔咒。他同意了。很快,她丈夫重新获得了力量,完全康复。"丹维尔神父(P. de Dainville)是研究耶稣会士和人文主义教育的历史学家,他也观察到:"对儿童的尊重在那时(16 世纪)是完全被忽视的。人们可以在他们面前做任何事情:粗俗的言语、淫秽下流的动作和场景。所有这一切小孩都听得到,看得到。"[1]

---

[1] F.de Dainville, *La Naissance de l'humanisme moderne*, 1940, p. 261. Mechin, *Annales du Collège royal de Bourbon Aix*, 2 vol., 1892.

这种对儿童毫无保留的态度、这种将儿童与围绕着性主题而展开的玩笑结合在一起的做法使我们吃惊：语言的放肆，甚至举止大胆，还有对性器官的触摸，让人很容易联想到当今精神分析医师是如何谈论这样的事！但精神分析医师如果分析那时的行为就可能出错。对性的态度，也许性问题本身，根据环境而有所不同，因此它也因时代和人们心态的变化而变化。今天，由艾罗阿尔所描述的那种对性器官的触摸行为在我们看起来已经有点儿性变态，没有正常人敢在大庭广众之下做这样的动作。但在17世纪初，情形就不是这样。有一幅巴尔顿·格里恩（Baldung Grien）[1] 1511年的版画，画的是一位女圣徒的家庭。圣安娜的行为在我们看来特别怪异：她分开孩子的大腿，似乎要从中拿出性器，挠它的痒痒。如果将这场景看作放荡和轻佻，也许就错了。[2]

　　玩小孩性器官的做法属于流传很广的传统，我们今天还可以在穆斯林社会看到。在穆斯林社会独自发展的同时，欧洲发生了科技革命，也经历了巨大的道德改造。道德改革首先是基督教的，然后是世俗性的，它在18世纪已经资产阶级化的社会，特别是19世纪的英国和法国建立了新的道德规范。穆斯林社会却一直与之保持着距离，因此，我们可以在穆斯林社会重新找到那些令我们感到陌生，但却不会让杰出的艾罗阿尔感到惊讶的痕迹。让我们从下面一段摘录中对此做出一点判断。这段摘录来自一部

---

[1] 文艺复兴时期德意志画家和版画家（1484—1545）。——译者注
[2] Curjel, *H. Baldun Grien*, pl. XL VIII.

题为《盐雕》(la Statue de sel)的小说，作者阿尔贝尔·曼米(Albert Memmi)是突尼斯的犹太人，他的小说提供了传统突尼斯社会和半西方化的年轻人心态的奇特证据。小说主人公叙述他在去往中学（在突尼斯）的有轨电车里看到的一幕。

146　　　我的前面，坐着一位穆斯林，还有他儿子，儿子还很小，戴顶微型的小圆帽，两手捧着散沫花。我的左边是一位吉尔巴岛（djerbien）的食品杂货商，他去采购货物，大腿中间放着椭圆形的大篮子，耳背上夹一支铅笔。吉尔巴岛人受车厢里温馨气氛的感染，在座位上轻轻摇动着身体。他对着小孩笑了一下，小孩眉开眼笑，并向父亲看去。父亲带着感激的心情，仿佛受到了奉承，他消除小孩的疑虑，并向吉尔巴岛人投去微笑。

"你多大了？"杂货商人问孩子。

"两岁半。"父亲回答道。[小路易十三的年纪。]

杂货商又问孩子："怎么不说话，猫咬了你的舌头啦？"

"不，不，"父亲回答道："他还没有行割礼，不过快了。"

"哈哈"，另一位笑起来。他找到了与小孩谈话的话题。"把你的小鸡鸡卖给我，如何？"

"不！"小孩凶狠地回答道。显然，小孩熟悉这样的场面，肯定有人也向他提出过同样的要求。我[犹太孩子]自己就经历过。那时我就是当事人，有人也以此来挑衅我，我当时也怀有相同的感情，有点羞辱，有点色欲，有点想反抗，有点想刨根问底的阴谋心。

孩子的眼中闪耀着光芒，这种眼光混合着男性欲动初起的那种喜悦［这是现代人的感觉，是先进的作者曼米所赋予小孩的，因为他知道关于孩子性觉醒和早熟的最新研究；而以前的人认为尚未发育的儿童不知性欲为何物］和反抗无耻冒犯者的冲动。他朝父亲看了一眼，父亲微笑着。这样的游戏是允许的。［着重符是我加的。］我们旁边的人饶有兴致地欣赏着这一传统场景。

"我给你10法郎。"吉尔巴岛人提议。

"不。"小孩回答。

吉尔巴岛人重提："来来来，把你的小鸡……卖给我嘛。"

"不，不！"

"我给你50法郎。"

"不！"

"……我再加把劲：1000法郎！"

"不！"

吉尔巴岛人的眼神装出很贪婪的样子："我再添加一包糖吧！"

"不！不！"

"不？你最后要说的就是这一个字？"吉尔巴岛人佯装愤怒地高叫着。最后又重复一遍："就是不？"

"不！"小孩话音一落，那大人就向他扑过去，模样狰狞，突然伸出一只手就在他裤裆里乱摸。小孩用拳头自卫着，父亲大笑起来。吉尔巴岛人使劲地蜷缩成一团，我们旁边的人都笑翻了。

147 这番 20 世纪的景象难道不能让我们更好地理解道德改革以前的 17 世纪？我们要避免年代倒错，不要像塞维涅夫人作品的最后一位编辑者那样，把塞维涅夫人巴洛克式的过度母爱解释为乱伦。这是一种游戏，我们不应该将它夸大为淫荡：淫荡的特征只存在于我们今天男人间讲荤段子时的那种低级趣味中。

这种半无辜的状况（在我们看来有点儿下流也好，纯自然也好）可以解释为什么从 15 世纪以来，小孩撒尿的题材会如此受欢迎。这一题材在祈祷书的插图和教堂的装饰画中都有它的地位。如在 16 世纪初《埃内西圣母时祷书》（*Les Heures de Notre-Dame dites de Hennessy*）[1] 和《格里马尼日课经》（*bréviaire Grimani*）[2] 中，冬月的插图画的是大雪下的村庄。门是开着的，人们可以看到妇女正在纺线，男人在烤火，孩子站在门口对着外面的雪地撒尿，看得非常清楚。

有一幅佛兰德斯画家彼特兹（P. Pietersz）的绘画《耶稣示众》（*Ecce Hommo*）[3] 可能是为教堂而作，画面上的观众群中有大量儿童：一位母亲用上举的手将她的孩子高高地托过头顶，让他能看得真切。调皮的男孩爬上门廊。一个男孩在他母亲的支撑

---

[1] J. Destrée, *Les Heures de Notre-Dame dites de Hennessy*, 1895 et 1923.

[2] S. de Vriès et Marpugo, *Le Bréviaire Grimani*, 1904-1910, 12 vol.

[3] H. Gerson, *Von Geertgen tot Fr. Halz*.1950, I., p. 95.

下，正在小便。当图卢兹高等法院的法官们在他们自己法院的小教堂里参加弥撒时，他们的眼睛也可以开一点小差，看到同样的景象：这是一幅巨大的三折画屏，讲的是圣让－巴斯蒂斯特的故事。[1] 中央主画屏上画的是"布道"。孩子与其他人群混杂在一起：一位妇女在喂奶，一个男孩爬在树上；另一边，一个孩子正撩起裙子，面对着法官们撒尿。

15世纪，特别是16世纪，有如此丰富、如此频繁的画面表现出现在群众场面中的儿童，还连带着一些不断重复的题材（给孩子喂奶，孩子撒尿等），这就是特殊的和新颖的兴趣产生之征兆。

此外，另一个值得注意的现象是，在这一时代，宗教绘画中还有一个题材也经常出现，这就是行割礼。行割礼几乎被画得如外科手术图那样精确。但不应于此看到一丝恶意。好像在16和17世纪，行割礼和童年圣母光临圣殿被人们看作儿童们的节日：这是儿童在庄严的初领圣餐仪式之前仅有的一些宗教节日。在巴黎圣尼古拉教堂，人们可以看到一幅来自田园圣马丁修道院的17世纪初的油画。画面上一大圈孩子围着看行割礼，一些孩子陪伴着他们的父母，另一些孩子爬上柱子以看得更清楚。选择行割礼作为儿童的节日，难道不存在一些让我们感到陌生、感到惊讶的东西吗？感到惊讶的也许是我们，但绝不会是今天的穆斯林，也不会是16世纪和17世纪初的欧洲人。

---

[1]　Musée des Augustins, Toulouse.

《格里马尼日课经》插图中的小孩撒尿图

人们不仅毫无反感地让孩子掺和到一项有关性器官的手术之中——当然它具有宗教特性，而且还毫无恶感地在公开场合允许儿童做一些在他们进入发育期——即行将成为成年人——之际遭禁的动作：允许他们触摸性器官。造成这种现象的原因有二。首先是人们相信未发育的儿童对性行为浑然不知、漠不关心，因此，那些动作和暗示对他们不会产生后果，那些动作是无意识的，失去了性方面的特殊意义，它们是中性的。第二个原因是当时并不存在这样的观念，即与性行为有关的事物会毒害儿童无辜的心灵，即使将这些事物的晦涩含义除去，也不会；而事实上，或在公众的舆论中，人们甚至还没有意识到儿童无辜心灵的真正存在。

* * *

这种想法至少是公共观点，但它绝不是道德家们和教育家们的观点，至少不是他们之中最优秀者、曲高和寡之先行者的观点。回溯这些先行者观点的重要性在于，经过长期发展，他们最终使自己的观点赢得了胜利，成了今天我们通行的观点。

该思想潮流可以追溯到 15 世纪，它在那个时代已经足够强大，将引发学校传统纪律上的重要转变。吉尔松[1]就是这股思想

---

[1] 全名让·吉尔松（Jean Gerson），法国中世纪神学家和教育家（1363—1429），曾任巴黎大学校长。——译者注

潮流的主要代表人物。他对儿童及其性活动的观点表达得非常清晰，表明他本人是那个时代这方面非常优秀的观察者。他认为，对儿童该方面特殊行为的观察非常重要，为此他专门写了一部著作《论手淫之忏悔》(*De confessione mollicei*) [1]，可以说这是新关怀出现的证据，我们应该把它与我们前面提到过的绘画、服装等方面出现的对儿童的新关注联系起来考虑。

吉尔松研究了儿童的性行为，其目的是帮助听忏悔的神甫，使他们能唤醒小忏悔者（10—12岁）的罪恶感。他知道，手淫和无射精勃起的情况非常普遍：如果你问男人与此有关的话题，而他一口否认，就可以肯定他在说谎。对吉尔松来说，手淫是非常严重的问题。"手淫"之错"尽管由于年龄的关系，最后没有伴随射精，但其对儿童童贞造成的损害不亚于同年龄的人与女子发生关系"。甚至，它接近鸡奸。

就此而论，吉尔松的观点已经非常接近现代关于手淫的学说，即将手淫看作性早熟行为不可避免的阶段，而超越了小说家索雷尔的讽刺挖苦，在后者看来，手淫是寄宿学生幽闭的结果。

事实上，儿童并不是从一开始就意识到这种行为有罪："在勃起之时感到一种未知的渴望（Sentiunt ibi quemdam pruritum incognitum tum stat erectio），他们认为他们可以这里摩擦一下，那里抚摸和牵拉，直至渴望熄灭（se fricent ibi et se palpent et se tractent sicut in aliis locis dum pruritus inest）。"这是原始堕落，即

---

[1] Gerson, *De confessione mollicei*, Opera, 1706, t. II, p. 309.

原罪（excorruptione naturae）的后果。我们离儿童天真无邪的观念还很远，但我们已经非常接近对儿童行为的客观认识，而这种认识的萌芽可以在我们上面提到的吉尔松的思想中闪现。那么，如何让儿童避免犯错的危险呢？吉尔松认为，一方面要靠告解神甫的循循善诱，同时也要改变教育的坏习惯，对儿童采用不同的行为方式。对他们讲话时，态度要严肃，要使用纯洁的词汇。要避免孩子在游戏中互相拥吻，手和手直接接触，也不能让他们互相注视。人们要避免小孩与大人的混居，至少不能同床。男孩、女孩和年轻人不能和比他们年纪大的人睡在同一张床上，甚至包括同性别的人——而当时同睡一张床是流传非常广泛的习俗，在各种阶层中都是如此。我们已经看到它甚至存在于16世纪末叶的法国王室中：亨利四世和他儿子一起在床上嬉戏，人们把他儿子与女儿带到床上，可以看到距此近两个世纪之前吉尔松就提出了他的谨慎建议。吉尔松还禁止人们通过游戏和其他一些场合互相接触。

吉尔松回到基督降临期（圣诞节前的四个星期）第四周的星期天反对奢侈的布道问题：儿童应该反对其他人触摸和拥吻他们，如果他没有这样做，他就应该在一切场合（in omnibus casibus）自我忏悔。这方面需要强调，这是因为当时人们普遍认为这些不是坏事。再往下，他进一步认为：在晚上让孩子分开睡，这"也许是好的"。就此话题，他提起圣杰罗姆曾经说过的一件事，一位九岁的男孩与别人生了孩子。但他只是说"也许"，而不敢走得更远，因为当时的习俗是让所有的孩子睡在一起，当然他们和仆人、佣人及父母是分开的。[1]

在他写的巴黎圣母院学校的校规里,他竭力让孩子们孤立起来,将他们置于老师的时时监督之下。这种学校纪律方面的新做法,我们将在第二部中专门讨论。歌唱教师不应该教无耻的靡靡之音(cantilenas dissolutas impudicasque),学生们看到他们的同学有不诚实和不知廉耻的行为时有义务进行谴责(其他的小错包括:讲高卢语——不讲拉丁语、亵渎神圣、说谎、侮辱他人、赖床不起、迟到、在教堂里随意交谈)。寝室里晚上要亮一盏值夜灯:"其目的一方面可以对圣母像表示虔敬,另一方面也出于自然的需要,可以由此让那些应该被看到的行为置于灯光之下,能够被看到。"任何孩子均不能在晚上更换他们的床位:他只能与指派给他的同学睡在一起。在此外其他地方的小型聚会和结社(Conventicula, vel societates ad partem extra alias)不论是白天还是晚上均不被许可。为了避免产生特殊的友情,竟然如此操心。同时还要防止不良的交往,特别是和佣人的交往:"禁止佣人与孩子建立亲密关系,也包括教士和教会人员〔这里互相的信任是不存在的〕:他们不能在教师不在场的情况下与孩子交谈。"

没有获得基金资助的孩子不允许和获资助的学生待在一起,甚至也不允许在一起学习(除非得到高层特别批准),"以便我们的孩子(pueri nostri)不沾染其他孩童的坏习气"。

这一切完全是新的——我们不能由此认为当时学校的现实就是

---

[1] Gerson, *Doctrina pro pueris ecclesiæ parisiensis*, Opera, 1706, IV, p. 717.

如此。在本书第二部中，我们将看到，当时学校的情况究竟如何，需要多少时间和努力才能在更迟的 18 世纪使纪律在学校里取得胜利。吉尔松在他那个时代的制度建设上太超前了。他的规定仅仅是一种道德理想，在他以前从来不曾存在这么明确的理想，到 17 世纪这却成为耶稣会士的学校、波尔－罗亚尔修道院的学校、基督教教义派兄弟会的学校以及所有道德家和教育家的重要追求。

在 16 世纪，教育家们要宽容得多，一切都考虑不要超越某些界限。对此我们可以通过一些当时为学生们编写的书有所了解。学生经由这些书来学习阅读、书写，学习拉丁词语，最后学习文明礼貌：其中有关于文明礼貌的论文，以及为了教学内容更为生动而编写的学生和学生、学生和老师之间的对话。这些对话就是学校道德规范的最好见证。在比韦斯（Vivès）[1] 的对话录中，人们读到一些也许不对吉尔松的胃口但却符合传统的语言："身体哪一部分让人最为害羞，是前面的部分［注意其中的委婉用词］呢，还是屁眼？——这两部分均极其不道德，后面的是由于它的卑污，前一部分是由于它的淫秽和丢脸。"[2]

在对话中也可看到称得上粗俗的玩笑，也可看到一些并不具有教育意义（甚至恰恰相反）的话题。在查理·荷尔（Ch.

---

[1] 全名胡安·路易斯·比韦斯（Juan Luis Vives, 1493—1540），西班牙人文主义学者。——译者注

[2] Vivès, *Dialogues*, trad. française, 1571.

Hoole）[1] 的英语对话录 [2] 中，人们参与一些争论。其中有一段对话发生在小酒馆里（当时的小酒馆是比现在的咖啡馆更坏的地方）。人们对在哪个小酒馆能喝到最好的啤酒讨论了很长时间。然而，即使在比韦斯的对话中，我们也能观察到人们感到羞于启齿的意识："中指被人们看作是下流的，为什么？——老师回答道，他知道原因，但他不愿意谈论它，因为它龌龊下流。而且你们也不要去探求它，**因为打听这样低级下流的问题不适合本质好的孩子。**"就那个时代而言，这是非常值得注意的。语言的放肆在当时还非常自然，甚至在更晚一点的时间里，最严厉的改革家们在给孩子讲演时也会将一些令我们今天的人感到吃惊的比喻掺杂进来。例如，耶稣会神甫勒布伦（Lebrun）在 1653 年勉励"克勒芒学院高贵的住校生"要避免贪食："他们对食物挑三拣四，就如怀孕的小女子（tanquam praegnantes mulierculae）。"[3]

但在 16 世纪末，变化非常明显。某些教育家获得某些权威性，决定要不遗余力地将他们的思想观念和他们的顾虑强加给社会，不再容忍让人往孩子的手里塞一些令人生疑的著作。于是就出现了将古典书籍删节以适于儿童使用的想法。这是非常重要的阶段，只有到了这一阶段我们才能真正确定社会开始尊重儿童。就在此时，无论是在天主教那里，还是在新教那里，无论在法

---

[1] 英国 17 世纪的学者和教育家（1610—1667）。——译者注

[2] Cité dans F. Watson，*The English Grammar Schools to 1660*，1907，p. 112.

[3] A. Schimberg，*Education morale dans le collèges de jésuites*，1913，p. 227.

国，还是在英国，人们都能发现同样的考虑。而在此之前，人们不会讨厌将泰伦斯（Térence）[1]的作品交给儿童，因为它属于古典著作。耶稣会士将这些作品从教学大纲上撤走。[2] 在英国，人们用的是科尔内留斯·舍耐乌斯（Cornelius Schonaeus）[3] 改编过的泰伦斯作品（1592年出版，1674年再版）。布林斯林（Brinsley）[4] 在教师手册中推荐这一版本。[5]

在法国新教学院里，人们使用科尔迪埃的谈话录，以取代伊拉斯谟谈话录、比韦斯谈话录和莫塞拉努斯（Mosellanus）[6] 谈话录等。我们在此可以看到原始的羞耻感，人们开始考虑要避免对贞洁的损害，要注意使用礼貌用语。但一则玩笑仍勉强得以放行，就是关于纸的使用，[7] 人们用在多人游戏中，如"学生用纸""用于包裹东西的纸""弄脏的纸"。最后一位孩子将它抛弃，另一人猜这是"擦屁股后扔掉的纸"，人家回答他："你赢了。"这里的让步，是非常无邪的，因为它属于传统玩笑。说真的，科尔迪埃的谈话录可以"被放到任何人的手中"，现代用语与之不

---

[1] 古罗马剧作家（公元前195或185—前159）。——译者注
[2] F. de Dainville, op. cit.
[3] 荷兰剧作家（1541—1611）。——译者注
[4] 全名大约翰·布林斯林（John Brinsley the elder, 1581—1624），英国教育家。——译者注
[5] F. Watson, op. cit.
[6] 即彼德鲁斯·莫塞拉努斯，原名彼德·沙德（Peter Schade, 1493—1524），德意志人文主义学者。——译者注
[7] Mathurin Cordier, *Colloques*, 1586.

存在年代上的隔阂。此外,科尔迪埃的谈话录也和另一些宗教对话录同时使用,比如卡斯特利昂(S. Castellion)[1] 的著作等。

接着,波尔-罗亚尔修道院提供了删节更多的泰伦斯作品版本:《非常道德且情节变动很少的泰伦斯喜剧》(*Comédies de Térence rendues très honnêtes en y changeant fort peu de choses*)。[2]

为了顾及人们的羞耻,在耶稣会学校里,人们采取不寻常的预防措施,比如在体罚——即鞭笞——的管理上,规定得非常详细。人们特别规定,那些受体罚的少年(adolescentum)不必脱下外面的裤子,"不论他的出身和他的年龄"(我赞赏关于社会出身的说明)。人们只要能够找到可以受罚的暴露在外的皮肤即可,不必超过(non amplius)。[3]

在整个 17 世纪,在人们的道德观念方面发生了巨大的变化。亨利四世宫廷中,哪怕最小的自由也不会被曼特农夫人允许在国王的孩子们身上实行,包括私生子,而且即使在自由思想者的家庭中也不会表现得更多。这样的主张不再局限于个别的如吉尔松那样的道德家,而是形成了一场巨大的运动,人们到处都可以看到它们的迹象,无论是在众多的道德和教育方面的著作中,还是在宗教虔敬的活动中,甚至在新的宗教绘画中。

---

[1] 全名塞巴斯蒂安·卡斯特利昂(Sébastien Castellion, 1515—1563),法语名 Sébastien Châteillon, Castellion 是法语姓氏的拉丁化。卡斯特利昂是法国人文主义者和新教神学家,倡导宗教宽容。——译者注

[2] Par Pomponius et Trobatus.

[3] Cité par F. de Dainville, op. cit.

一种新的观念应运而生,即"童年的天真无邪"。人们已经在蒙田的作品中看到它,但蒙田本人对年轻的学生并不抱多少幻想:"当他们上课接触到亚里士多德的《论节制》的时候,百来个学生已经染上梅毒了。"[1]但他也提到过一则故事,它表达的是另一种情感:葡萄牙派驻印度的总督阿尔布开克(Albuquerque)"一次遭遇了海难,处在极端的危险中,他抓起一位年轻的男孩放在自己肩上,他的唯一目的就是通过危难之时与此孩子结交,可以让这孩子的天真无邪给自己作担保,从而举荐自己获得神的恩宠,最后到达岸边"。[2]几近一个世纪以后,这种儿童天真无邪的观念成为一种共识。例如,在盖拉尔关于儿童玩具(布娃娃、鼓)的一幅版画上有这样的说明文字[3]:

> 这就是天真无邪的年纪
> 我们都应该重新回去
> 可以对未来充满憧憬
> 那就是我们的希冀。
> 这年纪,人们可以原谅一切
> 这年纪,人们不知仇恨在哪里
> 这年纪,不存在让我们忧伤的东西。

---

[1] Montaigne, *Essais*, I, 26.

[2] Montaigne, *Essais*, I, 39.

[3] F. Guérard, Cabinet des Estampes Ee 3 a, pet. in f°.

> 这是人的黄金年龄
>
> 它可以对地狱置之不理
>
> 这年纪,生不痛苦
>
> 这年纪,死不足惧。
>
> 为了这年纪,天空也晴空万里。
>
> 向这些教会年轻的幼苗
>
> 人们送去的是柔情蜜意
>
> 而谁要糟蹋他们
>
> 上天定还之怒气。

其间经过了怎样的发展历程啊!我们可以凭借丰富的文学作品,追踪它的足迹,下面就是一些文学样本。

《诚实的男孩,或对贵族进行道德、科学和与他身份相符的一切技能良好教育的艺术》(*L'Honnête Garçon, ou l'art de bien élever la noblesse à la vertu, aux sciences et à tous les exercices convenables à sa condition*)一书就是很好的例子。[1] 该书出版于 1643 年,它的作者是夏多尼埃(Chatauniers)尚未获得骑士称号的贵族格勒内伊(Grenaille)先生,先前已经写了《诚实的女孩》一书。这种表现在教育方面的兴趣,即"教育年轻人",非常值得注意。作者知道,他不是唯一研究该问题的人,他在前言中为

---

[1] M. de Grenaille, *L'Honneste Garçon*, 1642.

自己辩护："我并不认为我侵入了法雷（Faret）先生[1]的领地，我处理的问题，法雷先生只是一笔带过，他所要教育的对象，呈现给我们看的也仅仅是最终已经达到完美的人。""我将在本书中，带领'诚实的男孩'从童年之初一直走到青年为止。我首先对待的是他的出生，接着是他的教育。我同时打造他的习惯和他的精神，我让他懂得虔敬，也懂得人间礼节，以使他成为既不蔑视宗教又不迷信的人。"在此之前，有一些关于文明礼貌的小册子，它们不过是教人如何处世的手册而已，即让人懂得礼节。这类小册子经久不衰，到 19 世纪初仍然得到人们的青睐。但与这些主要面对孩子的礼貌手册并行不悖的，是供家长和老师用的教育文献，这类教育文献从 17 世纪初起即已存在。把这类文献与昆体良（Quintilien）[2]、普鲁塔克（Plutarque）[3]、伊拉斯谟等人的作品归为一类是荒谬的，这类文献是全新的。为了证明它的新意，格勒内伊不得不为自己辩护，而指责他人仅仅把年轻人的教育简单地看作实践问题，而不是研究的对象。其中有类似昆体良等人的东西，也有其他不同的东西。该问题在基督教世界被看得特别严重："可以肯定的是，既然上帝召唤这些天真无邪的小孩到他那边，我认为，我们上帝的子民就不应该抛弃他们，人们也不应该对教育他们感到讨厌，应该看到，他们这样做，也仅仅是模仿天

---

[1] Faret, *L'Honnête Homme*, 1630. Boileau 用他的姓与 cabaret（小酒馆）押韵。
[2] 古罗马修辞学家和教育家（约 35—96）。——译者注
[3] 生活在罗马时代的希腊籍历史学家（约 46 — 125）。——译者注

使。"将天使与儿童联系在一起成了很普遍的感化主题。"据说，一位儿童模样的天使给圣奥古斯丁（saint Augustin）以启示，但反之，他也愿意将自己的智慧传达给孩子们，我们发现在他的著作里，有些论文是专门写给儿童的，就如有些论文写给大神学家一样。"格勒内伊还提到圣路易，这位法国国王为他的儿子起草了一份圣训。"贝拉尔米内（Bellarmin）红衣主教[1]为儿童写了初级教理读本"，黎世留"这位教会的大人物也给最小的孩子以指示，同时也给最年长者以忠告"。蒙田（人们不要期望还能找到更好的同道）也对不良教育者表示担心，尤其是那些学究先生。

"当我们在谈论儿童的时候，不应该想象着我们一直谈论的是弱小的事物。相反，我在此将让人们看到，这种受到很多人蔑视的状态其实是完全光彩的。"事实上，正是在这个时代，人们才真正论及儿童的软弱和无知。而此前人们根本就没注意到童年，认为它是瞬间即逝的过渡阶段，没有什么重要性。这种对儿童幼稚性的强调一方面也许是古典精神及其理性要求的结果，另一个更为突出的方面是，这是对儿童以前在家庭中、在家庭观念中所占的重要性的反弹。我们将在第一部结束时所做的结论中对此再做讨论。这里我们只要记住，以前各种社会身份的成年人均喜欢与孩子玩耍。这种情形大概非常古老，但从此时开始，人们开始对此反省，甚至开始感到不自在，由此诞生了对儿童幼稚行为的反感，这是儿童观念的现代反向发展。在对儿童幼稚行为的

---

[1] 意大利耶稣会士、天主教大主教（1542—1621）。——译者注

反感情绪上又添加了全世界的人（体力劳动者、交际者和上流社会的人）对大学教师、初等学校的教师和学究先生的轻视，而此时，初等学校数目众多，大学人数也在不断增加，成年人已经可以在儿童身上引发自己对学校生活的回忆了。严肃甚至有点忧郁的知识精英对孩子的反感是人们给予儿童重要地位的证据，在这些人眼里，儿童的重要性有点过分了。

  对于《诚实的男孩》的作者来说，儿童"杰出"的原因在于耶稣的童年。但是，人们过去对此的解释是，耶稣降临人间不仅采用人的模样，而且采用儿童形象，这是他愿意接受羞辱的标志：他把自己置于比第一人亚当还要低下的地位，圣伯纳（saint Bernard）[1] 就是这样认为的。然而，孩子中有圣徒，如被希律王为杀害耶稣而大规模屠杀的无辜婴孩，如拒绝崇拜异教偶像的孩童殉道者，如图尔的圣格利戈里（saint Grégoire de Tours）[2] 提到过的小犹太人：由于他皈依基督教，他父亲想把他放入火炉烧死。"我还可以指出，在我们当代，我们的宗教信仰也能和过去千百年来一样在孩子中找到殉道者。告诉我们日本的历史，当地有一位叫路易的小孩，年方 12 岁，其勇气超过许多完美的成年人。"在火焚卡洛斯·斯皮诺拉（Charles Spinola）[3] 的柴堆上，同时被烧死的还有一位妇女和"她的小孩"，这表明"上帝能从

---

[1]　法国西多会修道院院长（1090—1153），也称"明谷的伯纳"。——译者注
[2]　欧洲中世纪早期的图尔主教（约 539—594）。——译者注
[3]　出生于意大利的天主教赴日本传教士（1564—1622），后在日本被火刑处死。——译者注

小孩的嘴里引出赞美之言"。[1] 作者堆积了《新约》和《旧约》中儿童圣徒的事例，还补充了来自法国中世纪史而在经典文本里看不到的另一事例："我不会忘记法国孩子们的英勇，瑙克勒(Nauclerus)[2] 曾经对他们大加赞扬，在教皇英诺森三世(Innocent III)[3] 之时，他们共有两万人加入十字军，前去将耶路撒冷从异教徒手中解放出来。"这指的是童子军十字军远征。

我们知道，在武功歌和骑士浪漫文学之中的儿童，其行为如同真正的骑士，并被格勒内伊先生认定为儿童具有美德和理性的证据。他引用一名孩子的事例，这名孩子自己充任康拉德(Conrad)皇帝[4] 的夫人即皇后的捍卫者，在一次司法决斗中，对抗"一位有名的角斗士"。"如果人们在骑士文学中读到人们委任勒诺们（les Renaud）、坦克雷德们（les Tancrède）和其他骑士们做的那些事情，他一定会发现：这些传奇中的骑士们在某些战斗中的表现并没有强于真正的历史中那些小阿喀琉斯们。"

"如此而言，谁还能否认，第一年纪的人是可以与其他年纪的人相提并论的，甚至经常比他们做得更好？""难道上帝对待儿童不是与对待年长的人一样的好吗？"上帝青睐他们，是因为他

---

[1] 上帝从孩子嘴里引出赞美之言的典故参见《圣经·马太福音》(21：12—17)。——译者注
[2] 德意志历史学家，全名约翰内斯·瑙克勒（Johannes Naukler，拉丁化为瑙克勒乌斯 [Nauclerus]，1425—1510）。——译者注
[3] 他担任教皇的时间为 1198—1216 年。——译者注
[4] 神圣罗马帝国皇帝康拉德二世（990—1039）。——译者注

们的天真无邪,这种纯真"非常接近于完美无缺"。他们没有情欲也没有邪恶:"尽管他们运用理性力量的能力尚小,但他们的生活似乎完全合乎理性。"明显地,在这里小孩的"手淫之错"(peccatum mollicei)已经不存在了,如果用我们受到心理分析学知识影响的眼光来看,1642年的这位先生似乎比吉尔松要落后多了。对此的解释是,小孩不知羞耻的观点和小孩肉体中的罪孽使我们的作者感到困扰,因为它实际上是"将儿童看作有性欲和堕落的傻瓜"的那些人的论据。

这种新精神存在于波尔-罗亚尔修道院的环境中,首先表现在圣西朗(Saint-Cyran)[1]修道院长的思想里。冉森教派的传记作者们告诉我们他关于儿童及其义务的崇高思想:"他对上帝之子非常崇敬,上帝之子不会允许他的高层管理层中有人阻止儿童接近他,他会亲吻这些孩子,会给他们祝福,他如此强烈地要求我们不要轻视他们和忽视他们,他提到他们时所用的语言是如此亲切,如此让人吃惊,甚至可以让那些贬低儿童的人目瞪口呆。因此,圣西朗先生对儿童非常慈祥,甚至达到尊敬的程度,以突出他对孩子身上纯真的敬仰,对驻留在孩子身上的圣灵的敬仰。"[2]圣西朗先生"非常开明","远离那些世俗偏见(鄙视教育工作者),因为他知道对年轻人的关心和教育有多重要,所以他

---

[1] 原名让·杜维尔吉埃·德·奥拉纳(Jean du Vergier de Hauranne,1581—1643),法国修士,将冉森教派引入法国,曾任圣西朗修道院院长,于是人们简称他为圣西朗,1633—1636年领导波尔-罗亚尔修道院。——译者注
[2] F. Cadet, *L'Education à Port-Royal*, 1887.

用与常人不同的眼光看待之。不管在世人眼里，教育工作是如何艰苦和下贱，他聘用的人一定是重要人物，这些人绝不会认为自己有权抱怨这项工作。"

如此形成了有关儿童的道德观，这种观念强调儿童的弱小，但更重要的是强调儿童的"杰出"，就如格勒内伊先生所言。而且儿童的弱小与其天真无邪联系在一起，这是神性纯真的真实反映，它将教育放到第一要义的位置。它同时反对对儿童的漠不关心；反对过分溺爱和自私的感情，即把小孩当成玩物，助长其任性；也反对这种感情的反面，即理性成人对儿童的蔑视。这种观念在 17 世纪晚期的教育文献中占据了统治地位。下面是库斯泰尔（Coustel）[1] 1687 年在《儿童教育规范》（*Règles de l'éducation des enfants*）[2] 中所写的内容，其中提到应该热爱儿童，克服理性成年人对儿童的反感："如果仅看儿童的外表，无论在肉体和精神上，表现出来的不过就是弱小和无知，人们当然不会对他们表示尊重。但如果看到未来，根据信仰来行事，人们就会改变观念。"超越了儿童阶段后，人们看到的是"好法官""好神甫"和"大老爷"。然而，我们特别应该考虑的是他们的灵魂，这是可作洗礼用的纯真灵魂，是耶稣基督的驻留地。"上帝已经做出了榜样，他命天使在小孩做出每个动作时都要陪伴左右，绝不能抛弃他们。"

---

[1] 法国教育思想家，全名皮埃尔·库斯泰尔（Pierre Coustel，1621—1704）。——译者注

[2] Coustel, *Règles de l'éducation des enfants*, 1687.

瓦莱（Varet）[1] 在 1666 年出版的《论儿童基督教教育》(*De l'éducation chrétienne des enfans*）[2] 一书中写道，这就是为什么"儿童的教育是世界上最重要的事情"。而雅克琳娜·帕斯卡则在为波尔-罗亚尔修道院小寄宿生所写的院规里写道[3]："自始至终看护好儿童是如此重要，我们把它置于一切其他的义务之上，只要任务交到我们身上我们就要服从，而且我们也会得到特别的精神满足。"

这样的论点不再是只言片语，它已经形成了真正的学说，这种学说被普遍接受，不仅耶稣会接受它，奥拉托利会接受它，冉森教派也接受它，这就可以部分地解释为什么教育机构如雨后春笋般地冒出来：初级学院啦，小学校啦，特殊家庭学校啦，等等，也可以解释为什么学校纪律朝着更严格的方向发展。

这种学说演绎出若干重要原则，在这个时代的教育文献中都同时被提及。比如，儿童不能独处——这项原则可以追溯到 15 世纪，来自修道院的经验。但真正实行要到 17 世纪，因为那时才有大量的公众需求，而不再局限于一小撮宗教人士和"学究先生"的圈子里。"所有笼子的开口均要紧闭……"，"只留一些栅栏可以透口气，保持身体健康。就如同人们对学唱歌的夜莺和学说话

---

[1] 法国律师和教育家，全名亚历山大-路易·瓦莱（Alexandre-Louis Varet，1632—1676）。——译者注

[2] Varet, *De l'éducation chrétienne des enfans*，1666.

[3] Jacqueline Pascal, *Règlement pour les enfants. Appendice aux Constitutions de Port-Royal*, 1721.

的鹦鹉所做的那样。"[1]这种做法并非粗暴行事,因为我们在耶稣会的学校和波尔－罗亚尔修道院的学校里都看到,人们非常了解儿童心理。在雅克琳娜·帕斯卡为波尔－罗亚尔修道院的孩子所定的院规里,我们读到:"必须严格监视孩童,不让他们单独待在某个地方,不管是利于健康的,还是容易致病的。"但"这种连续不断的看护应该是温柔的、充满信任的,让孩子们感到你们热爱他们,和他们在一起完全是为了陪伴他们。要让儿童喜欢这样的看管,而不是对此感到害怕"。[2]

此项原则绝对具有普遍意义,但严格执行它的只有耶稣会学校的寄宿生、波尔－罗亚尔修道院学校和一些获特殊资助的学生,这就是说它局限于儿童中一小部分非常富裕者。人们不想让他们在一般学院里与其他人混杂,这些学院的名声一直都不好,但由于耶稣会的缘故,在法国,学院坏名声持续的时间要比英国短。库斯泰尔写道:"一旦这些年轻人涉足这种地方(学生太混杂的学院),他们很快就失去了天真,失去了单纯,失去了节制,失去了这些以前让他们讨上帝和人们欢心的本质。"[3]人们不太想采取一个老师带一个学生的做法,当时极端强调社交的风气阻止这样做。人们认为合适的做法是让孩子早早地学会认识别人,学会和他们交往。这非常重要,它的必要程度超过拉丁语的

---

[1] F. Cadet, op. cit.

[2] Jacqueline Pascal, op. cit.

[3] Coustel, op. cit.

学习。最好是"将五六个孩子与一两位诚实的男子安排在一个特殊的家庭里"。这样的想法，人们在伊拉斯谟那里就可找到。

第二项原则，人们不能迁就纵容孩子，要让孩子一开始就习惯于严格要求的生活："不要对我说，他们不过就是孩子，对他们需要耐心。因为贪欲的效应在该年龄已经显露够多了。"这是对八岁以下儿童"溺爱"的一种反弹，反对那种认为孩子还太小，不值得责备的观点。1671年出版的库尔丹（Courtin）[1]的文明礼仪手册[2]用很多篇幅对此加以解释："人们让这些孩子随意玩耍，并不注意哪些是好的，哪些是坏的，随便什么都允许他们做，对他们没有禁忌。该笑的时候，他们哭；该哭的时候，他们笑；该不发一语时，他们说话；当礼仪要求他们回答时，他们却成了哑巴（我们小法兰西人'谢谢，先生'这样的用语已经使美洲家庭的父亲们感到吃惊和反感）。让他们如此放任自流是残酷的。为人父母者会说，当他们长大了，我们自然会纠正他们。但如果从一开始就没有什么值得纠正，难道不是更好吗？"

第三项原则，端庄克制。在波尔-罗亚尔修道院，人们规定："女孩一就寝，都要受到严格的查铺，注意她们的睡姿是否达到所要求的端庄，冬天要注意她们是否盖好被子。"[3]一场真

---

[1] 法国外交家和作家（1622—1685），全名安东尼·德·库尔丹（Antoine de Courtin）。——译者注

[2] *La Civilité nouvelle*, Bâle, 1671.

[3] Jacqueline Pascal, op. cit.

正的宣传运动试图去除人们根深蒂固的一种习俗，就是多人睡一张床。整个 17 世纪，类似的忠告不绝于耳。我们可以在德·拉萨勒（J-B. de La Salle）[1] 的《基督徒文明礼貌手册》（*Règles de la bienséance et de la Civilité chrétienne*）中找到它，这本手册第一版的时间为 1713 年："人们不应该在异性面前就寝，已结婚者除外［这样的保留条件如果在我们今天就不会被写进有关儿童的书中，但事实上，这些有关儿童的书并非只面向儿童，体面观念和廉耻观念的巨大进步并不表示人们就不敢放肆了］。如果这样做就完全有悖于谨慎和正直。更不能允许的是不同性别者同床就寝，仅仅涉及**年龄极小的孩子**时也该如此，因为即使同性别者同床就寝也属不妥。此二事是圣弗朗索瓦·德·萨尔（François de Sales）在儿童问题上特别向桑塔尔夫人建议的。"

这种对体面问题的关注也表现在对读物的选择上，表现在对谈话的要求上："让他们通过语言洁净再加上内容健康的书籍来学习阅读。""他们开始写作时，要毫不犹豫地划去那些表达方式不善的例句。"[2] 我们已经远离了路易十三童年语言放肆的那个时代，当时甚至连高贵的艾罗阿尔医生也对那些放肆语言感到有趣。当然，人们还让儿童回避小说、舞会、喜剧这些对成年人也不鼓励的节目。人们还对歌曲进行监督，在当时音乐广受大众欢迎的时代，这方面的建议非常重要和必要："要特别小心，不

---

[1] 法国教育家，基督教兄弟会学校的创始人（1651—1719）。——译者注
[2] Varet, op. cit.

要让孩子去学唱现代歌曲。"[1] 但以前的老歌也不见得更好:"在社会上世人共唱的、小孩开始牙牙学语时人们就教给他们的那些歌曲,几乎都充满着最恶毒的诽谤和诬蔑,人们少不了要对那些神圣的君主、大法官、最纯洁无邪的和最虔敬的人进行辛辣的讽刺。"这些歌曲表达的是"错乱的冲动","充斥着暧昧不正的用语"。[2]

在 18 世纪初,圣让-巴蒂斯特·德·拉萨勒还维持着对娱乐节目的不信任[3]:"一位基督徒去看木偶剧甚为不妥(看喜剧也同样)。""有智慧者不应该看这类节目,应该鄙视它们……父母们绝不能允许他们的孩子去观看和参加。"喜剧、舞会、舞蹈,以及"最普通"的节目,如"变戏法者、街头卖艺者和走吊绳者"等的节目应该禁止。除有教育意义的游戏,即包含在教育内容里的游戏外,其他的所有游戏均值得怀疑,并应该一直持怀疑态度。

在这些教育文献中频繁出现的另一项建议主要出于对"端庄"的极端考虑:不让孩子与仆人们交往,这项建议反对的是一种普遍存在的习俗:"不能有哪怕一点机会让孩子单独与仆人待在一起,尤其不能和那些奴才待在一起[当时仆人的概念要比今天宽泛得多,其中还包括'合作者',就如我们今天称之为

---

[1] Ibid.

[2] Ibid.

[3] Jean-Baptiste de La Salle, *Les Règles de la bienséance et de la civilité chrétienne*. La première édition est de 1713.

伙伴的那些人]。这些人为了潜入孩子的心灵与他们更贴近，只会向他们讲一些愚蠢的故事，只会撩拨起他们贪玩和虚荣的心思。"[1]

也是在 18 世纪初，未来的红衣主教贝尔尼（Bernis）[2] 回忆起他的童年生活[3]（此人出生于 1715 年）："就给品德也许还有身体带来的危险而言，没有什么东西可以超过让孩子长时间地处在家庭佣人的照料之下。""**和小孩一起时，佣人们敢做那些他们在年轻人面前感到羞耻的事。**"后一句话非常确切地表达了我们在上面分析过的那种生活态度，即在亨利四世王宫中、在 20 世纪的北非有轨电车里的那种生活态度。这种生活态度在百姓中继续存在，但在文明发展的社会中，它不再得到容忍。道德家们非常坚定地要把儿童与"仆人"的世界隔离开来，说明了他们意识到儿童与佣人的混杂究竟有多危险，尤其是这些佣人本身的年龄也很小。人们希望将儿童孤立起来，以便保护他们免遭这时已被认为不端正的玩笑和行为的污染。

第四项原则，不过是对体面和"端庄"要求的变种：革除旧的不拘礼节的随便关系，取而代之的是态度和语言上的矜持，甚至在日常生活中也是如此。这种主张引发了反对用"你"来称呼对方的斗争。在塞斯内的冉森派小学院里："人们已经使儿童习

---

[1] Varet, op. cit.

[2] 法国红衣主教和政治家，全名 François-Joachim de Pierre de Bernis（1715—1794）。——译者注

[3] *Mémoires du cardinal de Bernis*, 2 vol., 1878.

惯于互相尊重，绝不用'你'来称呼对方，人们也绝听不到同伴之间哪怕是丝毫不得体的话。"[1]

1671年的那本礼仪手册[2]也承认，礼仪要求人们用"您"来称呼彼此，但也应该对法国旧习俗做点让步。它做这样的规定时，也不是没有麻烦："一般情况下，人们称呼对方应该用'您'，不用'你'，但如果对方是某个小孩，或你的年龄要大得多，或即使是最有教养和最有礼貌的人习惯上也这样说，那就另当别论。父亲对儿子（长大到一定的年龄前，在法国至解除监护）、老师对他们年幼的学生，以及其他此类支配和服从的关系，根据最共同的习俗，似乎可以用'你'来简单称呼。对于熟悉的朋友在一起交谈时，若当地的习俗允许人们非常自由地用'你'来称呼，也可以这样做。而在其他场合，人们应该更严格和更有礼貌地使用'您'。"

甚至在小学里——那里的孩子尚年幼——德·拉萨勒也禁止教师用"你"来称呼学生："和学生谈话要矜持，绝不能用'你'来称呼，这会暗示过分随便的亲近。"

可以确定，在这样的压力下，用"您"称呼的风尚发展起来。我们非常惊讶地在吉拉尔（Gérard）上校18世纪末写的回忆录中读到，士兵们在同伴之间的交谈中也使用"您"来称呼对方，一

---

[1] Règlement du collège du Chesnay, Wallon de Beaupuis, *Suite des vies des amis de Port-Royal*, 1751, t. I, p. 175.

[2] Cf. n. 1, p. 161.

位士兵 25 岁,另一位士兵 23 岁!或者至少,吉拉尔上校本人可能觉得用"您"不会显得滑稽可笑。

在曼特农夫人的圣西尔(Saint-Cyr)学校里,青年女子要避免"互相用'你'来称呼,也不能有违背礼仪规矩的行为方式"。[1] "绝不能用孩子的用语或幼稚的行为去迎合他们(儿童),相反地,应该始终以理智的方式对他们说话,将他们提升到你自己的水平。"

在 16 世纪下半叶的科尔迪埃的对话录中,在法语文本中,小学生们已经用"您"来称呼,而自然地,在拉丁语中,他们使用的是"你"。

事实上,这种要求举止庄严的运动要到 19 世纪开始之时才真正取得胜利,而此时又出现了反向的转变,即新的育儿法,要求对儿童实行更自由、更自然主义的教育。一位名叫维利(L.Wylie)的美国法语教师 1950—1951 年在法国南部的一个村庄里度过了他的休假年,他与当地人一起生活。他非常惊讶于法国小学教师对学生,以及农民身份的父母对孩子的严肃态度。这与美国的精神形成巨大的反差:"儿童成长的每一步似乎都依赖于人们所谓的'他的**理性**'的发展……""儿童现在被认为是**理性的**,人们希望他一直保持**理性**。"这种理性、这种自我控制能力、这种法国人从小(在他们为获得文凭努力学习的时候)就被要求的严肃态度,在美国早已不再存在,它们却是要求改革的宗教人士和道德家从

---

[1] Th. Lavallée,*Histoire de la maison royale de Saint-Cyr*,1862.

16世纪末起所从事的那场运动的最后成果。然而，这种精神状态今天已从我们的城市撤退——它只存在于我们的农村之中，而那位美国观察者则在那边与它不期而遇。

于是，儿童天真无邪的观念产生了对儿童的两种道德要求：第一，要远离生活中污秽的东西，特别指在成人中得到容忍（如果不说是允许的话）的性行为；第二，通过培养儿童的理性精神来强化巩固第一方面。人们不难发现，这里存在着矛盾，因为一方面人们希望保留童心，另一方面又促使儿童老成。然而，这种矛盾只存在于我们20世纪人的眼中，把儿童与原始性、非理性和前逻辑阶段相联系是我们当代儿童观的特点，这种儿童观发端于卢梭，但它属于20世纪的历史。只是在非常晚近的时代，它才由心理学家们、教育学家们、精神病医师、精神分析师们的理论转化为社会共识。正是这种儿童观，被我们这位美国教师维利用作基准参照系，去评估他在法国沃克吕兹省（Vaucluse）乡村中发现的另一种态度，而这另一种态度，我们法国人可以辨认出它是过去儿童观的残余，这是一种与现代儿童观有别的非常古老的观念，它诞生于15和16世纪，从17世纪开始逐渐普及并被社会大众所接受。

这种儿童观较之我们当代的心态，是古老的，但较之中世纪，它又是全新的。而用这种儿童观来看，儿童天真无邪与理性并不互相对立。拉丁语"Si puer prout decet, vixit"在1671年的一本礼貌手册中被译成法语："如果儿童已经如成人那样生活。"[1]

---

[1] L. Wylie, *Village in the Vaucluse*, Cambridge, E. U., 1957.

* * *

在如此的道德氛围的影响下，和成人读物相区别的儿童教育文献应运而生。要在自 16 世纪以来编撰的大量关于礼貌的书籍中区分出哪些是写给成人的，哪些是写给儿童的，乃非常困难之事。这种成人和儿童读物混淆的原因在于当时的家庭结构，在于家庭和社会的关系，家庭问题将是我们的研究中最后一部分的课题。

这种混淆状态在 17 世纪逐渐减弱。耶稣会的神甫们出版了新的礼貌手册，同时通过对前人作品的删节，对以前关于健身操论文的润色，把现有的著作改编为参考书：其中就有 1617 年在蓬塔穆松（Pont-à-Mousson）印刷的《人与人交谈之礼仪》[1]，此书为蓬塔穆松和拉弗莱什（La Flèche）两地的耶稣会资助学生而作。1713 年出版的《基督徒文明礼貌手册》供德·拉萨勒男生基督学校的学生所用，此书在 17 世纪至 19 世纪初多次再版，成为对道德发展影响巨大的经典著作。然而，即使是基督教徒的礼仪手册也还没有直接和公开地面向儿童。有些建议应该说主要面向家长（但确实又是学生学习阅读的读本，也是他们练习写字的范本，也可作为他们的行为准则，要求他们牢记在心），甚至也面向没有受到良好教育、行事粗鲁的大人。18 世纪后半叶出版的礼貌手册就不再有这样的模糊性。下面这段话见于 1761 年出

---

[1] *Bienséance de la conversation entre les hommes*, Pont-à-Mousson, 1617.

版的关于"儿童和诚实的"礼貌手册[1]:"此书之目的是为了教育儿童,让他们从一开始就有正确的阅读、发音和书写的习惯,本书重新做了修订(因为所有的书看起来均为科尔迪埃、伊拉斯谟或《加拉泰亚》[Galatée] [2] 旧手册的翻版:类型是传统的,人们做的不过是在旧模板上注入一点新东西,其中某些陈旧观念依然存在,无疑已经不合时宜),在末尾增添了一篇关于学习正确拼写的优秀论文。本书由一位传教士编撰,用一些格言和教导来教育年轻人。"其中的基调是新的,面对的主要是孩子,带有较强的感情色彩:"我亲爱的孩子们,阅读本书不是无用的,它会教会你们……我亲爱的孩子们,请你们注意……""亲爱的孩子,我把您当做上帝的孩子和基督耶稣的兄弟,一早开始就应该向善……我想教您掌握一位诚实的基督徒的行事规则。""您一起床,首先要做的事就是划十字。""如果您住在父母亲的房间里,接下来要做的就是向他们问安。"在学校里,"要与您的同学和睦相处……""课堂上不要交头接耳"。"不要随意使用'你''你啊'这样的用语"……然而,这种完全属于18世纪的温柔和亲情并没有消磨掉人们想要唤醒孩子身上的志气、理性、尊贵的理想:"我亲爱的孩子,不要成为喋喋不休的唠叨者之流,他们不给别人说出自己想法的时间。""信守您的承诺,这是高贵者所

---

[1] *Civilité puérile et honnête pour l'instruction des enfants*...dressée par un missionnaire,1753。

[2] "加拉泰亚"是希腊神话中塞浦路斯王皮格马利翁所雕刻之美少女的名字。——译者注

为。"这就是 17 世纪一直保持的精神,但它也是 19 世纪的行事方式:用"我亲爱的孩子们"这样的用语,儿童的领地与成人截然分开。

然而,旧有的对年龄的忽视的残余依然奇怪地保留下来。很长时间,人们教孩子拉丁语,甚至希腊语,用的是被人们误认为出于一位名叫加图(Caton)[1]的人之手的二行诗。托名加图的二行诗作在《玫瑰传奇》(*Roman de la Rose*)中被引用。这种用加图的二行诗作教材的通行做法至少在整个 17 世纪一直被坚持,人们看到还存在一个加图二行诗 1802 年的版本。但这些较为粗糙的道德精神属于东罗马帝国和西欧中世纪,它与吉尔松、科尔迪埃、耶稣会士和波尔-罗亚尔修道院的那种精致——即 17 世纪的舆论精神——格格不入。于是,人们仍然将以下一些教条介绍给孩子们:"当你的妻子抱怨你的仆人时,不要信她。因为妻子经常讨厌喜欢她丈夫的人。"还有:"不要寻求通过巫术去解读上帝的神迹。""远离想借她的嫁妆取得家庭支配地位的妻子。如果她变得让人难以忍受,就不必留住她。"等等。

在 16 世纪晚期,人们已经觉得如此的道德观不够充分:这就是为什么人们开始向儿童建议读皮布拉克的四行诗,他的作品更

---

[1] 欧洲中世纪拉丁语作者,全名狄奥尼修斯·加图(Dionysius Caton),有可能是笔名,生卒年代不详,留存有四本二行诗书,他的作品在中世纪流传极广。——译者注

具基督教精神、更有教育意义，也更具现代性。然而，皮布拉克的四行诗并没有取代所谓加图的二行诗，仅仅是作为它的补充，如此一直延续到 19 世纪初——那时的新版本教科书仍然收录两人的作品。随后，所谓的加图连同皮布拉克一起跌进历史的尘埃，被人遗忘了。

＊　＊　＊

与 17 世纪儿童观的这种发展相对应的是出现了宗教敬奉对象和宗教绘画的新趋势。儿童在这方面也将获得一定的地位，甚至是中心地位。

从 17 世纪初起，宗教绘画、版画和雕刻给予童年耶稣的表现以非常重要的位置，这时童年耶稣不再是位于圣母身边，或是神圣家庭中的一员，而是单独一人。比如在德累斯顿（Dresden）画廊凡·代克的画中，人们看到圣婴耶稣的姿态具有普遍的象征性：他一脚踩在蛇身上，身体靠住一个球体，左手持十字架，右手作祝福的手势。圣婴耶稣的形象有时也居高临下地矗立在教堂的门楣上，如在图卢兹的达尔巴德（Dalbade）圣母院。圣婴耶稣也成为人们特别敬奉的对象。崇拜圣婴的准备阶段是在 15 和 16 世纪，至少在绘画方面，人们通过神圣家庭、通过童年圣母和童年耶稣光临圣殿、通过割礼等等的表现来作铺垫。但到了 18 世纪，对圣婴的敬奉有一种完全不同的基调。对此课题的研究已经非常充分，我们在此仅仅想强调的是这种对圣婴的敬奉与对儿童的兴趣引发的运动（初等学校和学院的创立，教育上的关怀等）

很快建立起来的联系。朱里学院（le Collège de Jully）就是由贝吕尔（Bérulle）大主教为了敬奉圣婴的神奇而创立的。[1] 在为波尔－罗亚尔修道院寄宿女生所做的规定中，雅克琳娜·帕斯卡插入了两段祈祷词[2]，其中一段也是为了"荣耀耶稣童年的神奇"。这段祈祷词值得一引："愿如新生的婴儿一样。""吾主，请允许，让我们永远如孩子般朴实和纯真，就如世上的人总是如孩子那样无知和脆弱。[我们在这里又看到了 18 世纪所赋予儿童的两个方面，即需要保持的纯真无邪和需要克服和理性化的无知和软弱。]请给我们一个神圣的童年，这一神圣童年，岁月不能从我们身上夺走，我们不会从它转变为老亚当的衰老，也不会转向原罪死亡，而它却不断给我们带来耶稣基督神性的创新，引导我们走向神之光荣不朽。"

有一位伯纳（Beaune）修道院加尔默多会（carmelite）的女修士名叫"圣礼的玛格利特"（Marguerite du Saint-Sacrement），以她对圣婴的虔敬而成名。17 世纪末小学校的创立者尼古拉·洛朗（Nicolas Rolland）曾去拜谒女修士墓。[3] 在这次机会中，他从修道院女院长手中接受了"一尊耶稣圣婴的雕像，这是令人尊敬的玛格利特嬷嬷在她祈祷之处所供奉的"。当时的教育机构均使用圣婴耶稣的标志，就如贝吕尔大主教那些奥拉托利会的学

---

[1] H. Bremond, *Histoire littéraire du sentiment religieux*, 1921, t. III, p. 512 s.

[2] Jacqueline Pascal, op. cit.

[3] Rigault, *Histoire générale des frères des écoles chrétiennes*, 1937. t. I.

院：巴雷神甫（P. Barré）在 1685 年制定了校规，全名就是"基督教和圣婴耶稣慈爱学校的规章"。圣莫尔修女会（Les Dames de Saint-Maur）是宗教教育团体的模范，它的正式名称是"圣婴耶稣学院"。基督教兄弟会学校的第一枚印章上就有圣约瑟夫带领圣婴耶稣的形象。

17 世纪的一些道德培养读物和教育读物中也经常引用《福音书》中有关耶稣提到儿童的段落，我们前面提到过的《诚实的男孩》中就提到："既然万主之主把这些无辜的孩子召集到他的身边，那么我看不到有任何理由，使主之臣民有权弃绝他们。"[1] 雅克琳娜·帕斯卡插入波尔-罗亚尔修道院女童规章中的祈祷词也是改写自《福音书》中基督的原话。"愿如新生的婴儿一样"，"若不像小孩子，断不能进入天国"。这篇祈祷文的末尾使人想起《福音书》中的一段故事，这段故事将在 17 世纪受到新宠："吾主，恩赐我们成为您所召唤并获允靠近您身边的那些孩子中的一员，您从他们嘴中引出对您的赞美之言。"

这里提到的故事，就是耶稣要求门徒允许小孩到他身边来。这在古代绘画中并非无迹可寻。我们前面已经提到过一幅奥托风格的细密画[2]，上面表现的就是一些具有成人特征但身材较矮小的小孩围着耶稣的场面。我们在 13 世纪插图本的《圣经》中也可以找到这一画面。但这些画面不多见，也较为平庸，不具备解

---

[1]　De Grenaille, op. cit.

[2]　参见第一部第二章。

释性的意义，人们对之也没有多热衷。然而，从 16 世纪晚期开始，这一画面经常出现，特别表现在版画上。非常明显，从那时起这一画面对应于专门的形式，也与人们新的敬奉对象相呼应。我们如果看一下斯特拉丹（Stradan）[1] 精美的版画，就会一目了然。我们知道，这幅版画作品受到其他一些画家的启发。[2] 画的说明文字确定了主题：耶稣按着孩子们的手，给他们祝福（Jesus parvulis oblatis imposuit manus et benedixit eis，《马太福音》19 章；《马可福音》10 章；《路加福音》18 章 [3]）。耶稣坐着。一名妇女向他介绍她的孩子——孩子呈裸婴（皮托）状。其他的妇女和孩子们等在一边。我们注意到，此处的孩子是由母亲陪伴着的。在中世纪的绘画中，人们更忠实于原著，没有发挥足够的想象力来为这一事件添枝加叶，围绕着耶稣的唯有孩子。而在这幅画中，孩子没有和家庭分离，这种迹象表明家庭在人们的观念中占据了新的重要地位。一幅 1620 年的荷兰绘画再现了同样的场面。[4] 耶稣屈膝席地而坐，周围是一群孩子，他们向他靠拢。有一些尚在母亲的怀抱里，而另一些裸婴自娱自乐或摔跤（裸婴摔跤的主题在那时很常见），或哭着喊着。年龄较大的孩子，较为拘谨，他

---

[1] 出生于佛兰德斯（1523），但主要活跃于意大利佛罗伦萨的样式主义画家，1605 年在佛罗伦萨去世。他的姓名因国家不同而有多个，常被称为让·斯特拉丹（Jean Stradan），或乔凡尼·斯特拉达诺（Giovanni Stradano），或扬·凡·德斯特雷特（Jan van der Straet）。——译者注

[2] Stradan (1523-1605), gravure, Cabinet des Estampes Cc9 in f°, p. 239.

[3] 原书中为"《马太福音》39 章，《马可福音》60 章"，不确。——译者注

[4] Volcskert (1585-1627), reproduit dans Berndt, n° 871.

们手拉着手。耶稣的表情略带微笑，又带着一点关注的神情：这种欢愉和温柔的结合到了近代即 19 世纪被大人们采纳，成为对孩子们说话的态度。耶稣一手放在一名小孩的头上，另一只手抬起向另一位孩子做祝福的手势，受祝福的那个孩子正向他跑去。这一画面后来得到普及：人们将它送给孩子，成为孩子祈祷时面对的画像，就如稍晚一些人们给孩子初领圣体的画像一样。1947 年在图尔（Tours）举办的儿童画像展览会目录里就有一幅同样题材的版画[1]，它的时间属于 18 世纪。

　　从此，出现了专属于儿童的宗教，他们也有自己专门的、新的敬奉对象，这就是守护天使。我们在《诚实的男孩》一书中读到："我要补充一点，尽管人人都有幸运的神灵相伴，这些神灵能够成为他们的使者，帮助他们得以接受灵魂拯救的遗产，但是，似乎唯有孩子，耶稣给了他们拥有守护天使的特权。"[2] 这并不是说，我们未曾享受过这种待遇，而是成年男子在童年时就已经拥有它了。从天使的角度看，天使更喜欢儿童的"柔顺"而不是"成人们的反抗"。弗勒里（Fleury）[3] 在 1686 年《论学习》[4] 一书中附和这一观点："《福音书》不允许我们蔑视他们[孩子]，《圣经》给予他们非常高的尊重，让他们拥有吉祥天使的保护。"由

---

[1]　Catalogue n° 106.

[2]　M. de Grenaille, op. cit.

[3]　法国天主教教士、历史学家，全名克劳德·弗勒里（Claude Fleury, 1640—1723）。——译者注

[4]　Fleury, *Traité du choix et de la méthode des études*, 1686.

天使引领灵魂,灵魂呈现为儿童或少年的外表,这类形象在16—17世纪的绘画中非常普遍。我们所知这方面的画作甚多,譬如那不勒斯美术馆那幅多米尼克(Dominiquin)[1]所作的画[2]:一个身穿下开叉内衣的小孩受到一位天使的卫护,抵御魔鬼的攻击,天使形象是十三四岁、有点女性化的少年,魔鬼则为成年男子,正虎视眈眈。天使伸出盾牌将孩子与成年人隔开。此画碰巧可以成为《诚实的男孩》中一段话的图解:"上帝拥有的是最小年龄的人,而魔鬼则拥有许多人的老年和耶稣使徒称之为'既成'年龄的最好岁月。"

原先的古老主题"天使引导托比亚[3]"自此被赋予"童年模样的灵魂"和天使作为灵魂向导的象征意义。这方面的例子就有最近(1958)在伦敦和巴黎展出的图尔尼埃[4]的美丽油画,以及亚伯拉罕·博斯(Abraham Bosse)[5]的版画。[6]在马利

---

[1] 意大利巴洛克风格画家,也称多米尼科·桑裴利(Domenico Zampieri),或多米尼基诺(Domenichino),生卒年为1581—1641。——译者注

[2] Naples, pinacothèque.

[3] 托比亚(Tobie)为《圣经·旧约》中的人物,希伯来语作Tobiah,犹太被巴比伦所灭之后,他是被掳至巴比伦的以色列人之一。托比亚的儿子受天使拉菲尔保护。——译者注

[4] 法国卡拉瓦乔风格的画家(1590—1639),全名尼古拉·图尔尼埃(Nicolas Tournier)。——译者注

[5] 法国艺术家(1602/1604—1676),主要从事版画艺术,也有水彩画作。——译者注

[6] Tournier, l'Ange gardien, Narbonne, 1656-1657. Exposition Petit Palais, 1958, n° 139. Abraham Bosse, gravure, Cabinet des Estampes Ed. 30 a in f°, GD 127.

埃特 [1] 的一幅版画 [2] 上，画着一位天使指给他所带领的孩子看天上的十字架，而天上的十字架则由其他的天使举着。

灵魂孩童守护天使的主题常用来装饰洗礼盆：我可以在德国南部一座巴洛克风格的教堂里找出一例，这是位于多瑙沃特（Donaüworth）的十字教堂。洗礼盆盖的顶端有一球体，被蛇所缠绕；球上，一位有点儿女性化的年轻人模样的天使引导着灵魂孩童。这里涉及的不仅仅是传统地用儿童模样来象征人类灵魂（顺带说一句，用孩子有形地表现灵魂是非常奇特的中世纪的观念），而是对童年特殊敬奉的例证，它来源于洗礼——守护天使。

因此，16 和 17 世纪也成了模范儿童的时代。在 1722 年出版的拉弗莱什教团年鉴中，拉弗莱什耶稣会士学院的历史学家（在事情过去近 50 年以后）向我们讲述了吉约姆·吕凡（Guillaume Ruffin）具有道德示范意义的一生。[3] 这个孩子生于 1657 年 1 月 19 日，1671 年是他入校的第三年，那年他年方十四。当然，他属于教团（只有好学生才能进入宗教社团，而且受圣母庇护：我想，它应该一直存在于耶稣会士的学校中）。他探视病人，向穷人施舍。1674 年，他完成哲学阶段的第一年课程（共两年）后患病了。圣母向他现身了两次。他被告知他的死期，这就是"我

---

[1] 法国著名艺术收藏家（1694—1774），全名皮埃尔-让·马利埃特（Pierre-Jean Mariette）。——译者注

[2] Mariette, gravure, Cabinet des Estampes, Ed. 82 in f°.

[3] C. de Rochemonteix, *Un collège de jésuites aux XVIIe-XVIIIe siècles. Le collège Henri IV de La Flèche.* Le Mans, 1889, 4 vol.

的圣母节日的那一天",即圣母升天节。我承认,读到这里,我有点儿情不自禁地回想起我自己的童年,这是在一所耶稣会的学院里,一些同学出席将一名小学生追封为圣者的仪式,这名小学生几年前去世,据说是在神圣的气氛中去世的——至少根据他的家庭成员的说法。人们可以经过非常短的学生生涯到达神圣的境界,用不着有特别的奇迹,也不需要特别的早熟,相反,只要凭着童年道德的简单施行,凭着童年简单保留最初的纯真就能达到。同样的事例还有贡扎加的圣路易(Saint Louis de Gonzague)[1],他经常在 17 世纪涉及教育问题的文献中被提到。

除了小圣人的生平以外,人们常常用圣徒年轻时的事例(或圣徒对他们年少轻狂的痛悔)来教育小学生。艾克斯(Aix)耶稣会士学院的年鉴中,在 1634 年这一年,人们读到:"我们的年轻人在四旬斋期每周有两次可以听到布道。这由校长巴里(Barry)神甫通过圣徒年轻时的英雄行为来激励我们的年轻人。"在前一年 1633 年的四旬斋期间,"他所布道的题目是:圣奥古斯丁对青年时期的反省"。[2]

在中世纪不存在儿童的宗教节日,除了有些大型的季节性节日,而这些节日世俗色彩多于基督教色彩。从 15 世纪起,我们已经看到,在某些宗教事件,如圣母光临圣殿以及耶稣割礼中,在艺术家的笔下,儿童在观看人群中的人数比例已大大超出中世纪

---

[1] 意大利耶稣会士(1568—1591)。——译者注
[2] Mechin, *Annales du collège royal Bourbon Aix*, 1892, 2 vol., t I, p. 89.

和文艺复兴初期所描绘的相似场面。然而，这些《圣经》中的节日虽然在绘画中成了儿童的节日，但在真实的宗教活动中却不具备这样的功效，尤其在法国 17 世纪净化的宗教活动中。逐渐地，非常缓慢地，初领圣餐演变成大型的儿童宗教节日，甚至到了今天，在人们已经不太经常参加基督教仪式的地区，仍然还是如此。初领圣餐在当今已经取代了被抛弃的旧时民间节日的地位。这种超越非基督教化的顽强生命力也许应该归因于它是儿童个人节日的事实，这一节日要在教堂里集体庆祝，但特别重要的是，它同时又是私密的，家里也要举行个人仪式：最具集体性质的节日往往是最快消失的节日。

初领圣餐仪式日益隆重是由于人们越来越多地关心正确受领圣餐的必要条件，尤其是在波尔－罗亚尔修道院。这不是一个减少领圣餐次数的问题，而是要让领圣餐有更好的准备，有更强的意识，更有效果。可能在以前，孩子们受领圣餐并没有特殊的准备，因为他们可能在年龄非常小的时候就去参加弥撒，人们习惯上把他们看得早熟，孩子们和成人们在日常生活中混合在一起。雅克琳娜·帕斯卡在她制定的波尔－罗亚尔修道院儿童规章中规定，在允许儿童受领圣餐前，要认真评估他们的道德水准和精神能力，要提前为这方面的能力做好准备："人们不能让如此年幼的孩子去领圣体，特别是那些调皮、轻浮和染有某些恶习的孩子。必须待至上帝使他们发生了某些改变——这需要相当长的时间，一年或半载——再来观察他们行动的后效。我从来不后悔让孩子们退几步，这是为了在道德方面让那些做好充分准备的人进步得更快，是为了使人认识到其他人尚未进入状态的情况。**对于初领圣餐，怎样的小心谨慎都不会过分**：因为所有此后的圣餐经常都取决于这第一次。"[1]

在波尔-罗亚尔修道院，初领圣餐被延后至坚信礼以后："当人们交给我们的孩子尚未行坚信礼……如果她们同样也未曾领过初次圣餐，我们一般让初领圣餐推迟至坚信礼后，以便让她们充满耶稣的精神，在接受耶稣的圣体之前做好充分的准备。"

初领圣餐到了 18 世纪成为在修道院和学院里有组织的仪式。瑞拉尔上校在他的回忆录[2]中向我们叙述了他初领圣餐的困难记忆。上校生于 1766 年一个有 6 个孩子的贫困家庭。成为孤儿后，他从 10 岁起就从事仆人的工作，当时教区的副本堂神甫对他感兴趣，将他送往圣阿维（Saint-Avit）修道院，在那里他成了助理神甫。第一神甫是位耶稣会士，对他抱有敌意。当他被允许初领圣餐（"允许"这时已经是惯用语了）时，差不多已经 15 岁了。"他决定我**和其他寄宿生同时**进行初领圣餐仪式。就在那天的前一天，我逗着饲养场的狗玩，碰巧 N 先生，即那位耶稣会士经过。他朝着我咆哮：你忘了你明天要领吾主的圣体和鲜血了吗？女修道院长让人把我叫了去，向我表示我将不能参加明天的**仪式**。""让我进行忏悔三个月后……我进行了我的初领圣餐礼。在第二次领受圣餐以后，人们命我在每个星期天和每个节日都要领

---

[1] Jacqueline Pascal, op. cit.

[2] *Les Cahiers du colonel Gérard*（*1766-1846*），1951.

取圣餐。"

初领圣餐的仪式一直延续。从 18 世纪中叶开始,人们习惯将这一日子记在一幅宗教画上,使这一记忆永恒化。1931 年,人们在凡尔赛展出了一幅画有圣徒阿西西的方济各(François d'Assise)的版画。[1] 画的背面写着:"为见证弗朗索瓦·贝尔特朗(François Bertrand)的初领圣餐,1767 年 4 月 26 日,夸西莫多日,在马尔利的圣塞巴斯蒂安(Saint-Sébastien de Marly)教区。圣塞巴斯蒂安教区教士巴拉伊(Barail)。"这不仅是宗教习俗,而且还是受天主教官方文书启发的一份证书。

在 19 世纪,唯一保留的体现仪式庄严性的做法就是穿上专门的服装。

初领圣餐礼成为 17—19 世纪儿童观念发展最显见的表现。它同时庆祝儿童观念两个矛盾的方面:儿童的纯真无邪和儿童对宗教神秘现象的理性鉴识。

---

[1] Exposition:«Enfants d'autrefois», Versailles, 1931.

结　论　两种儿童观

我们以中世纪社会为研究的出发点，在那个社会，儿童观念并不存在。但这并不是说，儿童被人们忽视、抛弃或受到鄙视。儿童观念与对儿童的爱护不能混为一谈：儿童观念对应于一种对儿童特殊性的意识，这种特殊性可以将儿童与成人做基本的区分。此种意识在中世纪不存在。为此，儿童一旦可以脱离母亲、奶妈和保姆一刻不停的照料，他就进入了成人社会，与成人就没有区别。该成人社会用我们今天的眼光看有点幼稚：也许涉及精神年龄，但也涉及体质年龄，因为社会部分是由儿童和非常年轻的成员构成的。语言上"儿童"一词还不具备我们今天赋予它的有限含义，那时人们说"孩子"就像我们今天通常所说的"小伙子"一样。年龄的不确定性延展到社会活动的各个方面：游戏、职业活动、战争等。在集体画中，总能看到小孩或大孩子的身影：一两个孩子依偎在垂吊于母亲脖子上的布袋里[1]，或在街角小便，

---

[1]　P. Michault, *Doctrinal du temps présent*, éd. Th. Walton, 1931, p.119.
　　"接着一位胖胖的妇女就在那里，
　　前胸的布袋里放着两个孩子。"
　　Peinture de Van Laer（1592-1642）reproduite dans Berndt, n° 468.

或在传统的节日时扮演他们的角色，或在作坊里当学徒，或充作跟随骑士的侍童，等等。

那些生命非常脆弱而不适于融入成人社会生活的幼小孩子，人们是不把他们计入人数的。莫里哀戏剧中的台词证明了一种古老的思维方式在 17 世纪依然残存。《没病找病》中的主人公阿尔冈有两个女儿，一位已经到了谈婚论嫁的年龄，而小女儿路易松才刚刚会开口说话和学走路。我们知道，阿尔冈为了反对女儿的恋爱，威胁要将她送进修道院。阿尔冈的兄弟说道："这是何苦来着，我的兄弟，你有如此多的财富，才只有她一个女儿，**因为我没把那小的算在内**，你又说要将她送进修道院，我说，这是何苦来着？"[1] 小的不计算在内，这是因为她有可能早逝。蒙田承认："我已经失去了两三个尚处哺乳期的孩子，并非没有遗憾，但也没有太大的不快。"[2] 一旦儿童越过可能造成他过早夭折的高死亡率时期，他就融入成人之中了。

* * *

蒙田和莫里哀的话证明人们对孩子古老态度的顽固不化。不

---

[1] *Malade imaginaire*, acte III, scène III.
[2] Montaigne, *Essais*, II, 8. 译注：此处引文与前面（边码第 60 页，本部的第二章）有出入，前文的最后一句话意思正好与此处相反，原文为"non sans regrets, mais sans facherie"，而此处为"non sans regrets ni sans facherie"。查阅蒙田原文，发现原书标注出处也有误，该段话应该出自《蒙田散文集》的第一卷第 40 章，原话为"j'en ay perdu, mais en nourrice, deux ou trois, sinon sans regret, au moins sans fascherie."从意思上来说，本部第二章的引文更接近原意，因此按前文意思译出。

过这种顽固不化已经受到威胁。自 14 世纪以来，一种新的趋向在艺术、绘画和敬奉对象（对死者的崇敬）等领域表露出来，它表现出人们开始承认儿童的人格，赋予儿童的特殊性以诗意和亲情。我们通过裸婴（皮托）、孩子肖像，甚至过早夭折孩子的肖像追踪了这种趋向的发展。它的发展最终在 16 和 17 世纪使得孩子、小小孩子有了能与成人相区别的服装，至少是在这种观念显露出来的人群中，即社会的上层。儿童服装的专门化，尤其是小男孩服装的专门化，在一个外表和服装具有巨大重要性的社会里意味着对儿童态度的重大变化：人们重视儿童的程度超出了《没病找病》中那位阿尔冈兄弟的想象。该戏剧看起来对小孩的严厉程度堪比拉封丹（La Fontaine）[1]的某些语言，但事实上，里面有一段阿尔冈和他的小女儿路易松之间的完整对话（显现出父女之间的温柔的关系）：

——嗨，看看我。

——爸爸，干嘛？

——来。

——干嘛？

——您难道不想对我说点什么？

——如果您想听，给您解解闷，我就讲驴皮的故事，或者讲乌鸦和狐狸的故事，那还是人家刚刚讲给我听的。

---

[1] 法国著名寓言作家、诗人（1621—1695）。——译者注

一种新的儿童情感在此出现，孩子由于他们的天真、温顺和好玩而成为成人们逗趣和解闷的对象，人们称之为"溺爱"。起初，它属于妇女们的情感，是那些负责照顾孩子的妇女们即母亲和保姆们的情感。我们在 16 世纪版的《万事大全》关于保姆的描述中读到："孩子快乐之时，她也高兴；孩子生病之时，她怜悯；孩子摔倒了，她把他扶起来；孩子摇晃时，她将他绑住；孩子脏了，她将他洗净擦干。"她培养孩子，"教他说话，她讲话就像结巴一样，这是为了让孩子能够更正确和更早地说话……她最初将孩子抱在手上，然后背在肩膀上，然后放在膝盖上，当孩子哭的时候要逗他玩；她为孩子把肉咬碎，因为孩子没出牙，这样可以让他容易吞咽而没有任何危险；她逗孩子玩以便让他入睡；她捆扎他的四肢，以保持四肢笔直不弯曲，让身体不存在一丝僵硬；她为他洗澡和涂油以保养他的肌肤……"[1] 托马斯·莫尔（Thomas More）[2] 驻足观看这幅小孩的场景，那是一位母亲要送小学生去学校："这位小男孩没有按时起床，赖在床上，当他起来时就哭起来，因为他上学要迟到了，明白到学校要挨打。他母亲对他说，只有开学的前几天才会这样，他还有时间赶到学校，母亲说道：'来，好儿子，我答应你，我自己去和你的老师说。拿好你的面包和奶油，你不会挨打。'"如此她送走儿子，给儿子以足够的安慰，而不至于让他一想到要离家就泪流满面。但她没有触

---

[1] *Le Grand Propriétaire de toutes choses*, traduit en français par J. Carbichon, 1556.
[2] 英国文艺复兴时期著名作家和律师（1478—1535）。——译者注

及根本问题,迟到的孩子在到达学校后确定无疑要挨打。[1]

与小孩玩耍似乎总是和母亲、奶妈和保姆们联系在一起,但这属于更广泛的观念领域,这些观念尚未被揭示出来。从此以后,人们毫不犹豫地接受与小孩玩耍中得到的快乐,他们愿意"抚爱"孩子们。塞维涅夫人不无动情地叙述她与小孙女一起逗趣的日子:"我阅读着克里斯托弗·哥伦布发现西印度的事迹,使我身心愉悦到了极点。但您的女儿却带给我更多的快乐。我爱她……她抚摸着您的胸像,用令人忍俊不禁的口吻来夸奖它,让人迫不及待地想吻她。"[2] "我和您的女儿玩了一小时,她太招人喜欢了。""我让人给她剪了头发,梳成头发紧紧鬈曲的发型。这发型非常适合她。她的脸色、她的喉部、她娇小的身体令人着迷。她做着各种各样的小动作:说话、抚摸、胸前画十字手势、请求原谅、行屈膝礼、吻别人手背、耸肩、跳舞、恭维人、托腮。总之,她怎么看怎么美丽。我每时每刻都在享受。"也许她害怕孩子感染疾病,最后补充了一句:"我可不想让她死。"但其中漫不经心的口吻却让我们现代人感到惊讶,因为在我们看来,孩子的死亡是非常严重的事情,开不得半点玩笑。因此,最初的儿童观念是和某种对儿童的冷淡,或更确切地说是传统的漠视儿童观相适应的,就如我们在莫里哀的戏剧中所看到的那样。塞维涅夫人也同样如此来描写一位母亲失去孩子的情景:"科埃特冈

---

[1] Cité par Jarman, *Landmarks in the History of Education*, Londres, 1951.
[2] Mme de Sévigné, *Lettres*, 1er avril 1672.

夫人刚得到她小女儿的死讯,她昏了过去。她非常悲伤,她说她再也不会有这么美丽的女孩了。"但塞维涅夫人大概认为那位母亲心肠太软,因此补充道:"不过她的丈夫却不用安慰。"[1]

我们还能从对此类溺爱儿童的情绪的反弹批评中得到更进一步的认识。16 世纪末,特别是 17 世纪,对儿童溺爱的情绪引起人们的批评。肝火比较旺的人觉得那时人们给予儿童的关怀已经到了令人难以忍受的地步:这种新观念被看作是对儿童有负面影响的观念,溺爱被认为是负面的。这种不快的情绪最初见于蒙田的敌意:"我不能接受这样的热情,当孩子刚刚出生,他们的灵魂还没有动作,他们的身体尚未成形,还看不到值得人们去爱他们的地方的时候,人们就去争相吻他们。我也不愿意看着他们哺乳喂食,这会让他们痛苦。"他不能接受把爱孩子"作为我们的消遣,就像逗猴子玩一样",也不接受和孩子玩"跺脚、游戏和讲幼稚的胡言乱语"。人们围着孩子团团转太过分了。[2]

一个世纪以后,又有另一位具有同样精神状态的人,他就是古朗热[3],塞维涅夫人的表弟。[4]人们可以感觉到,他那些朋友和父母们对孩子的溺爱给他带来多大的刺激。他把下面这首歌献给"家庭的父亲们":

---

[1] Mme de Sévigné, *Lettres*, 19 août, 1671.

[2] Montaigne, *Essais*, II, 8.

[3] 法国自编自演艺术家(1633—1716),全名腓力浦 - 艾马纽埃尔・德・古朗热(Philippe-Emmanuel de Coulanges)。——译者注

[4] Coulanges, *Chansons choisies*, 1694.

若要培养好你们的孩子
不要省去家庭教师。
在他们长大之前
不可在聚会上发言。
厌烦莫过于
听他人孩子胡语。

一叶障目的父亲总相信
他孩子说的属上品。
他人却想捂耳朵
那些话语归蠢货。
但是迫不得已
要给**宠坏的孩子**以赞许。

当他以赞美的语调对您
说您的孩子漂亮,您的孩子聪明,
当他给你孩子糖果
您就不可能要求更多。
让您的孩子去为人服务
也可以打发去家庭老师处。
谁能信,正常之人
他会想到写信给三岁毛孩子
殊不知此孩子四岁还不识字。

最近在一位父亲身上
我看到如此无趣的可笑事。

要知道，善良的人们
天下最难忍
就是目睹您的小孩
围着餐桌如洋葱一排。
肥肥的下巴，这些小毛孩
手指摸遍每个小菜。

应让他们去另一边用餐
让一位女管家去照看
她要教导他们爱清洁
应有耐心不宠爱。
学会正确去用餐
绝非一天就习惯。

下面是家庭中的父亲在正餐时应该给某先生的小纸条：

请带走您小儿
不要让您显得如奶妈
照看孩子把饭吃
家庭教师应司职

今日此正餐

小孩讨人嫌。

提请大家注意,这种恼怒的情绪和溺爱的情绪一样也是全新的,而且与溺爱情绪比,它离中世纪不同年龄混杂状态下对儿童冷淡的态度相距更远。这正好说明,无论是蒙田、古朗热,还是塞维涅夫人,他们从此都会感觉到儿童的存在。同样我们也观察到,蒙田和古朗热的思想比塞维涅夫人更具现代性,因为他们已经认识到将儿童区分开来的必要性。小孩和大人混杂在一起不能被认为是好事,特别表现在餐桌上。也许其中的理由就是,人们会"宠坏"孩子,对他们的培养就变得困难了。

此外,17世纪的道德家们和教育家们也分享蒙田和古朗热对溺爱儿童的反感。严厉的弗勒里在他《论学习》一书中所说的话几乎与蒙田如出一辙[1]:"当人们让他们[小孩]掉入陷阱,使他们说出一些蠢话,根据成人给他错误的原则却得出正确的结论之时,人们就哈哈大笑,就觉得胜利了,已经成功地蒙骗了他们,人们就亲吻他们,抚摸他们,好像鼓励他们做了正确的回应[这就是溺爱]。这似乎就是,我们可怜的孩子仅仅是大人们的玩物,就如那些小狗和小猴一般[蒙田用词为猿猴]。"

《加拉泰亚》是一本在耶稣会最好的学院中流传非常广的礼仪手册,该书作者的说法也和蒙田一样:"那些整天嘴上只挂着他

---

[1] Fleury, op. cit.

们的妻子、他们的孩子和他们奶妈的那些人大错特错。你听那些话：我的小儿子惹得我这样的大笑！哦，听我说，听我说……"[1]

达尔戈纳（D'Argonne）先生[2]在一本论教育的论著，即1690年出版的《论蒙卡德先生的教育》（*L'Education de Monsieur de Moncade*）[3]中也抱怨人们只对小孩感兴趣，"抚摸"他们，和他们"插科打诨"。太多的父亲"只想从他们的孩子身上获取轻松和快乐"。

在17世纪末，这样的评论显得非常重要。因为对孩子的溺爱不再局限于有身份的人，相反地，这部分人在道德家们的影响下，开始抛弃这样的态度。人们已经在下层人民中发现了它的踪迹。德·拉萨勒在《基督徒文明礼貌手册》[4]中观察到，穷人的孩子特别难以培养，因为"他们有点随心所欲，家长对他们毫不关心［但不是忽视］，而是把他们当玩偶。孩子想怎么样，就让他们怎么样"。

我们看到，在17世纪道德家和教育家的圈子中形成了另一种儿童观念，我们在前面章节里已经对此有所讨论，这种观念影响到20世纪的教育，影响范围不仅涉及城市，也涉及乡村，不仅涉及资产阶级，也涉及人民大众。对儿童的迷恋和对儿童特性的迷恋不再通过和孩子逗趣、和孩子"插科打诨"来表现，而是通过

---

[1] G. della Casa, *Galatée*, traduction française 1609, pp. 162-168.

[2] 法国作家（1634—1704），全名唐·蓬纳方丢尔·达尔戈纳（Dom Bonaventure d'Argonne）。——译者注

[3] D'Argonne, *L'Education de Monsieur de Moncade*, 1690.

[4] J-B. de La Salle, *Conduite des école chrétiennes*, 1720.

184　对儿童的心理探索和道德关怀来体现。孩子不再让人觉得有趣、可人,"所有人都意识到童年的单调乏味,这种乏味让健全的头脑感到厌烦。所有人也都意识到年轻人的这种粗糙状态,这种状态仅从易感的物质世界中获得自我满足,它只不过是有理智者非常粗俗放荡的一种状态",《有理智者》(*El Discreto*)一书的作者巴尔塔扎尔·格拉蒂安(Balthazar Gratien)如是说。该书是一本教育方面的论著,出版于 1646 年,直到 1723 年才由一位耶稣会神甫翻译成法语。[1]"唯有时间才能治愈这彻头彻尾不完美的年纪:童年和青年。"我们看到,这些观点应该被放到时代背景中考察,要和其他的文献联系起来,才能得到真正的理解。有人把它们解释成对儿童蒙昧无知状态的说明。但事实上,我们更应该把它们看成严肃和真实儿童观念的开端。因为根据这些观点,我们不是要去迎合童年的轻浮:过去如此做是错误的。为了纠正这种轻浮,我们首先应该做的是深刻地认识它。16 世纪末和 17 世纪的文献充斥着对儿童心理的评论。[2] 人们努力地深入儿童的精神世界中,为了就是能够针对这一年龄层采取最好的教育手段。这是因为人们对儿童有了极大的热忱,他们被看作洗礼纯真的亲历者,与天使相似,与爱他们的耶稣亲近。但是,这种兴趣也提出要求,人们应该促使儿童理性精神的成长,儿童的理性还非常

---

[1]　B. Gratien, *El Discreto*, Huesca, 1646. Trad. française de 1723 par le P. de Courbeville, S. J.

[2]　正如我们在耶稣会士的《教育规划》(*Ratio*, 1586)和雅克琳娜·帕斯卡给波尔-罗亚尔修道院女童制定的规章中看到的那样。

脆弱，人们应该将他们培育成理智的人，培养成基督教徒。基调有时是严厉的，为了反对道德上的松弛和随便，重点放在严格要求上，但并非一贯如此。甚至在雅克琳娜·帕斯卡的院规中也不乏幽默和未加掩饰的温情。到了 17 世纪末，人们开始寻求温情和理性的调和。高等法院参事、修道院长古索（Goussault）在《一位正直妇女的画像》[1] 一书中写道："经常与孩子们亲近，让他们讲所有想讲的事，把他们当作有理智的人来对待，用温情来赢取他们的心，所有这一切是我们想要得偿所愿的确实可靠的秘密。他们是幼苗，需要我们经常培植和浇灌。适时提出一些建议，时不时给予一些温柔和友情的表示会感动他们，会激励他们。有时抚摸他们、给点小礼品、某些信任和真诚的言语都会在他们的心灵中留下印象，这些是能把他培养成诚实和正直之人的温和易行的方法，我们很少发现遭遇抵触。"而我们最终的目的就是要将这些孩子培养成诚实、正直和有理智的人。

* * *

第一种对儿童的态度——溺爱——出现于家庭内部，出现于与小孩的相伴中。相反，第二种对儿童的态度则源于家庭外部——直到 16 世纪为数还不多的教会人士和穿袍贵族、17 世纪人数日增的道德家们，他们关心文明礼貌和理性行为。他们也关心儿童以前被忽视的现象，但他们并不愿把儿童视为迷人的玩

---

[1] Goussault, *Le Portrait d'une honnête femme*, 1693.

物，而将他们看作上帝脆弱的创造物，他们同时需要受保护和得到培养。这种观念接着就转移到家庭生活里。

在 18 世纪，我们发现，家庭之中，两种古老的因素结合起来，融合为一种新的成分：对卫生和身体健康的关注。17 世纪的道德家和教育家并没有忽视对身体的关心。人们非常热忱地照料着病人（当然也带着极度的谨慎以揭露没病装病者），而对健康者身体感兴趣的背后则是道德的考虑：不太结实的身体倾向于懦弱、慵懒和贪色，倾向于一切恶行！

马尔唐吉将军与他妻子的通信[1]向我们显示出在距塞维涅夫人近一个世纪以后，家庭在私生活方面所关心的问题。马尔唐吉生于 1722 年，1754 年结婚。我们下面有机会再详细解读这些信件。马尔唐吉从那时起操心着所有与他的孩子相关的事情，从抚爱到教育。其中还要加上对身体健康，甚至卫生条件的极度关心。所有与孩子和家庭有关的事情都需要认真对待，值得去注意。孩子在家庭中占据了中心地位，人们关心的不仅是孩子的未来，他将来的建树，而且还关心他现时的情况，他的真实存在。

---

[1] *Correspondance inédite du général de Martange*, 1576-1782, éd. Bréard, 1898.

第二部

学校生活

第一章　中世纪的年轻学生和老学生 [1]

"学校生活"涉及与儿童情感进展相关的教育史问题。中世纪学校接纳的主要为人数很少的教会人员，各种年龄的人混杂在一起，道德纪律相对自由，我们要研究的就是，它们到近代早期如何演变为一种将儿童与社会分离的手段，即通过更严厉独断的纪律，对他们进行道德和知识方面的培养，最终将他们与成人社会分开。这一进程从15世纪起延续到18世纪，其中并非没有阻力。中世纪的一些共同特征甚至在学校内部也残存了许久，更不用说在不属于学校的一般民众之中。

在中世纪，我们很难找到标出学生确切年龄的簿册。当时，尽管有教士公会的反对，私人学校还是越办越多，威胁到教会学校的垄断权。僧侣们为了自卫，就对其竞争者的活动提出一些限制。但从来没有对年龄实行限制。人们仅满足于禁止超越多那图

---

[1] 在这一删节本中，标题为"从走读生到寄宿生"的一章被全部删除。其余各章我们只保留结论部分。

斯（Donat）[1]课本阶段（相当于小学入门阶段）的教育。这种缺乏年龄纪录的状况持续了很长时间。在17世纪一些道德学家还多次提到类似情况。寄宿合同其实相当于学徒合同，其中有家长确定他们儿子寄宿学校的条件，但却很少提及孩子的年龄，似乎年龄并不重要。这种学校学生结构的心理基础就是忽视这一社会组成成员的年龄。对年龄的关注在19世纪和我们生活的年代占据主导地位。我们可以观察到，一般情况下那时刚入学的学生大概是十来岁。但是当时的人并不在意，一个愿意学习的成年人与小孩子们一起听课，人们也视之正常。学生的年龄不重要，重要的是所教的内容。在一位成年人听最初级的语法课（Donat）的同时，另一位早熟的孩子可以背诵亚里士多德的逻辑学（*Organon*），其中似乎没有什么不寻常的。

如果我们考虑到这种对年龄的忽视，再回想一下上面提到的关于教学手段运用的情况，如教学的同步性和重复，我们对中世纪学校里各种年龄的人混杂在一起的情况就不会感到惊讶了。这种现象对于我们的论题来说却至关重要。当时的学校没有足够的空间。教师为了不受到商业经济的盘剥，将学校办在狭小的封闭空间里，或在教堂内部，或在教堂门口。但稍晚一些时候，随着获批建立的学校的增多，教师由于没有足够的经济来源，有时也

---

[1] 多那图斯（Donat 或 Donatus），公元4世纪的古罗马语言学家。中世纪学校的入门课本是他写的一本浅显的语法书《论八种词语》（*De octo partibus orationis*），他的名字也成了最基础教育的同义词。——译者注。

满足于将学校办在街头一角。圣·托马斯（saint Thomas）就曾蔑视那些"在街角站在孩子面前"（coram pueris in angulis）[1]讲课的滥竽充数者。通常，老师租用一间房间就算一所学校了，房间价格根据大学城的规定而定。在巴黎，这样的学校设在一条街上，即福阿尔街（Fouarre），拉丁语为"麦秆街"（vicus straminis）。当然，这些学校互相独立。人们将麦秆铺了满地，学生就席地而坐。后来，大约在14世纪，人们放置了一些板凳，而当这些新事物最早出现的时候人们还狐疑满腹。再后来，老师开始等学生，就如商人等主顾一般。有时教师也会教唆周边同行的学生逃课。在教室里，聚集了各种年龄的小孩和大人，从6岁直到20多岁。12世纪的萨利兹伯里的罗伯特（Robert de Salisbury）说道，"他们人数众多（可能有200多人）。我在那里看到各种年龄的人：小孩（pueros）、少年（adolescentes）、青年（juvenes）、老年（senes）"[2]，即所有年龄段的人，因为当时没有"成年人"这个词，因此从"青年"直接过渡到"老年"。

再举一例，15世纪，在皮埃尔·米柯（Pierre Michault）[3]的书中[4]提到一些老师们对他们的大小听众们说："好学生们，大家听好了，不论你们是年轻的还是年长的，成熟的还是青

---

[1] *De unitate intellectus contra Averrioistos*（LXIX, p. 252）.

[2] R. de Salisbury, *De vanitae mundi*, P. L., 176, col. 709.

[3] 15世纪天主教教士和作家，他的重要著作《现代教理》（*Le Doctrinal du temps présent*）发表于1466年。——译者注

[4] P. Michault, *Doctrinal du temps présent*, éd. Th. Walton, 1931.

涩的……""这位女教师（相当于福尔赛岱学校的讲师拉皮娜[Rapine]）面对无数的学生——有年轻的也有年老的——朗读语法结构这一章（使用的是亚历山大·拉维耶迪[Alexandre la Villedieu]的语法书 Doctrinal，作者是普里西安的继承者，狄波泰尔[Despeutères]的先驱）。"既然当时人们的教学课程是不分年级的，既然年长者只能经常重复年轻人第一次听到的东西，除此便无其他区别，人们又能做何种选择呢？

这种不同年龄者的杂处延伸到学校之外。学校不能完全将学生框在其中。学校通常是一位老师，再加上一位助手，无法在一个地方集中组织，对学生的日常生活进行监督。一旦课程结束，学生们就摆脱了教师的权威。不过，最初的时候，教师的话（for）是他们唯一承认的权威。下课后，这些"年轻的或年长的"就各随己便了。有些人住在亲戚家，但较为罕见。其他一些人则住到别人家里，或他们老师家，或神甫家，或教堂司铎家，他们需签订一份如学徒工一样的协议，规定住宿的条件。这些人是最能得到监督的，至少是最有人看管的。他们归属于一个家庭，归属于他们被托付的教士家庭，其中结合了学徒教育（对此我们将在第三部讨论）和现代学校教育的某些做法。这是当时我们所知的寄宿生的唯一形式。但是大部分学生住在他们住得起的地方，即一般居民家中，几个人合住一个房间。必须承认，年长者与年少者在此又混杂在一起，年龄不能将他们隔离，他们的关系取决于将小孩与大人紧密联系在一起的入会传统。我们在讨论到学校纪律的历史时还会涉及这一点。

这种年龄大小不分的状况在现今虽然还不至于引起反感，但会让我们感到非常吃惊。但当时的人对此却一点也不在意，似乎一切都司空见惯了。然而，在一个对年龄还非常淡漠的时代，我们又能如何期待当时的人会对不同年龄的混合做出反应呢？

当儿童一进入学校，他马上就进入了成人社会。这种混合是如此自然，人们毫无察觉，它似乎是古代社会最显著的特点之一，也是生命力最顽强的特征之一，与我们生活中某些根深蒂固的东西相呼应。尽管社会结构发生诸多变化，但它依然存活下来。从中世纪末起，人们已经能够感到一种相反方向的变化开始出现，这种变化最终的结果就是我们今天细分年龄的观念。然而，至少在旧制度末期[1]，与中世纪精神有关的某些情况依然存在。这种对心态转变的其他因素的抵制向我们表明，我们仍然要面对一种关于生命（生活）的基本态度，此态度世代延续，人所共知。

---

[1] "旧制度"（l'Ancien Régime）是法国人的专用名词，一般指从国王弗朗西斯一世（1515）起至法国大革命爆发（1789）的历史阶段，此处指 18 世纪晚期。——译者注

第二章　新机构——学院

191　　在13世纪，学院（collèges）是贫穷学生的救济所，由社会捐赠者资助建立。享受资助的学生在学院中过着共同生活，他们的生活条件有点类似修道院。学院里不上课。从15世纪开始，这些小型的民主管理的共同体变成了教学机构，其中人员众多（除了享受资助的学生外，也有了管理人员和教师），他们服从专断的等级制，就地开展教学活动。最后，所有七艺（arts）[1]的教学都在这些学院中进行，它们成为15世纪和17世纪一些大的学术机构的样板和框架，如耶稣会士的学院、宗教唯理派学院、奥拉托利会学院等。正是旧制度的学院（它距14世纪第一批受资助学生的学院比距我们今天的初中和高中要更远一些）直接宣告了当代初中学校（collège）和高中学校（lycée）的产生，尽管它们之间还存在诸多的不同，尤其是没有寄宿制。规章制度的最后建立完成了中世纪学校向现代学院的过渡：中世纪学校功能单一，

---

[1]　最初的七艺课程指的是三艺（语法、修辞和辩论）加四艺（几何、算术、天文和音乐），当发展出更高层次的"神学""宗教法""民事法""医学"等教学科目后，"艺术"之学成了基础之学，随后相当于大学的文理学院。——译者注

仅有课堂；现代学院则是复杂的机构，不仅进行教学，同时也负责对年轻人的监督和训导。

　　这种学校体制的变化与社会对于儿童情感的发展相并行。起初，大众舆论非常容易接受不同年龄的混杂，接着出现了对这方面的抵制，首先看重年龄最幼者。学初级语法的小孩是第一批被区分出来给予特别关注的。然而这种抵制，不仅仅停留在最小孩子的层次，也延伸到年龄更大者，如逻辑学学习者和物理学学习者，延伸到所有其他技艺的学习者，尽管他们中的一些人从年龄上说已经足以在校外行使某些成年人的功能。如此分离，虽然从年龄最小者开始，却从来没有将他们当作儿童看待，而主要是作为小学生看待，最初是作为僧侣学生，因为他们所有的人几乎都是削发为僧者。这就是为什么人们在将他们与成年人相区分时，不是在他们身上实行一套真正适用于孩童和年轻人的教育制度。此外，当时人们既不知晓这套制度的特质，也没有样板可循。人们只是希望让这些学生躲避世俗生活的欲望诱惑，世俗的欲望也同样威胁许多教士，人们希望保护他们的道德。于是人们受到13世纪一些宗教团体的启示，其中有多明我会和圣方济各派等，它们维持修道院传统的原则，但放弃了修道院传统的封闭、排他和所有原教旨修道院继续保留的做法。诚然，学生们并不受任何誓约的束缚，但他们在学习期间必须服从新共同体特殊的生活方式。由于这种生活方式，这些年轻学生与社会其他人群区分开来。而社会其他人群继续过着不同年龄人口混杂的生活，就如同他们性别混杂和生活条件混杂的情况一样。这就是14世纪的状况。

稍后,这种生存方式(它处在世俗生活和教士生活的中间状态)的目标发生了位移。首先,它被认为是保证年轻教士能够诚实生活的方法。随后,它获得了一种内在价值,变成了优质教育的条件,即便是世俗教育也是如此。教育的观念在14世纪初还鲜为人知,但在1452年,埃杜代维尔(Estouteville)枢机主教却谈到了"儿童的引导"(regimen puerorum),谈到了负责灵魂工作的教师责任。它是培养,同时也是引导,这就是要将严格的纪律运用到孩子身上的原因。这些学院传统的纪律朝着更专断和更等级化的方向变化。学院于是成了一般儿童和青年受教育的工具。

同时,在15世纪,特别是到了16世纪,学院改变了它们收编学生的方式,规模进一步扩大了。以前的学院由一小部分有文化的教士组成,此时向日益增加的世俗成员开放,其中有贵族和富裕市民,同时也向更大众的家庭开放,就如我们下面还要提到的那样。于是它成了社会的基本单位。这时职业上分离、拥有严格纪律、面向众多阶层的学院,在此培养出"旧制度"时期整整几代文人志士。如果我们不是从它真实的情况(更为宽松)看,至少在教师、家长、宗教人士、官员们更为理性的眼光中,学院包含了一个庞大年龄层的成员,从八九岁到十五六岁,他们遵从着与成人们完全不同的法则。

第三章　学校年级的起源

中世纪的不确定性如何过渡到现代的严格概念？学校年级何时，又如何获得现代年龄特征的呢？

至少在 15 世纪初，在同一教室和同一老师名下的学生已经依照能力划分成不同群体，意大利长期保持了这样的过渡形式。接着在 15 世纪时，学校给每一群体配备一位专门的教师，虽然这些群体仍然同处在一间教室内。该形式在英国甚至到 19 世纪下半叶仍然能够看到。最后，人们将年级和教师分开到不同的房间，最早起源于佛兰德斯地区和巴黎地区，这就是现代年级结构之滥觞。于是我们看到了学生不断分化的过程，尽管这种分化到 15 世纪末仍然不是有意组织的。此过程满足了一种新的要求，即因材施教的要求。这就是事物的基本点。将教学纳入学生可接受范围的想法不仅有违中世纪教学的同时性和重复性方式，同时也不同于人文主义者的教学方法——他们不区分孩子与成人，将学校教育（为生活而作的准备）与文化本身（生活的成就）混为一谈。这种年级区分因此证明了人们已经意识到儿童和青年的特殊性，已经感觉到在儿童和青年内部存在着不同层次。从 14 世纪起，分层次学院的设立将入学儿童从年龄混杂的大杂烩社会中剥离出来，而 15 世纪年级的建立决定了学生内部的进一步区分。

　　这些有时完全由于权宜之计而粗分出来的层次，与后来人们提出的秩序、纪律和教学效率的要求并不吻合，那么当时的这些层次是不是按年龄划分的呢？这样的情况也许存在。巴杜埃尔（Baduel）就曾在 1538 年看到，将学生分年级的方式依据"他们的年龄和他们的成长"。在 16 世纪 30 年代，托马斯·普拉特在四处游荡的青年期即将结束的时候进入一所施莱斯塔德（Schlestadt）优质学校，在此上学的有 900 位学子。然而，他已经感到像他这样的情况极不正常：由于他的无知，使得 18 岁的他不得不投身于一大群孩子之中。他觉得有必要记下这一切在当时不太正常的现象："当我进入学校时，我一无所知，甚至读不懂初级语法书'多那图斯课本'。然而我已经 18 岁了，我坐在小孩中间，就如一只母鸡处在一群小鸡中一样。"

　　然而，我们不应该被这些少数的迹象所蒙蔽，如果我们将这些迹象孤立地看，就有可能将其扩大化。有时在分班时，年龄和文化程度恰好重合，但不是一贯如此。当年龄和文化程度出现错位时，人们有时会感到有点奇怪，但更经常的是对此不以为意。现实中，人们更关注文化程度而不太在意年龄。在 17 世纪初，年级成员的年龄并不完全一致，年龄的同质性是 19 世纪末才出现的特征，但在这一时间段，年级向着这种同质性方向逐渐前进。学校的年级最初并不以人口学因素为依据来组成，后来才逐渐地根据年龄来建立框架，这是起初并没有预见到的。因此在能力结构和年龄结构之间存在着一种不易察觉的关系，不易察觉是由于在当时最普通的习惯中人们对此并不在意。新的分析和区分需要（在最具知识性的领域，即教育领域产生现代意识的特征）随后刺激了其他领域的身份区分的需要和方法，如在劳动领域出现了劳动分工；在年龄表现上，人们已对智力和年龄太悬殊的人混杂产生反感。但这种年龄分离在理论上还得不到承认，只是在经过长期经验摸索并在实践中已经盛行之后，它才得到人们的确认。这使我们得以更深入地研究学生的年龄问题以及年龄与年级结构的相关性问题。

第四章 学生的年龄

196 我们研究了学校年级与学生年龄的相关性,研究了学校的课程(首先逐一检视了15世纪、17世纪和18世纪若干传记中的内容)。然后又分析了某些"人名录":校长和教师们不断更新学生名单,由此可以根据年龄组成年级。

经过这些分析以后,我们可以得出一些基本观点。

对16世纪和17世纪初某些儿童的早熟,我们可以视为中世纪学校习惯的残余,同时也是普遍的学徒制习俗的残余。在这些习惯和习俗中,各种年龄混杂,早熟的技艺除了被人们认为具有某些超群的天赋外不会引起太多的惊讶。我们还注意到,一些社会成功人士,即那些回忆录的作家们,都有某种早熟的特征,而早熟在相当长的一段时间里被视为成功的属性。然而,稍后到了18世纪,对年轻天才的普遍崇敬开始转移。对早熟的反感是对年轻人不分年龄的习惯的第一个缺口。随之而来的是学校排除年龄过小儿童的政策,不论他们有没有天赋,学校或拒绝他们入学,或将他们编入最低等的年级,或要求他们留级重修,这种政策暗示了要将学龄前儿童与学龄儿童区分开来的新态度。直到17世纪中叶，人们才倾向于将第一个儿童段确定在五岁至六岁，到了这一年龄，孩子可以离开母亲、奶妈或保姆。到了七岁，孩子可以进入学院，甚至可以从二年级开始学习。随后，进入学院（至少能够进入三个语法年级）[1]的学龄被延后到九至十岁。因此儿童的最初10年被排除在学院之外，人们由此将九至十岁以前的小童与十岁以后的学童区分开来。最普遍表达出来的延迟孩子进入学校年龄的理由是年龄过小儿童的孱弱、"弱智"和无能，却很少提到由于儿童的天真无邪所面临的危险，即使提到这些危险，也不仅仅局限于最小的孩童。

因此，对早熟的反感标志着学院做出了第一步切分：最小孩童的年龄延长至十岁。

然而，虽然最小的孩子由此被区分开来，但学校中的其他孩子在17和18世纪仍然保持年龄混杂的情况。10—14岁的儿童、15—18岁的少年和19—25岁的青年仍然经常同处一个年级。直到18世纪末，人们还没有要将他们区分开来的想法。甚至到19世纪初，虽然最明显的成年人，即超过20岁的"有胡须者"被彻底排除出去，但人们并不反感那些晚熟的少年出现在校园里，年龄差距很大的人混杂也并没有引起震动，只要最小的孩子不再在其中现身。事实上，人们还不需要将第二阶段的儿童期（超过十二三岁）与少年或青年区分开来。这两个层次的年龄段仍然混

---

[1] 学院的年级分为六个年级，第一年称为六年级，第二年为五年级，依次类推。前四个年级为语法年级，然后是人文学年级和修辞学年级。——译者注

淆在一起——第二段儿童期稍后在19世纪多亏高等教育（大学和大学校）在资产阶级中的扩展才被分离出来。在第一帝国时期，甚至在征兵（资产阶级子弟非常容易逃避）中，人们仍然没有区分跨度很大的年龄，我们现代的区分度在当时还没有得到社会承认。

人们注意到，第二段儿童期与少年不加区分的情况虽然在19世纪的资产阶级中消失，但直到今天还在被中等教育排除在外的劳苦大众中继续存在。大部分小学仍然保留教育的共时性习惯。年轻工人一旦获得了小学毕业证书，即使不经过任何技术学校或学徒培训中心的学习，也可直接进入对学校区分年龄的做法非常陌生的劳工世界，他选择朋友的年龄范围会比经过中学学习的人更为宽泛。儿童晚期、少年期、成熟期早期在他看来并不冲突，而在经受了中等教育和高等教育（或相似的教育）的资产阶级世界中，它们是互不相容的。

第二段儿童期与少年期由于年龄与学校年级关系逐渐、缓慢的确立而最终得以区分。长期以来，在16世纪，甚至在17世纪，这种关系非常不确定。

学生每年升级的正规化、要求所有的学生（而不是少数学生）都要经过完整系列年级学习的习惯，以及建立适合人数更少、成分更一致的年级的新教育制度，最终在19世纪初使得年龄与年级越来越严密的关系固定下来。教师于是习惯上根据学生的年龄来组成年级。因此，以前混淆的年龄群体根据年级开始区分开来，因为自从17世纪末叶以后，年级已经被认为是学校的构成单位。

如果没有学院以及它活生生的基本细胞，资产阶级也许不会在意他们孩子的年龄差异，也许在这方面他们与下层社会对年龄的忽视有同样的眼光。

第五章　纪律的进步 [1]

在 15 世纪以前，学生不用服从超团体的纪律威权，也不用服从学校等级制。但他并不自由自在。他或者居住在学校附近自己家里，或者居住在别人家中。后一种情形更为常见，学生与这一家庭签订有学徒合同，规定他必须到学校去上学（当然是拉丁语学校）。于是他进入协会、行会、宗教团体等等这类组织之中，这些团体用虔诚的或者轻松的活动，用信仰敬神、喝酒、聚餐等形式维系着其共同体生活的情感。而且年幼的学生总是追随老学生，分享他的生活条件，不论是有钱还是没钱；反过来，老学生常常殴打小学生，剥削小学生。总之，学生们从属于某个社会或某个伙伴团体，其中的伙伴关系（有时残忍，但却真实可靠）决定了他们的日常生活，其作用超过了学校和老师，因为这种伙伴关系被大众舆论所承认，并具有道德价值。

从中世纪晚期开始，这种伙伴体系在具有影响力的舆论圈中遭遇到日益增加的反对。它的状况不断恶化，最终被人们视为一种杂乱无序和无政府的形式。在它缺失的情况下，学龄青年依照

---

[1] 本章节中的省略号表示此处略去了某些段落。

新的发号施令和威权等级原则进行了重组。当然，这种进展并非儿童特有，它也延伸至整个社会。绝对君主专制制度的建立即是其中一例。然而，在学校里，此进展刺激了（或可说追随了）人们儿童观念上的改变（我们特别感兴趣的就在于此），而且这两种变化平等发展。

* * *

我们现在追寻这种新纪律原则进步的足迹。

……

从 15 世纪起，这些秩序维护者和明智的组织者在反对学生行会式伙伴关系习俗的同时，寻求将关于童年和学童教育的新理念传播开来。吉尔松和埃杜代维尔[1]枢机主教就是怀有这种精神的典型。对于埃杜代维尔大主教来说，让孩子放任自由，不受等级制的约束，不可能不存在危险。[2]孩子处在"不坚定的年纪"（etas infirma），它需要"更强有力的纪律和更严格的准则"来管束。他认为，学校的教师（principales）不是这些伙伴之中的首领。他们应该与他们领导的这些"软弱者"（infirmi）脱离。他们的任务不仅仅如老学生带新学生那样停留在增加学生的知识上。作为第一位的，他们应该塑造这些孩子的精神，传授美德，教育的同时要

---

[1] 法国大主教（1403—1483），全名吉约姆·德·埃杜代维尔（Guillaume d'Estouteville）。——译者注

[2] Théry, *Histoire de l'éducation*, 1858, 2 vol., t. II, appendice.

引导。这样的思考在以前的文献中没有如此清晰地显现过。

这些教育家的精神已经发生了变化。有意识和合理地挑选他们的合作者（其他教师和副手——善良、认真和博学之男子[submonitores：viros bonos，graves et doctos]），使用他们的权力进行纠正和重整，不应放纵姑息，这已经成为他们义不容辞的责任。因为此事关乎灵魂拯救，对此他们要对上帝负责——否则将受责罚（ne eorum dampnationem）。

与此同时，出现了两种新的观念：儿童软弱的观念和教师道德责任的观念。新观念要求的纪律体系不能植根于中世纪的旧学校，因为在那里老师并不对课堂以外学生的行为感兴趣。

……

新纪律必然通过业已存在的现代学院组织和其他教育组织而引入，并得以充分地实施。在这些组织机构中，校长和教师们不再是各自为政的首长（primi inter pares），而是更高层权力的代理人。正是由于学院的专制和等级式的管理制度，越来越严格的纪律体系才能从15世纪起逐渐建立和发展起来。

*　*　*

对此纪律体系做明确界定，人们可以区分出三大主要特征：严密不间断的监视、根据管理和机构原则建立起来的告密制度和广泛应用的体罚。

……

由16和17世纪的纪律史可以看到两大重要事实。

首先，这是一种令人备受侮辱的纪律：决定权在教师手上的鞭子，以及为教师所用的互相监督制度取代了原来的行会式团体关系。在原来的行会式团体模式中，学生和成年人被一视同仁。当然，这种发展并非儿童特有，也并非15—16世纪特有。体罚的普遍化是与社会的专制化（绝对专制主义）和社会的等级化同步进行的。但是，在体罚得到公认后，儿童的纪律和成人的纪律存在着基本的不同，这种不同在中世纪时远没有达到这样的程度。成人之中，不是所有的人都需要进行人格矫正：有身份的人就可以免去。纪律的施行成为区分人们社会地位的工具。相反地，所有的孩子和年轻人，不论他们的社会地位如何，都受到同样纪律的约束，都要接受鞭刑。但是，这绝不意味着在学校里就不存在社会地位的区分。它在那里也存在，就和其他地方一样，而且同样明显。然而贵族成人受体罚被看作有损名誉的观念并不能阻止体罚扩展到他们的孩子身上。它甚至成为对儿童新态度的表现之一。

第二种值得我们分析的现象是受鞭刑孩子年龄的延长：最初只针对小小孩，从16世纪开始，它扩展到所有的学生，有些学生的年龄接近甚至超过20岁。人们趋向于减少童年和青少年的区别，通过让他们受同样的纪律约束，将青少年推回到童年的行列。在学校内部（因为在学校以外与学校无关或关系非常小的世界中，事情好像不完全如此），青少年远离成人，与儿童混在一起，他们与儿童分享被体罚的耻辱，受到对恶行的惩罚。

童年由此延长至青少年，与青少年难以区分，这一童年群体的特征来自人们有意让他们感受耻辱。整个童年群体,不分社会地位,均要服从于针对犯恶行者而实行的有损颜面的处罚。儿童特殊的观念、儿童与成人不同的观念开始于最基本的儿童软弱的观念,这种观念将儿童降低到最下层社会阶层的地步。

* * *

要让儿童蒙受耻辱,由此把他区别出来,并对他进行改造的想法在整个18世纪逐渐淡化,学校纪律史可以让我们追随集体意识在这方面的变化。

……

在法国,舆论表现出的对学校纪律制度的反感导致1763年该制度被废除,当时人们利用耶稣会被查禁的时机,重组学校体系。

……

人们不再认为体罚的奴役性和令人蒙耻的特征与儿童的软弱相匹配。这种特征反而引起了人们的谴责,最初的谴责是零星分散的,但随后就蔓延开来。人们认为,童年不是受奴役的年龄,让人蒙羞的做法对他们不适用。

这样的反感最初针对的是对小小孩的惩罚,但反应最激烈的却是针对年龄大的学生。渐渐地,不再鞭笞修辞学年级的学生成为惯例。

……

同时,人们还抛弃了古老的告密做法。波尔-罗亚尔修道院系统和具有冉森教派传统的小学校成为摒弃这种做法的先锋。约1700年，新建立的圣芭尔勃学院（collège de Saint-Barbe）也采用了波尔－罗亚尔的方式。[1] 它同时废除了体罚、由心怀仇恨的耶稣会士采取的中世纪竞争原则以及告密制度。此外，在每周讨论谴责和处罚事宜的教师例会上，有一位学生代表（保护者）出席，来为他的同学们辩护。另一种精神由此诞生。1763年后，它在圣路易大王学院和所有其他的学校机构获得胜利。

……

旧学校纪律的松绑与新儿童观念相适应。新的儿童观不再与儿童的软弱相联系，不再承认让儿童蒙受耻辱的必要性。从此新观念考虑的是要在儿童身上唤醒成年人才有的责任感和尊严感。儿童与其说和成人相对（尽管在行为方式上明显有区别），不如说是成人生活的准备阶段。这种准备不可能一蹴而就。它需要不断的关怀，需要分阶段，需要培育。这是一种教育的新理念，最终在19世纪大获全胜。

……

---

[1] Quicherat, *Histoire de Sainte-Barbe*, 1860.

第六章 "小学校"

本章涉及两种现象的研究：第一种发生在17世纪，年龄从5—7岁到10—11岁的学生在小学校和学院低年级中专门化；第二种发生于18世纪，两种分属不同社会群体的教育专门化，一种教育专门面向大众，另一种教育专门面向资产阶级和贵族。一方面，人们将儿童与他们中的年长者区分开来；另一方面，人们又将富人和穷人分离。我认为，这两种现象之间存在着联系。它们都是一种普遍要求分隔倾向的表现，这种倾向要将混杂的东西鉴别出来，将各具特点的东西分离开来：这是一种与笛卡儿概念清晰的思想革命有关的倾向，最后导致了现代平等社会的产生，在此社会中严格的地理区隔取代了古代等级的混杂。

第七章　学龄儿童的粗野

对于儿童的这些行为举止（带武器斗殴等），现代人一定会感到惊讶，并认为不太合适：这些行为在我们看来是与我们对儿童和低龄少年的观念不相称的。如果我们对成年人、对大众阶层的此类行为还能看得过去，那是因为我们把这些行为看作心智上尚未成熟的迹象。在16世纪和整个17世纪，人们把小学生与士兵、仆人甚至乞丐等归为一类，同属流浪者和无赖的世界。拥有地产的高尚之人也互相不信任。第戎的一位议事司铎[1]，谈到城里的镀金青年（高等法院的院长之子也在其中），以及他们于1592年"前去图卢兹大学法学院学习"一事，其口吻犹如谈一群**害人精**（vermine）："能够摆脱这批害人精真是太好了"，完全把他们当成一批坏孩子。一位拉里维[2]喜剧中的人物把某些小学生等同于桀骜不驯的人，他们游离于文明社会的边缘："我不认为他们是小学生，而是自由民，目无法纪，没有渴

---

[1]　Ch. Mutteau, *Les Ecoles de Dijon*.
[2]　意大利出生的法国戏剧家（约1550—1612），全名皮埃尔·德·拉里维（Pierre de Larivey）。——译者注

望。""自由民"在当时的意思就相当于流浪者。当今我们用俚语指一位成年人为"浪荡者"之词（truand）就源自学校拉丁语"trutanus"，即"游民"之意；但后者主要指学生中的游手好闲者，这块旧学校社会中的烂疤。我们看到在英语中也有这样的含义，英语中的"truant"一词首先指的就是不到正规学校上学的孩子。

需要借助教育家们的压力来把小学生与言行放肆的成人分离开来，这两部分的人均为旧时代的继承者，在那个时代，优雅的仪表和语言不仅属于教士，更应该说专属于知书达理的成年人。一种新的道德开始将儿童区分出来，至少是学校中的儿童；这就是受过良好教育的儿童。

这种新观念在16世纪几乎不存在，它形成于17世纪。我们知道，这种观念来自占据教会和国家要职的思想精英和道德家的改革思想。受过良好教育的儿童将弃绝原来的粗野和放浪形骸，这些作派将成为下层大众和不良少年们的特征。在法国，受过良好教育的儿童将成为小资产阶级。在英国，他们将成为绅士，这是在19世纪以前还不为社会所知的一类人，他们是由受到威胁的贵族面对民主浪潮为了自卫而通过公立学校（public schools）创造的。19世纪统治阶级的习性最先通过一些思想先驱强加给了原来不听话的孩子们，这些先驱最初只是提出了一些概念，还没有在小孩身上具体实施。这些习性最初是孩子的习性，那些受过良好教育的孩子的习性，后来到了19世纪就成了社会精英们的行为方式，逐渐地成了全体现代人的行为方式，无论他属于哪个阶级。古老中世纪的吵吵闹闹首先被儿童所抛弃,最终也被大众阶层抛弃:今天它依然存在,成为不良少年们的遗产,这些不良少年是16世纪和17世纪初流浪汉、乞丐、非法居民、小学生们的最后继承人。

结　论　学校和儿童的期限

在本书第一部中,我们已经研究了两种儿童观念的诞生和发展:第一种儿童观流传广、大众化,即视儿童为"溺爱"对象。这种观念局限于儿童最初的岁月,与儿童期短暂的概念相对应。第二种儿童观,表现为意识到儿童的纯真和软弱,并因此意识到成人两方面的责任,一方面要保存纯真,另一方面要给软弱增强武装。这种儿童观长期只属于少数的法学家、教士和道德家。如果没有他们,儿童也许会一直停留为"胖娃娃"和"小囡囡",一直是有趣温顺的小东西,人们逗他们玩,疼爱他们,却随心所欲,不问他们的意愿,不考虑他们的道德问题和教育问题。孩子在5—7岁后不经过渡就融入成人世界中。此类短暂儿童期的观念长期存在于大众阶层之中。17世纪的一些道德家和教育家继承了可追溯至吉尔松、15世纪巴黎大学改革者、中世纪末期学院缔造者的传统,通过成功地改造学校机构和教育实践,加强纪律建设,最终确立了长期儿童的观念。我们发现,最早主张儿童现代观念和主张现代学校制度的是相同的人,都热衷于教育事业。

当人们在儿童穿有领裙子的年龄和公认的成人年龄之间引入一个阶段后,童年超越了蹒跚学步和牙牙学语阶段而得以延长,该人生阶段以前并不常见，但以后越来越普遍，即学校和学院的阶段。我们的社会对年龄段的划分是围绕制度设置而进行的。旧制度时期尚未察觉到的青少年年龄段在 18 世纪晚期和 19 世纪先通过征兵后通过义务兵役而被甄别出来。在 16—18 世纪，小学生（écolier）属于延长的童年段（"小学生"一词直到 19 世纪还是"大学生"[étudiant] 的同义词，人们使用时往往是不加区分的，而"学院生"[collégien] 一词还不存在），而 19 和 20 世纪的应征入伍者则属于青少年段。

然而，学校机构的此类人口学意义上的功能并没有马上显露出来。相反，在很长时间里，学校对年龄段的分割和区分并不在乎，因为它并不把教育儿童作为基本目的。没有任何东西预设中世纪的拉丁语学校担当道德培养和社会教育的角色。中世纪的学校不是面向儿童的，它某种意义上是技术学校，是为培养"教士"服务的，教士有"年轻者和年长者"，就如米柯的《现代教理》中提到的那样。因此，学校一视同仁、不加提防地招徕儿童、年轻人、成年人（不论是早熟的还是发育迟缓的）来到威严的讲坛之下。

至少直到 18 世纪，这种心态在生活上和学校习俗中还大量存在。我们已经看到，年级分层和规范化是如何被延迟，在每个年级内部不同年龄段的人又是如何混杂，每个年级既有 10—13 岁的幼童，也有 15—20 岁的青少年。在一般用语里，"到了上学的年龄"并不一定意味着所指是一名儿童，因为"到了上学的年龄"也可以被认为是一条界限，超过这一界限人们可能就很难有成功的机会了。正是应该从这样的角度来解读特蕾莎·潘沙给她丈夫桑丘的忠告,我们从 17 世纪的翻译本中引出这段话:"别忘了我们,别忘了我和我们的孩子们〔这是向准备跟随堂吉诃德去远征的桑丘道别〕。你该特别注意,小桑丘已经满 15 岁了,如果你那位当修道院院长的叔叔想让他以后进教堂做事,也该让他去上学了。"[1] 人们想让他去上学,就可以去上学,无所谓太早或太迟。如此看问题的方式在整个 17 世纪一直流行,尽管也有反方向观念的影响。在 18 世纪仍然还有残留的痕迹,以至于在法国大革命后,最年长的教育家仍然对这种状况记忆犹新,还带着批判的语气,提到旧制度的学院中有年老的学生。这种现象到 19 世纪才最终消失。

学校对儿童教育的忽视不能仅归咎于滞后的保守者。值得注意的是,文艺复兴的人文主义者与他们的敌人(传统的经院哲学家们)分享着同样的观念。他们和中世纪掌管学校权力的教士们一样,将教育与文化混为一谈,将教育扩展到人的整个一生,并不认为教育对儿童和青年有特殊价值,没有想到教育方面年龄的专门化。因此人文主义者在学校建设上的影响微不足道,他们的作用被文学史方面的历史学家们夸大了。学校教育的真正革新者是 15 世纪的神学家改革者,如埃杜代维尔大主教、吉尔松等,是学院和教育机构的组织管理者,最后特别重要的是 18

---

[1] *Don Quichotte*,éd.La Pléiade,IIe partie,chap.5,p. 554.

世纪的耶稣会士们、奥拉托利会修士们和冉森教派的教士们。我们从他们身上看到一些观念的出现,如儿童特殊性的观念、对儿童心理的认识、对相应的儿童心理采用合适教育手段的思考等。

旧制度的学院很长时间保留了对它祖先(大教堂拉丁语学校)的记忆,因此它迟迟没有成为特别为儿童设立的教育机构。

* * *

不是所有的人都要经过学院或小学校的学习阶段。就那些从来不进学院门,或只在里边待很短时间(1—2年)的人来说,他们依然具有中世纪早熟的习性。人们的童年时期依然非常短。当时的学院并未将童年期延长,一切如故。

即使在17世纪,入学也还不一定受出身的限制。许多年轻贵族不去学院,不在乎军事学院,而直接去战斗部队服役。塞维涅夫人在她关于1675年杜雷纳(Turenne)元帅[1]之死的著名叙述中提到,在元帅的身旁,有他年仅14岁的侄儿。在路易十四统治后期,有一些14岁的尉官。舍韦尔(Chevert)[2] 11岁就开始军旅生涯。[3]

---

[1] 法国著名军事将领(1611—1675),法国历史上获"法兰西总元帅"称号的六位将领之一。——译者注

[2] 法国将军(1695—1769)。——译者注

[3] E. G. Leonard, *Le Problèmes de l'armée*, 1958. p. 164.

如此低龄情况也存在于军队的士兵中。塞维涅夫人曾经对军事特别感兴趣（正如作家雷奥纳多［E. G. Leonard］指出的那样），她讲到过这样一件逸闻："德普雷奥（Despréaux）[1] 和古尔维尔（Gourville）[2] 去见亲王殿下[3]，亲王殿下让他们视察他的军队。——嗯，您有何高见？亲王问道。——殿下，德普雷奥说道，鄙人以为倘若军人年长一些当更好。您现在的军队中最年长的士兵尚不满十八。"[4]

　　在 17 世纪，这种低龄的情况无论在军官还是士兵中均存在，到了 18 世纪，虽然这种情形还长期存在于士兵之中，但在军官中却消失了。那时的军官需要经过完整的学校学习周期，有时还要延长至专门军事院校学习以后才能进入军队服役。

　　如果说，17 世纪的学校教育尚未成为阶级垄断，它却一直受性别垄断。女性被排斥在校门之外。在女性中间，早熟和短暂童年的习俗从中世纪到 17 世纪一成不变。"自从我 12 岁的钟声敲响（感谢上帝让我们的生命久长）至今，我已经在教堂门廊内结了 5 次婚了"，一位 14 世纪乔叟（Chaucer）[5] 作品中的妇女如是说。然而在 16 世纪末，卡特琳娜·玛丽翁（Catherine Marion）嫁给

---

[1] 法国诗人和批评家（1636—1711），全名 Nicolas Boileau-Despréaux。——译者注
[2] 法国贵族和政治人物（1625—1703），全名 Jean Hérault de Gourville。——译者注
[3] 法国孔代亲王，也称"大孔代"（le Grand Condé）。——译者注
[4] L. Cognet, *La Réforme de Port-Royal*, 1950, p. 13, aussi p. 100.
[5] 英国诗人（约 1343—1400），用伦敦方言创作，使其成为英国的文学语言。——译者注

安托万·阿尔诺（Antoine Arnauld）[1]时，也只有13岁。而且她已经俨然一副女主人的架势，"由于她的第一内室侍女没有拒绝一位男士的抚摸，她就打了侍女的耳光，这位侍女是位20岁的姑娘，非常温顺"。[2]而写以上这几行文字的卡特琳娜·勒梅特尔（Cathrine Lemaître）[3]本人也在14岁结婚。人们曾谈起要让她的一位妹妹（安娜）在12岁时出嫁，只是由于小姑娘受到神召为教会服务才使此计划流产。求婚者并不着急，他对这个家庭情有独钟，卡特琳娜·勒梅特尔告诉我们，因为"他不仅等待成婚直至她（安娜）担任了神职，甚至后来还是丝毫不想（与其他人）结婚，直到他看到家庭中最小的女儿也成了修女。而在谈论他与我妹妹安娜的婚姻的时候，那最小的女儿才六岁"。订婚期最长也仅四年到六年……此外，从十岁起，小女孩就如安娜·阿尔诺一样已经是一位小妇人了，这种早熟是由于小女孩从小就受到要求她们如大人那样行事的教育："从十岁起，这位小女孩（安娜）就有了超前的头脑，以至于开始管理阿尔诺太太的整个家庭。阿尔诺太太也有意让她为之，在实践中将她培养成家庭主妇，因为她的生活定位就该如此。"

---

[1] 法国巴黎高等法院律师，亨利四世国王时期的国务参事，他的妻子出身贵族家庭，与他生育了20个孩子，存活10人，绝大部分与波尔－罗亚尔修道院有联系，女儿中有二人担任波尔－罗亚尔修道院女院长，包括前面章节中提到过的安吉莉卡·阿尔诺。——译者注

[2] L. Cognet, op. cit.

[3] 安托万·阿尔诺与卡特琳娜·玛丽翁的女儿（1590—1651），在丈夫去世后，也进入波尔－罗亚尔修道院。——译者注

除了学习料理家务之外，女孩没有接受任何真正意义上的教育。在男孩去学院读书的家庭中，女孩不学任何东西。费讷隆曾抱怨女孩的无知状态，把它视为普遍现象。他承认，人们给男孩以非常多的关心，"最有才能的人都被用来制定这方面的规则。想一想，学院里有多少教师啊！又有多少经费用于印刷书本、用于科学研究、用于学习语言的方式方法、用于挑选教师……这些都表明人们对男孩的教育有多周全的设想"。但是那些女孩们！"人们自认为不理不睬地把女孩交给既无知又无礼的母亲们指导就可以了。"[1] 因此，妇女们几乎不懂得阅读和书写："请教会女孩正确地阅读和书写。看到那些既有智慧又有礼貌的妇女（上流社会的）不知道如何读出她们看到的那些文字，她们犹犹豫豫，或者用唱歌的声调来读，真让人感到羞愧，但却已习以为常……更为不堪的是她们不会拼写单词，不知道如何连接字母、形成文字"——几乎如同文盲。人们习惯上把女孩交给修道院，但修道院不是为教育而设的，女孩在那里仅仅是跟随参加一些祈祷活动，受到的教育也完全是宗教性的。

17世纪末，曼特农夫人的圣西尔学校为具有现代特征的女子教育机构提供了样板，进入该学校的女孩年龄为7—12岁，在20岁左右离校。[2] 圣于尔絮勒会修女们（Ursulines）的教育反对小学校中男女同校，这种主张反映了一种普遍趋势，该趋势有

---

[1] Fénelon, *De l'éducation des filles*, 1687.
[2] Th. Lavallée, *Histoire de la maison royale de Saint-Cyr*, 1862.

利于女子入学受教育,不过女子学校教育的真正实施晚了近两个世纪。

* * *

从 15 世纪起,特别在 16 和 17 世纪,尽管中世纪忽视学校年龄的观念依然存在,学院在心理学理论因素的影响下,越来越变成基本负责青少年教育和培养的机构。关于当时在心理学因素上的探索,人们可从科尔迪埃的著作中,从耶稣会士的《教育规划》中、从波尔－罗亚尔丰富的教育文献中一见端倪。于是人们发现有建立纪律的必要:这是一种持续稳定并且有组织的纪律,是有别于不太受人尊重的权力暴力的纪律。法学家们认为,他们所谴责的这个无法无天的社会需要铁拳治理,但学校纪律却源自不同的精神和传统。学校纪律来自教会的或宗教的纪律,它与其说是强制管制的工具,还不如说是促进人在道德和精神方面完美的手段。它所寻求的是它的有效性,它是人们共同工作的必要条件,同时也具有陶冶性情、苦行禁欲的特别价值。教育工作者们利用它对儿童实行不间断的、日日夜夜的监督,至少在理论上如此。

中世纪学校与近代学院最基本的不同在于后者引入了纪律。学校纪律从学院扩展到了学生们居住的私人开办的膳宿公寓,有时甚至扩展到整个城市,但在实际执行上收效甚微。教师希望将学生控制得更为严格,而家长们从 17 世纪末叶起则把这种控制看作认真教育的最好条件。最后,以前数目极少的住宿生人数大大膨胀,19 世纪理想的学校就是寄宿制的学校,不论是公立中学,还是小研讨班、教会学院、普通学校等。尽管还保留着一些古老的做法，但是纪律给了旧制度的学院以现代特征，它是我们当代中学教育机构的先声。学校纪律不能仅仅被当作学校内部管理的良好政策，它同时让家长们开始尊重完整的学校周期。学校教育无疑是儿童和年轻人的学校教育，即它不会如中世纪和文艺复兴时期那样超越青少年，扩展到成年人身上。但它是学习期限相对较长的学校教育（然而比中世纪要短）。人们不会再满足于在学院只待上一两年，就如17世纪初常有的情况那样。那时无论是破落拮据的贵族，还是如手工工匠那样的小市民，让他们的孩子沾染一点拉丁色彩就心满意足了。在18世纪末，学校周期已经非常接近于19世纪——至少四五年。儿童于是必须服从在整个学制里越来越严格和有效的纪律，这种纪律把学校里的儿童与成年人的自由分离开来。童年期也由于学生待在学校时间的延长而得以延长。

* * *

一边是在学校学习的人，另一边是依照古老的习俗，在刚刚学会说话和走路以后就进入成人世界的人。不过这种区分与社会地位的划分并不重合。当然，构成学校人口主要核心的是来自资产阶级、穿袍贵族官僚和教会家庭的成员。但如前所述，有些贵族并不去学校，而学校里也有手工业者和农民的子弟。上流社会家庭中的女孩所受教育并不比大众家庭的女孩强，甚至可能还更差一些，有些大众家庭的女孩要去学"完美书写"，因为这是一门谋生的手艺。当时的学院几乎涵盖了我们教育的全部：小学、中学和大学，因此进学校与社会身份的结合度远比我们今天要小。17世纪末期教会在学校教育上努力造就了基督教兄弟学校，这些学校也不完全是为穷人设立的。大众学校中也充斥着小资产阶级，就如学院的低年级中也有手工业者和农民子弟一样。

此种状况的发展本来有可能让我们的现代教育制度建立在统一学校的基础之上：直到18世纪的旧制度只有单一类别的学校。进学校学习也许不会扩展至具有社会意义和地理意义，而学制的长短则可以依据职业不同而有所区别，如司法界穿袍人士和教会人士也许应该多学两到三年的哲学（相当于我们现在的大学阶段），而其他人，如机械工匠或佩剑的军人，则可以早一点结束学业。事情在17世纪中叶就是如此发展：围绕着一所大学院形成由一系列小学院和拉丁语学校组成的辐射状的网络，大学院可以提供最充分的教学课程，越接近边缘学生人数就越少。最边缘的是星云状的拉丁语小学校，那里只提供低年级课程。如果我们考虑到在旧制度下社会等级的僵硬和多样性，这种状况确实让人吃惊：在学校的习惯中，我们看到更多的是职业要求的不同，而不是社会地位的不同。因此，基本的生活态度就如日常生活的许多特征一样并没有多大的差别。

然而，这种状态没有延续下去。从18世纪起，单一的学校被双重教育体系所取代，而双重教育中的每一分支，不仅对应于年龄，而且对应于社会地位：高中与初中（中等教育）对应于资产阶级，小学（初等教育）对应于普通大众。中等教育时间长，初等教育在很长一段时间里时间较短。在法国和英国，需要经过两次世界大战以后的教育革命才将初等教育的时间延长。造成此种对应专门社会阶层的教育专门化的原因之一也许在于长时段教育的技术要求，当时长时段教育已经成为时尚。人们不能再容忍学校里存在那些在一开始就没有决定是否要在学校读到学制结束、没有决定是否要接受游戏规则的小学生们。因为一个封闭团体（无论是学校还是宗教社团）的规则和游戏规则一样，均要求无条件的服从。到了人们有意识地将长学习周期引入规则之时，那些由于社会地位、家长职业、家庭财富的原因而无法承受长期学习、无法坚持到底的学生在学校就不再有立足之地。

不过，教育专门化还另有原因：它来自有权有势者和有思想、有知识者的倡导，我们已经看到从中世纪到近代社会风尚的变革起初也由这些人发起。如前所述，正是他们最先认识到儿童的特殊性，认识到教育在道德建设和社会发展上的重要性，认识到让儿童在为此目的建立的特定教育机构里接受系统培养的重要性。不久，他们中的某些人就被自己的成功（他们自己并没有意识到的社会意义上的成功）搅得有点心神不宁。黎世留在以他的名字命名并请人建造的乌托邦式的城市里设想建一座模范学院。就是这位政治家和继他以后的另一位政治家科尔贝[1]表达了他们对知识分子贬值和体力劳动者招工困难的担忧：原来这是一个古老话题呵，一代一代的资产阶级保守派传承接力直到今天！在17

---

[1] 法国国王路易十四的财政大臣，也译作科尔贝。——译者注

世纪，尽管他们拥有权力，但这些先驱者所讲的话如同在荒漠中一样无人理睬：他们阻挡不了学院的成功，阻挡不了学院渗入乡村，遍地开花。然而，到了 18 世纪，他们的偏见传给了"富有见识"的一族，在某种程度上说，"富有见识"的这一族分布在许多领域，他们的后继者也是如此。这些启蒙思想家、思想沙龙里的常客们由于人数多以及互相联系，对社会舆论产生了重要影响，这种影响是任何法学家、教士或以前的知识分子在过去无法想象的。虽然他们中的某些人，如孔多塞（Condorcet）[1] 仍然忠实于让教育普及所有人的普世教育观念，但大部分人却提出相反的主张，在耶稣会士被驱逐之后，他们提出让一个社会阶级单独享有长时段和经典教育的特权，而将一般大众赶入次等教育区，接受完全的实用技能教育。

我们同时看到最现代的儿童观念也体现在这同一群人中间，他们是开明的资产阶级、格勒兹的崇拜者们、《爱弥尔》(*l'Emile*)[2] 和《帕梅拉》(*Paméla*) [3] 的阅读者。相反地，最古老的生活方式在大众阶层中保留，一直延续到今天，他们服从学校生活的日子还不太长。我们完全有理由想一下，在此方面，19 世纪的前半期在大量童工被招募进纺织工业的影响下，是否存在历史的倒退。童工维持了中世纪社会的特征：儿童低龄进入成人世界。整

---

[1] 法国著名启蒙思想家、政治思想家和革命家（1743—1794）。——译者注
[2] 法国启蒙思想家卢梭的作品。——译者注
[3] 英国 18 世纪作家塞缪尔·理查森（Samuel Richardson）的作品。——译者注

个生活色彩的改变是由于学校对儿童的分别对待,一边是资产阶级的孩子,一边是普通民众的子弟。

因此,现代年龄分类和社会分类存在着惊人的同步性。两者都诞生于同一时期:18世纪末;都发生在相同的环境里:资产阶级。

第三部

家 庭

第一章　家庭的图景

对于 14 世纪之前中世纪的肖像画,如果我们说它们是世俗的,那将会引起争议,因为很难严格区分世俗和神圣之间的界限。然而,在这种反映世界整体表象的肖像画的世俗起源中,有一个主题经常出现、十分流行,具有重要的意义:那就是手艺的主题。考古学家已经向我们展示,罗马时期的高卢人喜欢在浮雕中描绘他们的劳动生活。[1] 人们在别的地方没有发现这种对从事手艺的偏好。在罗马时期北非的浮雕中,手艺主题即使不能说完全缺失,也是十分稀少的,考古学家们对此深表诧异。[2] 这个具有悠久历史的主题,在中世纪得到了继续,甚至得到发展。如果不按照严格的年代顺序,我们可以这样说,中世纪的世俗肖像画,首先是由各种手艺的主题构成的。这种说法比较宽泛,但是并不歪曲事实。具有重要意义的是,长时间以来,手艺是人们日常生活中首要的组成部分,它既体现在高卢罗马时期的浮雕中,也体现在中世纪大教堂的年历画里关于世界的概念中。对历史学

---

[1]　P. M. Duval, *La Vie quotidienne en Gaule*, 1952.
[2]　G. Ch. Picard, *Les Religions de l'Afrique antique*, 1954.

家来说，这种情况难道无须质疑、自然而然吗？人们有没有考虑到，在今天，有多少人宁愿忘却自己的职业，而希望让自己呈现另外的形象？人们徒劳地用诗情画意突出表现当代生活中的功能性因素，这样做的结果是导致一种没有群众根基的学院派艺术。今天的人即便是喜欢自己的职业，也不会选择让艺术家表现自己的手艺，就算艺术家可能会接受。中世纪肖像画中的手艺主题，其重要性在于标志着一种时人认同的精神价值，正如一个人的私人生活，首先在于他的手艺。

和手艺联系在一起的最流行的其他主题之一是四季。我们在论及"生命的年龄"时，已经认识到了四季的重要性。[1] 我们知道，西方中世纪喜欢用符号的形式表达观念。这些观念之间的联系，隐藏在符号的表征后面，时人强调的是这种隐秘的联系。他们将四季和许多手艺联系在一起，就像将四季和生命各阶段或其他东西联系在一起那样。这就是各种用石头和玻璃做成的年历画、大教堂的日历画和时祷书的象征意义所在。

有关12个月的传统肖像画是在12世纪确立的，我们在圣德尼、巴黎、桑里、夏尔特尔、阿米安、兰斯等地附近都可以发现这些传统肖像画，其主题是工作和日期。肖像画的内容一方面包括了农夫在田地里最重要的工作对象：干草、玉米、葡萄园和酒、猪等；另一方面包括了休息的时期，即冬季和春季。肖像画中的劳动场景只有农夫参加，在闲暇的场景中，也包括贵族，但

---

[1] 参见本书第一部第一章。

是农夫和贵族各自的闲暇场景并不相同。1月（国王节）属于贵族，他们坐在丰盛的餐桌前。2月属于农夫，我们可以看出他们在砍柴，并急切地想坐到火堆旁。5月，或者是一个农夫在花丛中间休息，或者是一名青年贵族在狩猎，准备他的猎鹰。唤起人们对年轻人5月庆典的记忆。在这些场景中，主人公总是只有一个人，偶尔有一个男仆站在正在桌边吃饭的主人身后（在圣德尼）。此外，主人公总是男人，妇女从未出现过。

我们可以看到，这些肖像画一直在时祷书中发展着，延续到16世纪，其中体现出一些重要的趋势。

我们首先看到的是妇女的出现，即浪漫爱情中的女主角或是家庭的女主人。在贝里公爵的时祷书中，2月里农夫的形象，与前述巴黎、桑里和阿米安的肖像画中的农夫形象有所不同，不再是单独一个人。除了在积雪覆盖的庭院中瑟瑟发抖的农夫之外，房屋中有三位妇女围坐在火堆旁。此外，时祷书中还出现了室内的场景：一个冬天的晚上，男人脱去了鞋袜，坐在壁炉前烤火。旁边，他的妻子正在安静地纺线（夏尔·当古莱姆的时祷书）。4月呈现的是一个恋爱的季节，女士和她的恋人在一个带围墙的花园里（夏尔·当古莱姆）。我们还可以看到她陪伴着骑士们打猎。但哪怕是贵族妇女，也不仅仅是在4月的花园中无所事事、带点儿幻想的女主人，或是5月节日中骑马的女骑士形象，她同样在领导4月份花园中的活计（都灵时祷书）。农村妇女出现得更频繁，她和男性一起在田间工作（贝里时祷书、昂古莱姆时祷书）。炎夏中，她为正在收割的人送来喝的（海尼希时祷书、格里马尼日课经)。她的丈夫用手推车推着她和她带来的酒。在属于贵族的快乐的4月和5月中，骑士和贵妇们也不再孤单。正如都灵时祷书中，贵妇在她的花园中忙碌的情景，贵族和农夫、收割葡萄的人混杂在一起（都灵时祷书中是采樱桃的人）。距离现代的时间越近，特别是16世纪，我们就越能频繁地看到领主的家庭和农夫在一起，检查他们的工作，参加他们的游戏。在许多16世纪的织锦挂毯中展示了这样的场景：领主和他们的孩子们在采摘葡萄或者验收玉米的收成。男人不再形单影只，成双成对的形象也不再仅仅是端坐有礼的情侣。无论是在家中还是在户外的田野中，妻子和家人加入了男人的劳动，生活在他身边。严格地说，还没有家庭的景象，因为在15世纪的作品中，仍然缺少孩子的形象，但是，艺术家们感觉到，需要用一种此前没有的对私人生活的关注，来朴素地表达夫妇之间的合作，包括在家务和在日常劳作中的合作。

　　与此同时，街道出现在年历画中。早在中世纪，街道已经是肖像画中一个常见的主题。13世纪有关圣徒德尼生平的手稿中，就有从巴黎桥上看到的街景，那是一幅给人印象深刻、令人羡慕、特别富有活力的场景。犹如现今的阿拉伯城镇，街道是各种手艺人劳作的场所，同样也是人们交流、谈话、娱乐和游戏的场所。在私人生活（艺术家长期忽视）外，其他所有的事情都发生在街道上。然而，大多取材于乡村生活的年历画长期以来却对此没有表现。到15世纪，街道在年历画中占据了一席之地。虽然都灵时祷书中的11月和12月被描绘成传统的杀猪献祭仪式，但举行的地点是在街道上,并且街坊邻居都站在各自的门口观看。其他地方(例如《萨伏依之阿黛拉伊德时祷书》中)出现了市场的场景。一些小痞子正在偷偷地割开那些忙碌而粗心的主妇们的钱包。这里,我们注意到了幼小窃贼这个主题,他们一直存在于17世纪底层风格的绘画作品中。[1] 同一套年历画的另一幅图景展示了从市场回家的景象:一位爱攀谈的妇女在邻居的窗前停下脚步,隔着窗户和邻居聊天。一些男人坐在房檐下的长凳上休息,津津有味地看着那些正在玩老式网球和打闹嬉耍的男孩们。中世纪的街道,和现今的阿拉伯街道相似,并不妨碍私人生活的隐私性,它是私人生活、家庭式劳动组织和社会关系的一个延伸。而艺术家们对私人生活的描绘,相对而言是很晚的。他们是在街道上开始抓住它的,随后才随它进入室内。很有可能,发生在街道上的私人生活和发生在家里的一样多,甚至更多。

和街道一起,游戏也进入了年历画的图景:包括骑士们的游戏,例如马上比武(都灵时祷书、海尼希时祷书)和所有人都可以参加的游戏。还有民间的节日,例如围绕在桂树下跳舞的五月节。《萨伏依之阿黛拉伊德时祷书》的主要内容就是各种游戏:有多人室内游戏、体力游戏和比赛敏捷性的游戏,还有传统性游戏,包括国王节、五月节的舞蹈、摔跤、曲棍球、苏勒球、雪仗。在其他年历画中,我们还可以看到射箭游戏(海尼希时祷书)、音乐伴奏的游船会(海尼希时祷书)和嬉水节(格里马

---

[1] *Livre d'Heures d'Adelaïde de Savoie*, duchesse de Bourgogne, Chantilly.

尼日课经）。然而，我们知道，在那个时代，游戏不仅是一种消遣，还是对社群或团体的一种参与形式。群体游戏是在家庭成员之间、邻里之间、不同年纪的人之间、不同教区之间进行的。[1]

最后，从 16 世纪开始，在年历画中，一个新的角色产生了，那就是儿童。虽然，在 16 世纪的肖像画中，已经时常出现儿童的形象，尤其是《圣母圣迹》的书里，但是，在年历画中儿童依然是缺席的，似乎这一传统的绘画体裁一直不愿接受儿童这个后来者。在田间工作的妇女身边并没有儿童的角色，仅仅在一月节的宴席中有儿童在服务，还有在《萨伏依之阿黛拉伊德时祷书》中的市场里，我们可以看到儿童。在这本时祷书中，我们还可以看到儿童在玩雪球，对教堂中的布道者起哄，然后被赶出门外。在 16 世纪佛兰德斯年历画的最后部分，儿童才被赋予欢乐的主题，人们可以感受到艺术家对他们的喜爱。海尼希和格里马尼的日课经中，有和贝里公爵时祷书中非常相似的白雪覆盖的村庄。正如我在上文中描述过的那样，那是在 1 月，农夫急匆匆地赶回家，要加入房子里烤火的妇女们的行列。然而，作者增加了另一个角色——儿童，儿童被描绘成当时的肖像画中常见的撒尿孩童的形象，朝着敞开的大门口撒尿。这种撒尿孩童的形象随处可见，例如，在图卢兹的奥古斯丁博物馆收藏的圣让－巴蒂斯特布道图（这幅画曾挂在该市高等法院的礼拜堂里）和提香的一幅画作中都可以见到。[2]

---

[1] 参见本书第一部第四章。

[2] L'un des putti de la Bacchanale du Prado （Madrid）.

提香：《三个年龄》

在海尼希和格里马尼的这些日课经中，儿童在滑冰，自得其乐地模仿成年人的马上比武（其中有一名儿童据说是年幼的查理五世）。在慕尼黑时祷书中，儿童在进行雪球大战，在祈祷书《灵魂之园》(Hortulus Animae)的插图中，他们模仿爱情游戏，也进行骑马比武（但以骑木桶代替了骑马），还有溜冰。[1]

年历画就是这样引入了新的角色，首先是妇女、邻居和同伴，最后是儿童。儿童是和一种此前察觉不到的亲情需要以及与亲密生活的需要联系在一起的，虽然还不能确切地说是家庭生活。

在16世纪，这种与月份有关的画像最终产生了一种对本书的主题具有标志性意义的变化——它带上了家庭的特征。绘画是

---

[1] *Hortulus animae*, Francfort, 1907, 7 vol.

通过与另一个传统的符号体系——生命的各个阶段——合并而带上家庭的特征的。当时已经有好几种象征生命各阶段的方式，其中有两种最为重要。最流行的一种是以雕刻的形式流传下来的。它用一种金字塔形阶梯的形式来象征生命各个阶段：先是上升表示从出生到成熟，然后下降表示从衰老到死亡。大画家们不喜欢这种肤浅的构思，为了抵制它，他们普遍使用另一种三段式的象征手法：儿童、成年人（经常是一对夫妇）和老人。提香的一幅作品可以说是这种类型的代表[1]——首先展示了两个熟睡的小天使；然后，是一对夫妇，由一位吹着长笛、穿着农村服装的女子和一位裸体的男子组成；最后是一位佝偻的老人，他坐着，头埋在手中，已经死去。在17世纪凡·代克的作品中[2]，也用同样方式处理了生命的阶段这个主题。在这些作品中，人生的三个或四个阶段，是按照传统绘画的手法，被分开描绘的。没有人想到，将这些象征生命的三个或四个阶段的不同世代的人的画像合在一起，放入一个单独的家庭中。艺术家，以及他们所代表的观点，仍然对生命的个人主义观念持有信心——在命运的不同时刻描绘同一个个体。

然而，在16世纪的历史进程中，一种新的观念出现了。这种观念用家庭中的等级制来象征生命的延续。我们已经引用过《万事大全》这一古老的中世纪文本，它被翻译成法文并于1556年

---

[1] Londres. Bridgewater Gallery.

[2] Les Quatre âges de la vie.

出版。[1] 我们已经指出，它是整个世界的一面镜子。这套书中的第六本就处理生命的阶段。它用木版画的形式，既没有用阶梯图示，也没有将三四个阶段分开描述，而只用了一个聚集在一起的家庭，来象征生命的各个阶段。父亲坐着，膝头上坐着一个年幼的孩子。他的妻子站在右边，一个儿子站在左边，另一个儿子则跪着接受他父亲给予的东西。这同样也是一幅家庭画像。那个时期，在荷兰、意大利、英国、法国和德意志，人们创作了大量这种形式的绘画。到 17 世纪，画家和雕刻家更是广泛地描述家庭的主题。这个主题注定将得到最广泛的流行。在中世纪晚期，家庭的主题也并非完全被人忽略。在著名的威尼斯总督府凉廊的柱头浮雕中，人们用婚姻这种方式，发展了家庭这个主题。这些作品，因其风格和服装，看上去十分逼真，但是更令人惊讶的是这种主题的早熟。文图里认为，作品的创作时间大约是在 1424 年前后，[2] 而托斯卡则上溯到 14 世纪末。[3] 这座凉廊是八角形的，将各面的浮雕内容联系起来，是一个悲剧性的故事，它说明了生命的脆弱。这种主题在 14 和 15 世纪是常见的，但是发生在一个家庭的内部，这种题材是全新的。首先我们看到了订婚的场面，然后是青年女子穿上了缝有许多小型金属饰物的正装。饰物很简朴，或者可能就是硬币，因为硬币是当时民间婚礼和洗礼的组成

---

[1] 参见本书第一部第一章。

[2] Venturi, *Storia del Arte ital.*, t. VI, p. 32.

[3] Toesca, *Storia del Arte ital.*, t. II.

部分。第三幕是婚礼的庆典，新人中的一位将一顶花冠戴到另一位的头上——这是东方礼拜传统中保留下来的仪式。然后新人被允许拥抱接吻。第五幕中，他们赤身躺在婚床上。孩子出生了，睡在襁褓中，父母一起抱着他。夫妇的衣着比他们订婚和结婚时要显得朴素，因为他们已经是承担责任的人，衣着更加庄重或者说不那么时尚了。第七幕包括了整个家庭。他们摆好了准备画像的姿势，夫妇每人都搂着一个孩子的肩膀，拉着他们的手，这已经和《万事大全》中的家庭画像一样了。但是在第八幕中，悲剧发生了，全家陷入哀悼中，因为孩子夭折了。他躺在自己的床上，双手合放在一起。他的母亲一手在擦眼泪，另一只手握着孩子的胳膊，而父亲则在祈祷。在这座凉廊旁边，另一座凉廊的柱头浮雕，描绘的是一些裸体的小天使，愉快地与水果、小鸟和球一起玩耍。这个主题没有新意，我们仍然可以将前一个有关婚姻的主题视为绘画文本的首要内容。

　　婚姻的故事用家庭的故事开头，但以一个完全不同的主题——夭折——结束。

　　在图卢兹的圣雷蒙博物馆，我们可以发现一部年历画的残卷，根据画中人物的衣着，我们可以判断这是16世纪后半叶早期的作品。在7月的图景中，我们可以看到家庭聚在一起，和同时代的《万事大全》一样，但比后者增加了一些具有重要意义的细节——在父母身边出现了仆人。父亲和母亲站在画面中间，父亲拉着儿子的手，母亲则拉着女儿。一个男仆站在男主人旁边，一个女仆站在女主人旁边，和描绘捐赠者的肖像画一样，画中不同性别者是分开的,父亲和儿子在一边,母亲和女儿在另一边,而仆人成为家庭的一个组成部分。

8月仍然是收获的季节,但是艺术家没有直接描绘收割的场景,而是描绘了领主验收成果的场景。领主手中拿着一些钱,准备交付给农夫,这种场景和16世纪常见的一种肖像画题材有关,这种题材在当时的织锦挂毯上出现得尤其频繁,其内容是乡村的绅士们检查农夫的收成,或者加入农夫们的娱乐中。

10月是家庭盛宴。农夫和他的孩子们围坐在桌边。最小的孩子被放在一张高脚凳上,使他也能够得着桌子。这是一种专门为这个年龄的儿童制造的椅子,它的式样流传至今。一个围着餐巾的男孩正在服务,他可能是一名男仆,也可能是接受了服务任务的一位亲戚,这个任务并没有给他带来耻辱感,餐桌旁的其他人也不会因此而看不起他。

11月,父亲老了,而且病了。病情是如此严重,家人请来了医生。医生正在用传统绘画中常见的姿态,检查病人用的尿壶。

12月,全家围坐在父亲的病榻旁,神甫已经被请来。妻子跪在床脚。在她后面,一位年轻女子伏在母亲膝盖上哭泣。一位青年男子手中拿着一支细长的蜡烛。在背景中我们可以看到一名幼儿,毫无疑问是孙子,这是将延续这个家庭的第三代。

通过这些图景,这本年历画就将一年中的月份变迁和生命的发展阶段融为了一体。但它采用了家庭的发展阶段这个角度,来代表生命的发展阶段:家庭创建者的青年时代、被子女围绕着的壮年时代、老年、疾病与死亡,并且是善终。死亡是一个传统主题,既是生命的结束,也包括了一位家长在家庭成员簇拥中谢世的含义。

这部年历画中的故事,开端和前述威尼斯总督府凉廊柱头浮雕中描绘的那个家庭相像,但结局中去世的并不是儿子——那个最受宠爱的儿童。年历画中的故事,遵循的是一个更自然的过程,是老父亲走到了生命的尽头而去世。他的一生是充实的,伴随他的是一个和睦的家庭,并且毫无疑问,老父亲给家人留下的,是一份运转良好的财产。和威尼斯浮雕中的那个家庭最大的区别是,这份年历画中,不再涉及突然的死亡,而是说明了一种新的观念——家庭的观念。

* * *

226   在年历画中出现家庭这一主题,并不是一个孤立的事件。在16、17 世纪所有的绘画中,朝着同样方向,发生着一场大规模的演变。

起初,艺术家们描绘的场景,或者是一个不固定的空间,或者是类似于教堂的公共空间,或者是在室外。哥特艺术从罗马 - 拜占庭的象征主义中解放出来,室外的景象变得越来越多,也越来越具有象征意义,这是一种新发明的透视方法以及风景画流行的结果。例如,一位女士在带围墙的花园中与她的骑士幽会,穿越田野和树林的狩猎活动,女士们相约在花园的喷泉边嬉水,军队进行演习,骑士们开展操练,军队在国王下榻的帐篷四周扎营,军队驻扎在城市,诸侯进出于富庶的市镇并受到民众和有产者的欢迎，诸如此类。我们通过桥梁进入城市，路过正在打铁的铁匠摊位。我们看到卖小饼的摊贩经过，满载货物的帆船沿着河流顺流而下。仍然是在开放的空间中，我们看到人们举行游戏和比赛。在路上，卖艺人和朝圣者与我们相伴，中世纪的世俗绘画画的均是户外场景。在13或14世纪，当艺术家们试图描绘特殊的趣闻轶事以及一些花边新闻时，他们开始犯愁，他们那令人吃惊的浅薄变成了笨拙。（完全无法与15、16世纪画趣闻轶事的画家们的高超技艺相提并论！）

室内的场景因而极端稀少。但是从15世纪开始，这样的场景变得越来越多。从前的福音书作者在绘画中被置于一个没有时间性和空间性的地方，此时变成了一名坐在书桌前，拿着一支羽毛笔和刮字刀的抄写员。开始，他坐在一幅装饰普通的窗帘前，最后他坐在书房里，书架上摆满了书籍。人们由此从福音书作者过渡到如傅华萨（Froissart）[1]那样住在书房中的作家，正在自己的书上签名。[2] 在上文提到的威尼斯的作品中，妇女在工作和纺织，或者躺在床上。她们不总是单独的，而有女仆陪伴。我们可以看到厨房和旅舍小屋。恋爱的或者是谈话的场景，此后都发生在室内一个封闭的空间里。

儿童出生的场景开始出现，圣母的出生为它提供了舞台，女仆、教母和助产士围绕在分娩者的床四周。死亡的主题也同样出

---

[1] 让·傅华萨（1337—1404），法国中世纪重要的编年史作者。——译者注
[2] A. Lindner, *Der Braslauer Froissart*, 1912.

现了,死亡发生在卧室中,弥留之际的人躺在床上,正在为他的灵魂拯救做最后的搏斗。

这种日益增多的对房内景象的描绘,和一种新观念的出现有关。这种新观念指向的是个人生活的隐私性。室外的景象并没有消失,它们将会在风景画中得到发展,但是室内的景象变得数量更多和更富有创造力,而且从此为这种绘画确定了特征。私人生活,在中世纪的背景下,进入了造型艺术之中,尤其是16世纪的西方绘画和雕刻,并在17世纪达到了顶峰。从17世纪的荷兰、佛兰德斯的绘画和法国的雕塑中,我们可以看到这种此前时断时续,或者被忽视的情感的强大力量。这种情感已经是如此的现代,以至于我们几乎无法理解它曾经是多么新颖。

私人生活的丰富图景可以分成两种类型:一种是处于社会生活边缘的活动,例如吃喝嫖赌等,发生在小酒馆、流浪汉和乞丐的露营地等社会的阴暗角落。由于这些题材与本书的主题无关,因此我们将不讨论它们。私人生活的另一种类型,就是家庭生活。如果穿越16和17世纪的美术陈列室和画廊,我们会对一股家庭题材作品的大潮而感到吃惊。它在17世纪前半期的法国达到了顶峰,贯穿整个17世纪,并在荷兰获得了超越。这场运动在17世纪下半叶法国的雕刻、水彩画作品中仍在继续,在18世纪的油画中重新出现,延续到整个19世纪,直到从艺术中废除油画的美学革命为止。

16、17世纪群体画的数量不计其数。有些画的主题关于行会和互助社,但是大部分描绘的是一个聚集在一起的家庭。我们可以看到，这种家庭的肖像始于 15 世纪，来自于画像的捐赠者。他们低贱地让人将自己画在一个宗教场景的下方，以表示自己对教会的敬意和虔诚之心。最初，他们被画得不太显眼，而且是单独出现。然而，很快这种画像中就出现了整个家庭，包括活着的和去世了的所有成员。妇女们和夭折的孩子们也有一席之地，一边是男人和儿子，另一边是妻子和女儿。

在捐赠者数量增加的同时，画像中人物的数量也多了，而画作的宗教性质却越来越弱，宗教场景变成了插图，几乎成为一个附属品。最常见的情况是，宗教内涵被简化为圣父和圣母，圣父站在男性一边，圣母在女性一边。观察圣父圣母崇拜所占据的地位是合适的，他们被描绘成家庭的保护者。在这里，说明出现了带有家庭特征的私人性的宗教崇拜，与对保护家庭的天使的崇拜是相似的，只是后者更具人格化，更多地和儿童时期联系在一起。

在 16 世纪的作品中，我们可以举出很多例子，来说明这种捐赠肖像画及其家庭性主题的发展。例如，蒙福尔－拉莫里（Montfort-L'Amaury）的蒙莫朗西（Montmorency）家族的埃库恩（Écouen）城堡中的家庭彩绘玻璃画；又如，德国一些教堂的柱子和墙上的许多还愿画，其中有一些仍在纽伦堡教堂中原来的位置上，其他还有很多现在保存于德国和瑞士德语区博物馆内的作品，它们通常是简单和粗糙的。[1] 看来，传统形式的宗教性家庭肖像画在德国盛行的时间，比其他国家更长。这种传统形式的

---

[1]　Bâle，musée des Beaux-Arts.

宗教性家庭画像是用于教堂的。它看上去仿佛是前文述及的捐赠者的彩绘玻璃画的一种成本更低的形式，更加古朴。而且，它开启了故事性更强、内容更丰富多彩的还愿画的传统，后者主要兴盛于18世纪和19世纪早期，它不仅描绘了包括健在成员和去世成员的家庭聚会，还描述了将家庭或某个成员从海难、事故、疾病等灾难中解救出来的神奇事件。描绘家庭的肖像同样也是还愿画的一种创作手法。

伊丽莎白时期的英国浅浮雕，提供了另一个通过家庭的肖像表达虔敬之情的例子。需要补充说明的是，这种现象是英国特有的，在法国、德国和意大利既不经常出现，也不具有普遍性。许多16和17世纪的英国坟墓，用平面浅浮雕或圆雕的形式，将整个家庭聚集在逝者周围。给人印象最深刻的是，这些浮雕将所有孩子，无论是健在的还是夭折的都包括在内。在威斯敏斯特修道院，我们现在仍然能够找到一些这种式样的坟墓。例如，1571年去世的理查德·派克索（Richard Pecksall）爵士和他的两任妻子合葬在一起，在他的墓碑底部，刻有四个小孩，那是他的四个女儿。在1578年去世的玛格丽特·斯图亚特的卧像两边，刻有她所有儿女。1586年去世的温彻斯特侯爵夫人维尼弗莱德的坟墓上，有她的卧像和丈夫略小一些的跪像，旁边是孩子的微型墓。

1596年去世的约翰爵士和他夫人帕克宁，并排躺在他们的8个女儿中间。而1601年去世的诺里斯夫妇，则是跪坐在他们的6个儿子中间。

在霍德汉姆（Holdham），1639年去世的约翰·库克（John

Coke）的坟墓上刻有 21 个幼小的形象，就像捐赠者的画像中那样排列成行，每人手中都拿着十字架。在汉勃莱登（Hambledone），1633 年去世的科普·戴雷（Cope d'Ayley）的坟墓上，4 个男孩和 3 个女孩站在他们父母的跪坐像前，其中的一个男孩和一个女孩分别捧着双亲的头颅。

在威斯敏斯特，白金汉公爵夫人于 1634 年为她 1628 年遇刺身亡的丈夫建造了坟墓。夫妇两人的卧像位于他们子女的簇拥之中。[1]

这些德国和英国的陵墓，将家庭肖像画中遗留的中世纪因素延长了。从 16 世纪开始，家庭肖像画从宗教功能中解放出来。仿佛所有的画布都被捐赠性肖像画的图景入侵、占领了，宗教性的形象遭到了驱逐，或是完全消失，或是只有在画面远处的墙上，挂着小幅的宗教纪念物。在提香大约 1560 年左右完成的一幅作品中[2]，再次体现出了还愿画的传统：画面表现了科尔那罗（Cornaro）家族的男性成员，包括一位老人、一位花白头发的中年人、一个黑胡子的年轻人（胡子的形状和颜色暗示着年龄），还有六名儿童，其中最小的一个正在和狗玩耍，这些男性成员环绕着一座祭坛。家庭肖像画也能采用现实的形式和教堂画的形象。在维多利亚和阿尔伯特博物馆有一座 1628 年的三联浮雕，其中的一幅刻着一个小男孩和一个小女孩，另两幅刻的是他们的父

---

[1]　Cf. Fr. Bond, *Westminster Abbey*, 1909.
[2]　Titien, K. d. K., p. 168.

母。[1] 这些图画不再具有宗教的内涵，他们此后被用于装饰私人家庭。这种肖像的世俗化毫无疑问是一个重要的现象：家庭位于某个成员的家中，并且只关注自身。人们感到了一种需求，它要求将家庭的现状固定下来，对于逝去的成员，有时通过挂在墙上的画像或者铭文，人们能回忆起他们。

这种家庭的肖像数量庞大，把它们列举出来并无用处，名单既冗长，又千篇一律。我们能在佛兰德斯找到它，也能在意大利找到它，在提香被保存在维罗纳的一幅作品中、在法国勒南和勒布伦的作品中能找到它，在英国也能找到它，在荷兰则是在凡·代克的作品中。从16世纪到18世纪初，它们和个人的肖像画数量一样多。人们经常说，肖像画反映了个人主义的发展，也许是这样。但值得注意的是，它尤其反映了家庭的观念带来的巨大进展。

刚开始，家庭各个成员被描绘得非常生硬、刻板，无论是在教堂捐赠画中，在《万事大全》意味着生命各阶段的版画中，还是圣雷蒙博物馆的画作中，皆是如此。即使是当他们显得明显富有生气时，他们仍然被置于一个神圣的高度，并表达着将他们联结在一起的纽带。在普比（P. Pourbus）的一幅绘画作品中[2]，丈夫将左手搭在妻子肩膀上，在他们的脚边，两个孩子中的一个重复同样的姿势，将左手放在他小妹妹的肩膀上。在凡·代克为塞

---

[1]　Victoria and Albert Museum, n° 5, 1951.

[2]　Pourbus, *Le Portrait dans l'art flamand*, Exposition Paris, 1952, n° 71.

巴斯蒂安·里尔斯（Sébastien Leers）画的一幅肖像画中[1]，后者抓着他妻子的手。在提香的一幅作品中[2]，三个长胡子的人站立着，围绕着一名儿童。在他们的黑色服装的背景中，这个儿童提供了唯一的亮点。三个男人中的一位指着这个孩子，这个人位于作品正中。然而，许多这类肖像几乎没有，或者很少尝试去给作品中的人物赋予生气，家庭的成员处于并列地位。有时候，用表示他们之间对等关系的姿势连结在一起，但他们没有参加任何共同的行动。博尔热斯（Borghèse）画廊中的波尔德农（Pordenone）家庭就是这样一个典型的例子：父亲、母亲和七个孩子。凡·代克作品中的庞布洛克（Pembroke）伯爵家庭同样如此[3]，伯爵和夫人坐着，其他人物站着，右边是一对夫妇，可能是已婚的一个孩子和他（她）的配偶，左边是两个非常时尚的青年人（时尚是青年男性的一个标志，它伴随着成熟带来的严肃而消失），一个学龄男孩胳膊下夹着一本书，还有两个年轻男孩。

  大约从 16 世纪中叶起，艺术家们开始描绘家庭成员围坐在摆满水果的餐桌旁的画面。画于 1561 年的范博肖（van Berchaun）家庭画像和画于 1577 年的安塞尔姆·德·马尔坦（Anselme de Martin）家庭画像皆是如此。[4] 或者，一家人因奏乐而停止吃饭。我们知道这并不是画家耍的小花招，晚餐经常以演奏结束，或者

---

[1] Titien, Sebastien Leers, sa femme er son fils.Reproduit dans K. d. K., n° 279.

[2] Titien, reproduit dans K.d.K., 236.

[3] Van Dyck, La famille Pembroke, reproduit dans K. d. K., 393.

[4] *Le Portrait...*, Paris, 1952, op. cit., n° 19 et n° 93.

被一首歌曲所打断。一家人为艺术家摆好造型，或多或少有些不自然，这种情况在法国艺术中至少延续到18世纪早期，例如，图尔尼埃和拉吉利埃的作品。但是，特别是在荷兰的影响下，家庭画像经常被处理为一幅风俗画。餐后的演奏是荷兰画家喜爱的主题之一。此后，家庭被描绘成类似速写，是日常生活中的一个时刻[1]：男人们围坐在壁炉边，妇女从火上拿起锅，一个姐姐正在喂她的小弟弟吃饭，此后，就很难将一个家庭的肖像和一幅描绘家庭生活的风俗画区分开来了。

* * *

在17世纪上半期，旧的中世纪寓意画也受到这个普遍趋势的感染。艺术家将其处理为家庭生活的例证，脱离了肖像画的传统。我们已经看到了年历画这个例子中所发生的变化，其他的古典寓意画也发生了同样的变化。在17世纪，生命的阶段变成了家庭生活图像的题材。在亚伯拉罕·博斯一件关于人的四个年龄阶段的雕刻作品中，童年使人联想起我们所谓的育儿室：摇篮中的婴儿由一位体贴的姐姐照看；一个穿连衣裙的小孩站在一个带轮子的幼儿活动栅围中（15—18世纪很常见的一种装置）；一个小女孩抱着她的洋娃娃，小男孩拿着纸风车；两个大一些的男孩——其中一个将他的帽子和斗篷扔向地板——准备打架。成年被表现为将整个家庭聚集到餐桌边的正餐，许多画像中都有相似

---

[1] P. Aertsen, milieu du XVIe siècle. Reproduit dans Gerson, I, 98.

的场景，也是经常在法国的雕刻和荷兰的绘画作品中被重复的话题。这是 16 世纪中期的《万事大全》所代表的这一时代的灵魂精神所在，也体现在图卢兹的圣罗曼博物馆的小型雕刻中。壮年总是伴随着家庭生活。于阿尔（Huart）并没有把全家聚集在餐桌边[1]，而是聚集在父亲的办公室里。他的父亲是一个富有的批发商，院子里堆满了大捆的货物。父亲正在算账，手里拿着笔，站在他身后的儿子正在协助他。在父亲身边，母亲正在照顾他们的小女儿。一个年轻的仆人，看上去毫无疑问去了他们的农庄，背着满满一背篓食物走进来。17 世纪晚期盖拉尔的一件雕刻作品采用了同样的主题，父亲比上一件雕刻作品的主人公年轻些，正透过窗户指向远处的港湾、码头和船只，这是他财富的来源。在屋子里面，有他算账的桌子，桌上放着他的算筹和一个算盘。他的妻子一边摇着一个襁褓中的婴儿，一边照看着另一个穿小袍子的小孩子。画上的题词为肖像画定了基调，强调了它的精神：

> 幸福快乐属于那些遵守天堂的法律，
> 将自己最美好的时光奉献给他的上帝、
> 他的家庭和他的国王的人。[2]

---

[1] Humbelot-Huart, Cabinet des Estampes, Ed. 15 in f°.

[2] Gravure de Guérard （Cabinet des Estampes, 0 à 22, t. VI, vers 1701）.

在这里，家庭被置于和上帝、国王同等的地位，这种态度在20世纪的我们看来并不出奇，但在那个年代是全新的，它的表述使我们感到震惊。在另一幅作品中表达了同样的主题，艺术家描绘了一位年轻妇女向正在从她背后爬上去的孩子露出胸膛，我们必须牢记在17世纪儿童断奶是很晚的。此外，在另一幅盖拉尔的同时代的雕刻中，我们看到女主人拿着钥匙，领着孩子，向一个年轻女仆发号施令。[1]

其他寓意画同样加入了家庭的场景。在17世纪早期荷兰一幅描绘五种感觉的作品中，画家用此后常见的手法表现嗅觉——母亲将裸体小孩的屁股擦干净。[2]

亚伯拉罕·博斯同样通过一幅描绘家庭生活的图画，将四要素之一的"土"进行象征化。在花园中，保姆抱着一个穿裙装的男孩，小孩的父亲、母亲站在房子的门口，疼爱地注视着孩子，向他扔水果哄他玩。孩子象征着大地的果实。

甚至宗教性的八福主题也为家庭生活的浮现提供了条件，在波纳尔（Bonnart）和桑德拉（Sandrart）的作品中[3]，第五福被表现为母亲对孩子的宽恕，她给孩子们糖果，原谅了他们，这已经是19世纪的富有人情味的家庭精神了。

从整体而言，现代的风俗画始于传统的中世纪寓意画。但

---

[1] N. Guérard, La femme en mariage, gravure, Cabinet des Estampes Ee 3 in f°.

[2] David II Ryckaert (1586-1642). Musée de Genève.

[3] Bonnart et Sandrart, Cinquième Béatitude, Cabinet des Estampes, Ed. 113 in f° t. I.

第一章 家庭的图景

是，从此以后，旧的主题和它新的表述之间的距离就很远了。当我们看斯泰拉描绘夜晚的一幅作品时，我们忘记了四季的寓意，也忘记了这是冬天。火边的男人们在房间的一边共进晚餐，在房间的另一边，围绕着壁炉，在纺车附近的妇女们在纺线、将灯芯草编织成垫子，孩子们在玩耍、嬉水。我们看到了一个火边的夜晚，而不再是冬天，也不再是代替壮年或人生的第三个年龄段，而是一个聚集在一起的家庭。一种具有原创性的肖像画产生了。它首先揭示了旧式绘画中被忽略的主题。家庭的观念是这个肖像画的最初灵感来源，这是和原来的寓意作品的灵感完全不同的灵感。列一张这类题材的清单也许轻而易举，不断重复可达令人生厌的程度：母亲照看着摇篮中的孩子[1]；或者把他抱在胸前哺乳[2]；女人为孩子洗澡；母亲为孩子在头发中找出虱子（这是极为常见的活动，而且它并不局限于儿童，萨缪尔·佩皮斯 [Samuel Pepys] 同意这一点[3]）；婴儿睡在摇篮中，他的小哥哥或者小姐姐踮起脚尖看他；在厨房或者储藏室里，男仆或

---

[1] G. Dou, K. d. K., pp. 90, 91, 92.

[2] Fragonard. dessin. Exposition Fragonard, Berne, 1954. G. Dou, K. d. K., 94. Brouwer W. de Bode, p.73. Berey, gravure, Cabinet des Estampes Ed. 108 in f° Stella, L'hiver, gravure, Cabinet des Estampes Da 44 in f°, p. 41.Crispin de Pos, Cabinet des Estampes Ec 35 in f°, p. 113.

[3] Dassonville, gravure, Cabinet des Estampes Ed 35 c pet. in f°, 5, 6, 26. G. Dou, K. d. K., 94. G. Terboch, Femme épouillant la tête de son enfant, Berndt, 109. P. de Hooch, K. d. K., 60.-Siberechts, Berndt, 754.

235　年轻女仆陪伴着孩子[1]；或者孩子出门买东西。最后这个主题在荷兰绘画中很常见[2]，也同样出现在法国雕刻家的作品中，如亚伯拉罕·博斯那个世纪的中期（在糕点铺），和勒加缪所处世纪的晚期（小酒馆）。但是我们应该准确理解这些绘画中的精神。勒南的一幅作品描绘了一个疲倦的农夫睡着了，他的妻子正让两个孩子安静下来，向他们指出他们的父亲正在休息，不能将其吵醒，这已经称得上是一幅18世纪的画家格勒兹式的作品了，当然不是指绘画本身和此画的艺术风格，而是指作品所表达的情感。画中人物的行动集中在儿童身上，在彼得·德·奥什（Peter de Hooch）的一幅作品中[3]，一家人聚在一起用餐，父亲在喝酒。一个大约两岁左右的孩子站在一张椅子上，他戴着一顶圆形的有衬垫的帽子，这种帽子在那个时代很常见，可以起到保护作用。一位妇女（女仆？）用一只手扶住他，而另一只手递给另一名妇女（孩子的母亲？）一杯酒，后者正取出一块饼干。她试图给鹦鹉喂食这块浸湿的饼干，来逗这个孩子开心。处于这个家

---

[1] G. Dou, K. d. K., pp. 122, 123, 124 (Enfant à la cuisine regardant préparer les légumes). P. de Hooch.Une servante passe un broc à une petite fille K. d. K., 57. A. de Pope, Enfant regardant la cuisinière plumer le gibier, Berndt, 634. Velasquez, Un serviteur prend l'enfant dans ses bras pour le mettre sur la table où sont des fruits, K. d. K., 166.Strozzi, La cuisinière plume une oie, G.Fiacco, pl. IV. M. Le Nain, Le jardinier, Fierens, 87.

[2] G. Dou. Une petite fille paie la marchande, K. d. K., 133. Van Mieris, Enfant achète un biscuit et le mange, Berndt, 533. Le Camus.

[3] P. de Hooch, reproduit dans Berndt, 399.

庭中心的儿童的娱乐，保障了家庭的统一性。这是画家的真实主题，他的寓意所在。家庭的观念，出现于16、17世纪，它和儿童的观念是不可分割的。对儿童的兴趣，我们在本书开头已经分析过了，它仅仅是家庭这一更广泛观念的一种形式，一种特殊的表达。

* * *

一项关于肖像画的分析将我们带向这样的结论：在中世纪，不存在家庭的观念，它产生于15、16世纪，在17世纪得到了最终的有力表达。将这个假设和治中世纪社会史的史学家们的研究进行对照，是很有意思的。

法律史和社会史家的基本观点是：血缘关系组成了两种群体，而不是一种。这两种群体具有相同的轴心，但是有区别。一种叫家庭（mesnie），以夫妇为核心，和我们现代的婚姻家庭类似。另一种叫家族（le lignage），包括同一个祖先的所有后代。家庭和家族之间不仅有区别，而且是对立的，一方的加强会导致另一方的弱化，至少在贵族中是如此。尽管家庭从来没有包含整个家族，但包括许多共同居住的成员，他们之间的血缘关系是多种多样的，有些时候甚至包括几个家庭。这些家庭根据一种被称为亲谊（fraternitas）的所有权模式，依靠一块共同遗产生活，他们并不愿意分割这块遗产。生活在父母身边的包括没有独立财产的子女，还包括单身的堂、表兄弟。这种以家庭形式共有财产所有权的群体，存在时间很少超过两代。这种情况为19世纪关于大型父权制家庭的传统主义理论提供了萌芽。

现代婚姻制家庭因此被看作一个演进过程的结果。这个过程始于中世纪末,在家族的弱化和夫妇共有财产趋势弱化的共同作用下出现。

事实上,关于家庭和家族之间关系的历史,远比上面讲的复杂。通过对9—13世纪马孔地区社会的研究,乔治·杜比追踪了这段历史。[1]

杜比写道,在法兰克国家,"10世纪的家庭,从任何方面来看,都是一个收缩到它的最基本的定义的共同体:一个婚姻组成的细胞,有些时候,家庭成员之间的联系在双亲过世之后会延续一点时间,但在亲谊式所有权框架中,这种联系十分松弛。原因是联系毫无用处——旧法兰克国家和谐的社会器官仍然生气蓬勃,足以允许一个自由人过一种独立的生活,并且倾向于这样一种态度:如果他愿意,与朋友和邻居的关系可以替代与父母的关系"。

但是,由于国家解体,家族和亲谊反而得到发展。"在公元1000年之后,政治权力的重新分配迫使人们更紧密地聚集起来。"由此产生了血缘关系的强化。和封臣制、领主制、村社共同体等其他形式的人际依附关系一样,血缘关系满足了一种关于保护的需求,和共存、庇护等其他方式的人类关系一样,"过于独立在特定的危险下缺乏保护,于是骑士们向家族寻找保护"。

---

[1] G. Duby, *La Société aux XIe et XIIe siècles dans la région mâconnaise*, 1953.

与此同时，在 11、12 世纪的马孔地区，我们可以注意到共有所有权的发展，正是在这个时期，出现了夫妇财产共有所有权并由丈夫来管理的制度。而在 10 世纪，丈夫和妻子各自经营自己继承的财产，各自买或卖，并不需要另一方的干涉。

夫妇共有所有权经常扩展到儿童，剥夺了他们生前获赠的权利。"在父系家庭中，在祖先的权威下，整合扩展至没有任何个人积蓄和经济上不能独立的后代身上。"共有所有权经常在双亲过世后延续。"有必要再现当时一个贵族家庭的样子：在同一块领地上，在同一个'城堡大院'中，聚集了 10 个或 20 个领主，两三对夫妇及他们的孩子，以及未成家的兄弟和姐妹们，一个时不时来串门的当司铎的叔叔，帮助这个或那个侄子规划职业生涯。"这种同胞共同生活制度很少能保持两代以上，但是，哪怕是遗产被分割之后，家族对全部被瓜分的遗产仍然保持一项集体性权利：家族的赎回权。

这种描述首先适用于骑士式的家庭，我们已经可以把他们称作贵族家庭。乔治·杜比推断，农夫家庭没有经历和骑士家庭同样程度的血缘关系强化的过程，因为农夫经过法兰克国家的解体，变得一无所有，是通过和贵族完全不同的道路重新发展的。领主的监护权立刻代替了公共权力的保护，而且村社很快为农夫提供了一个组织的框架，一种与家庭不同性质的保护。村社之于农夫的作用就相当于家族之于贵族的作用。

在 13 世纪的历史进程中，情况再次发生了变化。修道院经济、动产的扩展、交易的频繁，和与此同时君主权威的上升（不管他是卡佩王朝的国王还是一个大采邑的领主），还有公共安全的考虑，这些新情况都加剧了家族的收缩和对共有财产所有权的放弃。婚姻家庭再一次变为独立的，但是，在贵族阶层中，并没有倒退到 10 世纪家庭的那种松散联系。在 11 和 12 世纪，为了维持未分割地产的统一性，父亲被赋予权威，这种权威得到了保持甚至加强，我们同样知道，从中世纪末期开始，妻子的权利不断地减弱。同样，在 13 世纪的马孔地区，为了保持遗产及其不可分割性，长子继承权开始在贵族家庭中流行，它代替了亲谊。后者越来越少见。长子继承权代替亲谊和夫妇共有财产所有权可以被视为一种标志：人们已经认识到父亲权威的重要性和父亲与孩子构成的群体在日常生活中所处的地位。

乔治·杜比总结道："事实上，当国家的权威弱化的时候，家庭是受到威胁的个人首先的庇护所。但是，一旦政治制度为他提供了充分的安全保证，他就脱离了家庭的束缚，血缘的纽带就松开了。家族的历史是一段时紧时松的历史，松紧的节奏是随着政治秩序的调整而变化的。"

杜比不像其他法律史家那样过多强调家庭和家族的对立。在他看来，这与其说是家庭取代家族的过程（事实上这似乎是精神层面的变化），倒不如说是一种血缘关系膨胀或者减弱的过程。血缘关系时而扩张到整个家族或是同胞兄弟姐妹之中，时而缩小到夫妇小家庭。人们有这样的印象：只有家族能够激起感情和想象的力量。这是它在骑士小说中留下那么多痕迹的原因所在。相反，缩小了的家庭共同体，只有一种模糊的生活，因而处于历史学家的注意之外。不过这种模糊性是可以被人们认识的。在情感和价值领域，家庭和家族不是等价的。人们会说，在中世纪，家族观念是当时人们所知的唯一带有家庭特征的观念。但是，这种家族观念与 16 和 17 世纪的肖像画中展现出来的家庭观念似乎非常不同。它延展到血缘联系，但却与起源于共处和亲情的价值观无关。家族从来没有在一个狭小的空间中聚集过，诸如围绕着一个乡村庭院，和塞尔维亚的父系制共同体（Zadrouga）无法相比。法律史家们认识到，在 15 世纪之前的法国，找不到任何大的共同体的痕迹。相反，家庭观念和住宅联系在一起：管理住宅，生活在住宅里。但是在中世纪，它的魅力并不为人所知。因为存在着一个和它相像的特殊概念：家族。

但是从 14 世纪开始，我们看到现代家庭的轮廓初显。我们已经十分了解这段历史，这个过程已被 P. 珀蒂奥清晰地概括了出来。[1]"从 14 世纪开始，我们看到，妻子在家庭中的地位开始了缓慢而又不可逆转的恶化，当她的丈夫不在或精神失常时，她失去了取代丈夫地位的权利。……最后，在 16 世纪已婚妇女被置于一种无权利的地位，因而，她未经法律或丈夫的权威而采取的任何行动都是完全没有效力的。这种进展强化了丈夫的权力，后者最终建立了一种家庭内部的君主制。""从 16 世纪开始的皇家立法致力于加强丈夫的地位，特别是在子女婚姻方面的权力。""当

---

[1] P. Petot, "La famille en France sous l'Ancien Régime", dans *Sociologie comparée de la famille contemporaine*, Colloques du CNRS, 1955.

240 家族关系削弱时,丈夫在家庭中的权威变得强大。妻子和子女更严格地臣服于这种权威。这种两方面同时发生的运动,毫无疑问展示了社会习俗和社会状况的一种变化……"此后,一种以前被赋予家族的价值观现在被赋予家庭,家庭成为社会的细胞、国家的基础、君主权力的基石,我们下面还将看到共同的宗教所赋予它的地位。

* * *

中世纪这种对家族及其荣誉、成员之间的团结的颂扬,是一种特殊的世俗感情,教会对此并不认同,持怀疑态度。这种异教徒式的对血缘关系的自然主义态度,是令教会反感的,教会在法国接受了王权的世袭,但意味深长的是,在国王的加冕典礼中,教会并不提及王权世袭的合法性。

此外,中世纪的人们并不知道使世俗生活神圣化的现代原则,或者说,在例外情况下,接受世俗生活神圣化的原则;例如,被封为圣徒的国王(但是这位国王已经被祝圣),出色的骑士(但是骑士的就位仪式已经成为一种宗教仪式)。仪式化的婚姻本来可以使夫妻结合高贵化,并给予这种结合以一种精神价值,由此也同样使家庭高贵化。事实上,如果能够通过神圣的婚礼使婚姻合法化,就完全可以达到这一点。但在很长一段时间内,婚姻只意味着一份契约,如果我们研究描绘婚礼的雕刻作品,就会发现,婚礼并不在教堂内部进行,而是在教堂的门厅之前;无论个人的神学观点是什么,大部分神甫都告诉他的教众,要接受乔叟的观点，婚姻是一种权宜之计，是对肉体弱点的让步。[1] 婚姻不能彻底净化性欲本质上的不纯洁性。不过，神甫们并没有模仿南部法国清洁派教会，他们对婚姻的斥责并没有走到谴责婚姻那么远，也没有谴责家庭生活。但他们对一切与肉体有关的事物都显示出怀疑和不信任：人无法在世俗生活中达到神圣。当被婚姻祝福时，两性的结合不再是一宗罪，但也仅此而已。此外，俗人还可能犯其他的重罪，例如放高利贷等，同样威胁其尘世的行为。俗世的人能够确保得救的唯一途径，是完全远离这个世界，进入宗教生活，在修道院的静谧中，他能为他不信神的过去所犯下的错误赎罪。

一直要等到 16 世纪末期圣弗朗索瓦·德·萨尔（François de Sales）时期，或者是 17 世纪的波尔-罗亚尔修道院时期，更多世俗的人加入了宗教的、神学的、精神的和神秘的高层次活动，教会才承认，人在宗教生涯之外，在对国家的责任的实践中，也有神圣化的可能性。

为了使家庭这种和肉体联系如此紧密的一个自然制度能成为膜拜的对象，必须为世俗生活恢复名誉。家庭观念和为世俗的人在宗教上恢复名誉，几乎是沿着同样的道路发展的。因为现代家庭观念与中世纪的家族观念不同，它已经渗入了宗教。最初的标志并不引人注目，它出自还愿画和教堂彩绘玻璃画的捐赠者之手。他们在自己的肖像画里将家人聚集在周围，渐渐形成了惯

---

[1] Chaucer, *The Parson's Tale*. C f. Ph. Ariès dans *Populations*, 1954, p. 692.

例。更晚些时候，捐赠者在画中的圣父母旁边加上了自己和家人。16世纪的还愿画中，圣父母的脚边经常有捐赠者及其家庭围绕。对圣父母的崇拜变成了一种家庭崇拜。

我们还可以看到，在17世纪，家庭观念的影响尤其体现在描绘婚礼或洗礼的新方式中。在中世纪末期，细密画画家习惯于描绘宗教仪式本身，仪式在教堂门口举行。纪尧姆·弗勒朗（Guillaume Vrelaut）在《圣卡特琳娜的生平》中描绘科西阿斯国王和萨比那德王后的婚礼，我们可以看到神甫将自己的披巾折放于新人的手中。[1] 纪尧姆·弗勒朗还在《明君亚历山大的故事》中描绘的马其顿国王腓力二世的婚礼中，在神甫后面教堂大门的门楣上，设计了一个丈夫殴打妻子的雕刻！在16和17世纪，艺术家不再表现婚礼庆典，除非是国王和王子的婚礼。相反的，艺术家选择了婚礼中的家庭因素。亲戚、朋友和邻居们围绕在新娘和新郎的周围。在热拉尔·大卫（Gérard David）的作品（卢浮宫中收藏的《卡纳的婚礼》[*Noces de Cana*]）中，我们看到婚宴的场面。在其他地方我们可以看到陪伴新郎新娘的队列：斯泰拉的作品向我们展示了新娘挽着父亲的臂弯[2]，在她去往教堂的路上，身后是一群儿童，新郎在教堂外等待着。在莫利尼耶（Molinier）的一幅作品中[3]，婚礼已经结束，队列正在离开教堂，

---

[1] Guillaume Vrelant, Histoire de bon roi Alexandre, Petit Palais ms. 546 f° 8. Vie de sainte Catherine, Bibliothèque nationale, ms. frs, 6449 f° 17.

[2] Stella, Cabinet des Estampes Da 44 in f°, p. 40.

[3] D. Molinier, musée de Genève.

左边是新郎和伴郎,右边是穿着婚纱的新娘(但婚纱还不是白色的,象征爱情的颜色依然是红色,和司铎的装饰一样)。在她的伴娘中间,在新娘前面,一个小女孩随着风笛抛撒着硬币。在16世纪晚期和17世纪早期类似《着装的习惯》或《服装的式样》的雕刻集中,通常可以看到新娘、新郎和伴娘、伴郎在一起。在那个时候,婚礼服装变得更专门化(尽管还不是从19世纪开始沿续至今的白色婚礼制服),至少通过一些标志,指明是婚礼礼服。人们开始注意起代表特定地区习俗的细节,用这些细节来代表它们。

最后,所有的民间的粗俗小场景进入了肖像画,例如,新人闹洞房、产妇起床等。

与此相似,艺术家开始在描绘洗礼的时候倾向于传统式的在家中的聚集:从教堂回来之后,客人们喝一杯,一个男孩演奏长笛,邻居们看望产妇妈妈。或者是一些更难界定的民间习俗。例如在莫勒尼耶(Molenaer)的作品中,一位妇女抱着一个孩子,在一个粗俗诙谐的场景中间,所有在场的妇女都用衣服盖住了自己的头。[1]

这些无论是上流社会还是民间的庆典,在体面的人看来,场面都十分放纵。如果将这种上流或民间庆典的风格解释成一种宗教冷漠的标志,将是不恰当的,这种场合的重要性,仅仅在

---

[1] La coucher des mariés, Abraham Bosse. Les relevailles, Molenaer, musée de Lille. Le lever de la mariée, Brakenburgh, musée de Lille.

于它的家庭、社会的特性，而不是它的圣礼的特性。在北欧国家，这种家庭的主题被十分广泛地传播，斯汀（J. Steen）的一件著名的作品向我们证明了这种民间或者是传统教会对家庭的新

斯汀所绘圣尼古拉节的场景

解释。[1] 我们已经有机会强调,在旧制度下的风俗中大型集体活动的重要性。我们已经展示了儿童在这些活动中扮演的角色:和成人混杂。一个具有多元性的社会聚集在一起,非常快乐地聚集在一起。但是,旧式节日确切地说不再是青年人的节日,在这些场合儿童的行为有点像古罗马农神节中的奴隶,他们在成人的伴随下,扮演了一个被传统所固定的角色。而斯汀画笔下的节日,情况正好相反,成年人组织起的这种场合让儿童感到愉悦,这是圣尼古拉节的盛宴,圣尼古拉是圣诞老人的前身。斯汀抓住了这样的时刻:父母为孩子们在房子里各个角落藏好了玩具,正帮助他们寻找玩具。有些孩子已经找到了,有些小姑娘拿着洋娃娃,另一些则抬着装满玩具的木桶。到处是鞋子,也许,将玩具放在鞋中已经是当时的传统。19、20世纪,在一些国家,孩子们不正是将这些鞋子在圣诞夜放在壁炉前?这不再是一个集体性的节日,而是一个亲密的家庭庆典。它带来的结果是:通过收缩到儿童周围,家庭关系的强化得以延续,家庭的盛宴成为儿童的盛宴。现如今,圣诞节成为最大的节日,甚至可以说是一年中唯一的盛宴,对基督徒或非基督徒皆是如此。但在旧制度下,圣诞节的重要性不如现在,它受到与它时间间隔很近的三王来朝节的竞争。现代工业社会使人们对大型集体性节日的厌恶日益增长。圣诞节在工业社会取得的巨大成功正是由于它继承、转化了圣尼古拉节的家庭性特征。斯汀的画作告诉我们,在17世纪的荷兰,

---

[1]　J. Steen,La Sainte-Nicolas,reproduit dans Gerson n° 87.

人们已经在庆祝圣尼古拉节，正如现代西方国家欢度圣诞节，或如今法国的"小耶稣节"，当时的荷兰人已经具有现代的儿童、家庭，以及家庭中的儿童观念。

一个新的主题更加有力地证明了构成家庭观念的宗教因素，那就是餐前祈祷。在过去的很长一段时间里，"礼节"要求男孩在没有神甫在场的情况下，在饭前祈祷谢恩。菲尼沃尔（F. J. Furnival）将一些15世纪有关礼节的手稿汇集出版，名为《童蒙手册》（*The Babees Books*），它为就餐时的行为举止规定了十分严格的纪律——"餐桌守则""就餐时的行为规范"[1]："孩子，餐前要祈祷谢恩。当无任何教会教士在场，如果孩子愿意，请孩子祈祷谢恩，这样最好。孩子，如果座中有一位神甫或主人，用他的权威，要求你这样进行餐前祈祷，你要勇敢地去做，这是一种荣誉。"我们知道，"孩子"这个词，同样指年幼和最年长的儿童。但是，16世纪的礼仪教程，将餐前谢饭的任务只分配给最年幼的孩子，而不要求所有的孩子都这样做。马杜兰·科尔迪埃的基本礼仪教程将这条规定固定下来，一直流传到后世，不断修订再版。一个1761年的版本仍然要求必须在餐前祈祷："如果有教士在场，请他祈祷；如果没有，由最年轻的人祈祷。"[2] 在1671年出版的《新礼仪》中，人们可以读到："当吃完饭的时候，向同

---

[1] *The Babees Book*，publié par F. J. Furnival，1868.

[2] *Civilité puérile et honnête*，1753.

桌鞠躬，这是真正的完美的礼貌。"[1] 在圣让 - 巴蒂斯特·德·拉萨勒的《基督徒文明礼貌手册》中，是这样写的："如果有儿童在场，人们通常让他执行这项任务（谢饭的任务）。"[2] 比韦斯在他的《对话录》中描述了一场大型宴会："主人履行他的权利，分配坐席，神甫让**一名小童**进行祈祷。"祈祷文简短且有趣，采用押韵的形式：

> 桌上放置并将要被放置的食物，
> 皆由耶稣之名得赐福。[3]

因此，不再是座中的一个年轻男孩，而是最年幼的儿童，被赋予了谢饭的荣幸。在这里，我们可以看到，在 16 世纪，这是一种对儿童的重视增加的标志，但是具有实质性重要意义的是，这是家庭性祈祷的组成部分。在很长一段时间内，整个家庭聚集在一起，背诵常见的祷文。取材于这种主题的肖像画，比同样主题的论著更多。从 16 世纪末开始，谢饭成为那些我们已经描述过的新型肖像画的主题。梅里安有一幅雕刻[4]，非常忠实于一种古老的传统，它描绘了一次家庭就餐的场景。父母坐在两张扶手椅中，他们的五个孩子环绕在他们身边，一个年轻女仆正端上

---

[1] *La civilité nouvelle contenant bon usage et parfaite instruction...*，Bâle. 1671.
[2] J. -B. de La Salle，la première éditon est de 1713.
[3] Vivès，*Dialogues*，*t*rad. française，1571.
[4] Merian，gravure，Cabinet des Estampes，Ec 10 in f°.

一个盘子，朝向厨房的门开着，但是，艺术家抓住了这样一个时刻：一个穿长裙的小男孩，靠在母亲的膝盖上，手合拢在祈祷文上，正在颂饭前经，家庭的其他成员正在聆听祈祷，脱帽，双手合十。

亚伯拉罕·博斯的另一幅雕刻作品[1]，展现了在一个新教家庭中发生的同样的场景。安托万·勒南描绘了一位妇女和三名儿童坐在餐桌边[2]，一个男孩站立着正在谢饭。勒布伦则采用了古典的主题。他描绘的是圣家庭：餐桌已经摆好，父亲是一个长满胡子的人，手里拿着一根旅行用的拐杖，站立着；母亲则坐着，充满爱意地看着一个孩子，这个孩子双手合十，正在背诵祈祷文。这幅画被制成雕刻，作为一幅宗教图景而得到广泛的传播。[3]

在17世纪的荷兰绘画中，我们发现了同样的主题，这是很自然的。斯汀的一幅作品中[4]，只有父亲是站立着的，这是一个古老的乡村传统，法国中产阶级家庭放弃这个传统已经很久了。母亲在服侍父亲，两个孩子也是如此，他们也都站着，年龄较小的那个，大约两三岁左右的年纪，双手合十，正在谢饭。赫尔莫斯科克（Heemskerck）的一幅类似作品中[5]，两个老年男子坐着，一个青年男子站着，都围绕在桌旁，还有一名妇女，双手合十坐

---

[1] A. Bosse, gravure, Cabinet des Estampes, O à 44 pet. in f°, p. 65.
[2] A. Le. Nain, Bénédicité.
[3] Lebrun, Bénédicité. Louvre, gravé par I. Sarrabat.
[4] J. Steen, Schmidt-Deneger, p. 63.
[5] Heemskerck (1634-1704), Berndt, p. 358.

着，她身边是一个小女孩，她看着母亲唇语的提示，重复着祈祷文，在 18 世纪夏尔丹（Bénédicité de Chardin）的著名作品《餐前祈祷》中，我们发现的仍然是同样的主题。

这类肖像画的持续性，赋予了这个主题一种特殊的价值，这种儿童谢饭的祈祷不再是一种礼仪的标志。艺术家们喜爱描绘儿童餐前祈祷的场景，因为他们在这种以前常见的祈祷中意识到了一种新的含义。这种肖像画的主题是一种综合，唤起了三种情感的力量，并将它们结合在一起：宗教、儿童的观念（最年幼的孩子）和家庭的观念（一起聚集在桌旁）。谢饭已经成了家庭祈祷的样板。在此之后，不再有私人性的宗教礼拜仪式。一些礼仪教程提到了晨祷（在学校中，寄宿生在洗漱后一起进行）[1]，内容比谢饭要少。他们更多地强调儿童对父母的职责，而这是意义所在（最早，15 世纪的礼仪教程并没有提及儿童对父母的职责，只有对主人的义务）。德·拉萨勒这样说："在向父母问候晚安之前，孩子们不应睡觉。"1671 年出版的库尔丹的礼仪教程中所描述的儿童晚间的行为 [2]，也和前文相近："他应该背诵他的功课，向他的主人和父母道晚安，然后方便，最后，脱衣上床睡觉。"

正是在这个时期，在私人祈祷之外，产生了家庭性的共同祈祷，谢饭是这种共同祈祷中的一种。以此为主题的肖像画，证实了它和一种更灵活的信仰形式相符合。这种家庭性的礼拜，在新

---

[1] Marthurin Cordier, *Colloques*, 1536.
[2] Cf. n 3. p. 245.

教徒的圈子中发展很快。在法国，尤其是在《南特敕令》被废除之后，它替代了公开祈祷，甚至到了这样一种程度：18世纪晚期恢复宗教自由后，牧师发现，对于已经习惯于家庭礼拜的人来说，回到公共礼拜是十分困难的。奥加尔特（Hogarth）的著名漫画表明，在18世纪，共同的晚祷内容是一样的——将家人、亲戚和仆人聚集到父亲周围已经变成传统，十分平常。很可能，天主教家庭也经历了一个类似的过程。他们似乎也意识到需要一种既非公共性的也非纯个人性的祈祷，那就是家庭性的祈祷。

* * *

我们刚刚描绘了勒布伦的《餐前祈祷》，它通过萨拉巴（Sarrabat）的雕刻而闻名于世：人们很快意识到，餐前祈祷的场景同样也属于圣家庭，画面上的圣母、圣约瑟夫、童年耶稣也祈祷和用餐。勒布伦的作品同时属于两个象征体系，在当时，这两个象征体系都很常见，因为两者赞颂同一个主题。正如塔皮耶（M. V. L. Tapié）指出的那样："毫无疑问，这就是人们将家庭原则与对圣家庭的崇敬结合在一起。"[1] 每个家庭都被敦促将圣家庭作为自己家庭的楷模。因此，受同样原因影响，传统的肖像画发生了转变，父亲的权威得到了提升：在卡洛（Callot）创作的另一幅关于神圣家庭进餐的画作中（这幅画同样因同名同主题雕刻而广为流传），圣约瑟夫不再是15世纪和16世纪初的那种模糊的角

---

[1] V. L. Tapie, *Le Baroque*, 1957, p. 256.

色，他出现在前台，担当了家庭的领导者。埃米尔·马勒（Emile Mâle）评论说："圣母、圣约瑟夫和耶稣正在共进晚餐，桌上的烛光营造了强烈的明暗对比，赋予这个场景以某些神秘性。圣约瑟夫正在给童年耶稣喂水，童年耶稣的脖子上围着一块餐巾，充满温情。"[1] 还有被马勒称为"前进中的圣家庭"（La Sainte Famille en marche）的主题，在此主题中，童年耶稣基督被放置于圣母和圣约瑟夫中间。我同意，现代神学家会在这幅图像中看到三位一体，但是，这种共同的家庭性情感，如同对圣家庭的赞颂，同样感人。

圣约瑟夫的权威在很多场景中得到了突出，在17世纪拿波里地区画家的一幅图画中[2]，他手中抱着童年的耶稣基督，占据了画的正中，这样的主题在莫里罗（Murillo）和圭多·雷尼（Guido Reni）的作品中也很常见。在有些作品中，我们可以看到，在童年耶稣的帮助下，圣约瑟夫正在他的木匠作坊中干活。[3]

在进餐的时候，圣约瑟夫是餐桌旁的家庭的领袖，在工作台上的工作时间内，圣约瑟夫也是家庭的领导者，在家庭生活的其他重大时刻，圣约瑟夫始终是家庭的领导者，艺术家们经常表现这个主题。在死亡将他击倒的时刻，圣约瑟夫成为善终的守护神，保持着他的清醒。他临终的情景，与其他被多次重复的父亲

---

[1]　E. Male, *L'Art religieux après le concile de Trente*, p. 312.

[2]　Paccaco di Rosa.

[3]　Carrache, Pesne. Cf. Male, op. cit., p. 311. Le menuisier de Rembrandt.

善终的情景相似，也属于同一类的新兴家庭肖像画。

其他神圣家庭的肖像画激起了同样的情感。特别是在 16 世纪，艺术家们喜欢将耶稣同时代的圣徒描绘成儿童，并将他们聚集在一起玩耍。一匹极具魅力的德国织锦展示了一幅生动别致的画面 [1]：三位玛丽被儿童围绕。这些孩子正在嬉戏、洗澡、玩耍，都玩得非常开心。这个群体不时再现，最著名的是在普瓦捷的大圣母院一幅 17 世纪早期的漂亮木刻上。

这个主题明显地和儿童的观念、家庭的观念联系在一起。在卢萨尔那的方济各会教堂，圣母堂的巴洛克式装饰上，这种联系被高调突出。这些装饰完工于 1723 年。天花板被小天使所装饰，所有的小天使都穿着高雅的衣服，并且每一个都背着圣母的某个象征，用斜体字标出（例如海洋之星等）。在周边的墙上，神圣的父母和孩子们都和真人一般大小，手拉着手，展示着与生俱来的伟大。其中有传福音的圣约翰和玛丽·莎乐美、圣雅克和西庇太等。

来源于《旧约》的主题也同样被用来表达这种崇拜，威尼斯画家卡洛·罗斯（Carlo Roth）用圣雅各的祝福来代替圣约瑟夫的祝福 [2]；和这个场景类似，在生命的阶段中，一位老年人在子女的中间静候死神。但出现最多的是亚当的家庭，它被用作神圣家庭的模板。在委罗内塞（Véronèse）的一幅画作中 [3]，亚当和

---

[1] Göbel I. pl. CLXV. Datée de 1573.

[2] C. Loth (1632-1698), reproduit dans Fiacco, *Venetian Painture*, p. 49.

[3] Véronèse, La famille d'Adam, Venise, palais des Doges.

夏娃站在自家房屋的庭院中，在他们豢养的动物，以及他们的孩子卡伊恩和阿贝尔中间。一个孩子正在吮吸母亲的乳汁，另一个更年幼一些，在地上爬。亚当为了不打搅他们，躲在树后看着他们。人们可以看到他的背部。毫无疑问，人们确实可以在这个"第一位亚当"的家庭中发现一种神学的蕴涵：第一位亚当预示了第二位亚当即耶稣基督的到来。但是体现神学寓意的场景同样可以唤起一种将家庭神圣化的欢乐。

委罗内塞所绘《亚当的家庭》

在那不勒斯的圣马丁女修道院我们发现了同样的主题，在一幅稍晚时代的天花板画上，很可能是在18世纪早期，亚当正在锄地（正如圣约瑟夫干木匠活），夏娃正在纺织（正如玛利亚有时缝补），他们的两个孩子和他们在一起。

*　*　*

因而,肖像画使我们能够追踪一个新的观念的兴起:家庭的观念。我们十分清楚,这个观念是新的,但家庭不是新的,尽管家庭在早期历史上毫无疑问没有扮演像菲斯泰尔·德·古朗日(Fustel de Coulanges)及其同代人赋予它的那种首要的角色。M. 让迈尔(M. Jeanmaire)强调,年龄群体这种非家庭性结构的遗存,在希腊仍然有重要作用。民族学家已经指出了年龄群体在非洲的重要性和氏族共同体在美洲土著中的重要性。我们是否在潜意识中对几个世纪以来家庭在我们社会中所扮演的角色印象过深?还有,我们是否想夸大它的规模,将它视为一种几乎绝对的历史性权威?但是,毫无疑问,家庭始终存在,并且闪米特人(我认为不止《圣经》上所说的那些)和罗马人的影响一直在维持和强化家庭。可能在日耳曼人入侵的时候,家庭有所削弱,但是,否认一种家庭生活在中世纪的存在,是徒劳的。不过,家庭是默默地存在着的,它没有能够唤起足够强烈的情感而激发诗人或艺术家的灵感。我们应该给予家庭的默默无闻以重要的意义——人们并没有给家庭以足够的价值。同样,我们应该承认,在家庭的长期默默无闻之后,从 15 世纪特别是 16 世纪开始,肖像画的繁荣,一样具有重要的意义:它体现了家庭这个观念的产生和发展。从此,家庭不再悄然无声,并且被承认为一种价值。人们用所有的情感去歌颂它。

然而,如此强烈的情感是以婚姻制家庭为中心而形成的,家庭成员仅仅是父母和他们的子女。当幼小的孩子和父母出现在家庭画里的时候，其中的人物很少超过两代人。这是再平常不过的了，和其他不重要的事情一样平常。它和旧式的家族没有任何相似之处，它一点也不重视将家庭扩大，成为 19 世纪传统主义者构想的父权制大家庭。这种家庭，如果不说家庭本身，而是说人们表现和歌颂家庭时所形成的观念，似乎和我们当今的家庭观念相似，应该说情感上是一样的。

家庭观念和儿童的观念的联系也非常紧密。它和家族的荣誉、遗产的完整、一个姓氏的历史和传承这些问题的距离，越来越遥远：它仅仅兴起于父母和子女这种独一无二的结合。表达家庭观念最常见的一种惯例，就是人们坚持父母和子女在生理上存在相似性。在 17 世纪，人们认为圣约瑟夫和他的养子非常相像，以此强调家庭联系的力量。伊拉斯谟早就有了这种非常现代的观念，认为孩子维系着家庭，孩子与父母体貌的相似性产生了这种紧密的纽带。到了 18 世纪，人们仍然在重印出版他有关婚姻的论述。[1] 对此我们并不感到惊讶。下面，我从 1714 年的版本中引用一段文字，诙谐的笔调与文艺复兴时期的文风有点不大符合："在这方面，我们对大自然的惊人关怀不敢恭维。它在同一副面孔和同一个身体上，画上了两个人。丈夫在孩子身上看到了妻子的肖像，妻子同样在孩子身上看到了丈夫的肖像。有时候人们甚至可以发现孩子和祖父、祖母、叔伯祖父母之间的相似性。" 孩子是父母活生生的画像，这是孩子激发的、最具根本性作用的情感。

---

[1]　Erasme, éd. de 1714 du *Mariage chrétien.*

第二章　从中世纪家庭到现代家庭

前面的肖像画分析已经向我们表明，16、17世纪的情感生活中，家庭占据了新的位置。具有重要意义的是，在这同一时期，我们还可以看到家庭对儿童的态度发生了重要转变。当家庭调整了与儿童的内部关系时，家庭自身也发生了深刻的变化。

一份15世纪晚期的意大利文本——《英格兰的一位亲戚》——为我们提供了对中世纪家庭，至少是英格兰家庭的直观认识。[1] 它是一个意大利人写的英格兰纪事，由英国史学家菲尼沃尔整理。"英国人内心的冷酷，在他们对儿童的态度上得到了特别强烈的展示。在家里将儿童养到最多七岁或九岁（在传统的法国作家那里，七岁是一个男孩离开女性亲属的照看，去上学或者进入成人世界的年龄），无论是男孩还是女孩，家长都将之送到别人家中，开始艰苦的服务。通常要服务另一个七年或九年（例如，直到他们14岁到18岁之间）。这个生涯被称为学徒期，在这期间，他们从事家庭内部所有服务性工作：几乎没有人能逃脱这样

---

[1] *A Relation of the Island of England*, Camden Society, 1897, p. XIV, cité dans *The Babees Books*, publiés par F. J. Furnival, Londres, 1868.

的命运。无论是穷人还是富人,父母都将子女送到别人家中。同时,作为回报,他们家中也接收别人的孩子。"这个意大利作者认为这种传统是残酷的,在他自己的国家闻所未闻,或者已经被废弃了。他暗示,英国人之所以接收别人的子女,原因在于他们认为通过这种方式获得的服务,比自己的子女给他们的服务更好。事实上,英国人自己给这个意大利观察者的解释可能是最真实的:"目的是让孩子学到良好的举止。"

在西方中世纪,这种生活方式很可能具有普遍性。根据 12 世纪马孔地区一位名叫吉戈内(Guigonet)的骑士的遗嘱,乔治·杜比研究了他的家庭。[1] 吉戈内将他的两个年幼的儿子托付给他三个兄弟中的最年长者。在稍晚一些时候,数量众多的关于将儿童交给师傅当学徒的契约证明,将儿童放到其他家庭中去的传统流传十分广泛。有些时候,契约上还特别注明,师傅必须"教"这些儿童,"告诉他们如何经营""必须送他们去上学"[2],但这种情况属于特例。从更普遍的情况来看,儿童对于师傅的基本义务是"良好和规矩地服侍他"。看着这些合同,抛开我们习惯的现代思维方式,我们发现很难判断儿童是作为一名学徒(取这个词的现代意义)、一名寄宿生还是一名仆人。如果我们一定要坚持这样的区分,那就错了:因为不同时代对此的理解不同。一个中

---

[1]　G. Duby, op. cit., p. 425.

[2]　Ch. de Robillard de Beaurepaire, *Instruction publique en Normandie*, 1872, 3 vol. Ch. Clerval, *Les Ecoles de Chartres au Moyrn Age*, 1895.

世纪的人,在这些角色之间,只会看到建立在服务这个基本观念基础上的一些微小差别。在很长一段时间内,家庭服务是人们能够想到的唯一服务形式,它并不会给人带来地位低下的耻辱和强烈的反感。在15世纪的英国和法国,存在着一类通俗文体,形式如押韵的诗歌,罗列如何作为一名好的服务者的守则。其中有一首诗歌的法文名字叫《所有侍者的守则》。[1] 与之对应的英文单词名为"服务者"(wayting servant),它以"侍者"(waiter)这个词的形式在现代英语中得以保留,我们在法文中称之为"服务生"(garçon,特别是在咖啡馆里)。这位服务生必须熟知如何进行餐桌服务、铺床、陪伴主人等等。不过,这些中世纪式的家庭服务还涉及我们今天称之为秘书和雇员的工作,我们看到,这种服务生并不是最终职业,而是一种培训实习,是学徒生涯的一个阶段:

> 如果你想成为一名出色的服务生,
> 应该敬畏和热爱你的主人,
> 吃饭的时候不应该坐上餐桌。
> (你要遵守良好表现的准则。)

> 要始终成为好伙伴,
> 无论你是居家教士,还是修士,或是传教士。

---

[1] *Babees Books*, op. cit.

（一位教士能够在另一位教士的家里为他服务。）

你应该为他好好效劳，
如果他愿意付出他的爱，
将你的全部心力，
用于将你的师傅服侍得开心。
如果你服务的主人是女士，
太太、小姐或者夫人，
应该处处维护她的名誉……
如果你服侍一位修士，或者神甫，
你是卫士而不是仆人……
如果你担任秘书，
那就应该始终保守秘密。
如果你为法官或者律师服务，
不要给他们带来新的案子。
如果突然遇到险情，
当你跟随一位公爵或王子、伯爵，
侯爵、子爵、男爵，
或者其他领主，
无论是人头税、利息，
捐税、租金，和其他财产，
百姓抢不走他们任何东西……
如果你服侍战场上的长官，

不要害怕任何敌人……

无论在哪里，

无论为谁服务，

尽你自己最大的能力，

赢得你主人的感谢和爱

为的是你能够成为主人，

当时间和机会来临的时候。

但是很难预料好的机会，

因为你要生活，

你所有的心思都要用在这里。

这是你能够做的

成为主人，

能让别人为你服务，

得到和扩大荣誉，

最后获得

灵魂的得救。

  因而，家庭的服务和学徒生涯就混为一体，成为教育的一种非常普遍的形式。儿童通过实践进行学习，并且这种实践并不是在职业生涯开始后停止，而是持续更久。因此，在那个时期，并且持续了很长一段时期之后，职业生活和私人生活之间不存在边界。拥有职业生活这种说法并不符合时代的真相，职业生活和私人生活是混合在一起的。正是通过家庭服务的方式，主人向一名儿童，不是自己的而是别人的孩子，传授知识、实践经验和他认为应该树立的价值观。

这样，所有的教育就都通过学徒制的形式得以实现，并且，人们给予学徒这个观念更广泛的含义，比它后来的含义广泛得多。儿童不是留在家里，而是送到另外一个家庭中去，签不签合同并不重要，重要的是让儿童住在那里，并开始自己的生活。儿童或者学习作为一名骑士的良好举止，或者学一门手艺，或者甚至去上学，学习拉丁语。我们应该看到，这种学徒制，是社会所有阶层共有的一种习俗。我们已经注意到，在家庭服务这个概念的基础上，很难区分男仆和高等贴身秘书、区分儿童或者说非常年轻的人和仆人，他们之间经常是模糊不清的。在当时英国的《童蒙手册》中，"男仆"一词指的是一个年轻男孩。作为一名儿童的路易十三，在感情冲动的时候，可以说自己愿意做"教皇的小男仆"。在16、17世纪的法语中，"男孩"（garçon）一词兼有年轻男性和年轻男仆的意思，法国人至今仍用其传唤咖啡店的男侍。从15、16世纪开始，人们在低等家庭服务和高等家庭服务之间建立了差别。但是在社会上层的家庭中，在餐桌前，人们仍然继续要求儿子，而不是雇用的仆人来服务。和今天相似，为了显示自己的良好教养，人们仅仅知道就餐的礼仪是不够的，同样必须知道如何在餐桌上为他人服务。直到18世纪，餐桌服务一直在当时那些礼仪教程中占据重要地位。德·拉萨勒撰写的礼仪教程，是18世纪最流行的礼仪教程之一，它辟有一个专门的章节，论述这方面的内容。所有的家庭服务都由统称为学徒的儿童和那些很可能同样年轻的雇用男仆提供，二者没有区别，这是时代的一种遗存。在这两种服务之间建立区别是一个渐进的过程。仆人是个孩子，一个大孩子，他被安置在那个位置上，在有限的时间里分享别人的家庭生活，为成年生活热身，尽管有些人由于出身低微而永远无望成为主人。

在这种代代相传的直接学徒制中并没有学校教育的位置。事实上，真正的学校——讲授拉丁文的学校，只是针对教士，针对需要用拉丁文的人。它似乎是孤立的机构，是为特殊群体而设立的。真实情况是，学校只是一个特例，如果我们因为它后来扩展到整个社会，而通过它来勾勒中世纪教育的轮廓，那将是错误的。学校仅仅提供了一种例外的规则，而适用于所有人的普遍规则是学徒制度。甚至被送去学校的教士，也经常是借宿的，和其他行业的学徒相似，寄宿在一位神甫、司铎，有时是一位高级教士的家里，为他们服务。这种服务和在学校的学习同样是一名神职人员所受教育的组成部分。对于比较贫穷的学生，代之以学校的助学金，我们已经知道，这些基金会是旧制度下学院的起源。

有一些事例，说明学徒制脱离了它的经验特性，采用了更多课堂教育的形式。一本名叫《猎手指南》(*Manuel du Veneur*)的书[1]，为我们提供了一个来自于传统学徒制的技术教育的例子，十分有趣。这本书描述了加斯东·菲比斯（Gaston Phœbus）宫廷中的狩猎学校，它传授的是"想成为一名好猎手所必须具备的

---

[1] L'école des veneurs, Ms.Bibliothèque nationale.

举止和条件"。这部 15 世纪的作品已经配上了一些漂亮的细密画作为插图。其中的一幅,向我们展示了一堂真正的课程:有一位老师,从他的衣着,我们判断他是名贵族。老师举着右手,食指竖起——一种讲话中表示强调的通常姿势,左手挥动着一根教鞭——这是无可辩驳的职业权威的代表,用以纠正学生错误的工具。三个学生,都是中等个头的男孩,手中捧着大卷轴的书,正在阅读,他们必须将书中的内容牢记于心。画的背景中,一些老猎人正在远远地观看。这是一幅当时常见的学校景象。一幅类似的插图向我们展示了另一堂狩猎课:"应如何吹响号角来轰赶猎物。"这原先是通过实践掌握的东西,和马术、击剑、宫廷礼仪相似。有可能这些特定的技术性教育——例如如何写作,其形式起源于一种已采用学校的方式组织起来的学徒制。

　　但是,上面的例子一直很稀少。通常说来,一代向下一代的传授,是通过儿童对家庭生活,进而对成年日常生活的参与而得到保障的。这就解释了我们多次指出过的那种儿童和成人的混合。甚至在学校的班级中也是如此。我们原本期待,在这里可以发现均匀的年龄分布,但是,时人根本没有这种我们早已习以为常的将儿童按照年龄分班的观念!在手工业中,日常生活不断地将儿童与成人混合,正如画家也是由学徒为他配制颜料那样。[1]斯特拉丹描绘手工业的雕刻,向我们展示了作坊内儿童和成人伙伴在一起的场景。军队里也是同样的情况。我们知道有的士兵

---

[1]　Conrad Manuel, musée de Berne.

只有 14 岁，莱迪吉埃（Lesdiguières）公爵身边拿着鞭子的勤务兵[1]，在卢浮宫中保存的卡拉瓦乔的作品中拿着阿道夫·德·维尼阿吉尔（Adolf de Wignacourt）的头盔的小兵，还有普拉多美术馆收藏的提香的巨幅作品中为德·瓦斯东（del Vastone）将军提头盔的小兵，年龄也不大，他们甚至还没有长官的肩膀高。概而言之，无论人们在何处工作，也无论人们在何处娱乐，甚至在名声不佳的小酒馆，儿童和成人都混杂在一起。儿童就是这样，从日常接触中学习如何生活，正如在家庭的肖像画和生命各阶段的寓意画中，都会出现如音乐会演奏者群体那样的情况，它同时将儿童、成人和老人联合起来。在社会群体中，存在着垂直的、互相隔开的等级划分，各部分都混杂着不同的年龄群体。

在这些环境中，儿童很快脱离了自己的家庭，即使他成年之后回到家里，而且这种情况也是罕见的。因而，那个时代的家庭无法滋养出父母和子女之间一种深刻的、实在的情感。这并不意味着父母不爱他们的孩子，而是意味着父母关心子女更少地是出于他们自己、出于对子女的感情。他们更多关心的是子女在完成共同任务、建设家庭方面能给他们的帮助。家庭成了一个道德的、社会的，而不是情感的实在。对于非常贫穷的家庭来说，家庭仅仅等同于夫妇的物质拥有，这对夫妇生活在更广阔的环境里，例如，村庄、庄园、地主或领主的"家院"中，他们在这些环境中生活的时间比待在家里的时间更长。有时，穷人甚至没有

---

[1] Musée de Grenoble.

自己的家，过的其实是一种流浪的生活。在富裕阶层中，家庭混同于一份地产的繁荣、一个姓氏的荣耀，在贫困阶层中，情感意义上的家庭几乎不存在。在拥有财富和进取心的阶层中，带有情感意义的家庭观念，是旧式家族的产物。

* * *

从 15 世纪开始，家庭的事实和观念开始发生变化，这是一种缓慢而又深刻的变化，当时的观察者或是后来的历史学家都很少意识到这一点，并且这种变化也是很难被感觉到的。然而，这种变化的核心事件是非常明显的，那就是学校教育的扩张。我们已经看到，在中世纪，儿童的教育是通过跟随成人当学徒来保障的。在 7 岁之后，儿童住在别人家里而不是自己家中。与之相反的是，教育此后越来越多地由学校来承担。学校不再局限于培养教士，开始成为儿童社会化开始阶段的道德教化工具、从儿童状态向成人状态的必经阶段。我们已经注意到了这一点，它和一种新兴的道德严格性相联系，来自于教育家这一方。他们希望保持儿童原生的纯洁性，将青年人与堕落的成人世界隔离开来，旨在训练他们更好地抵挡成年世界的诱惑。不过，这个变化同样也和父母这一方的需求相联系。父母希望更紧密地看护自己的孩子，和他们更接近一些，不再远离他们，哪怕是暂时让其他家庭照看也不能接受。这种由学校对学徒制的替代，同样反映了父母和子女之间的关系更加亲密，此前互相分离的家庭观念和儿童观念之间的关系也更加密切，家庭开始以儿童为关注中心。当然，一开始儿童还尚未与父母生活在一起,他离开父母前往远处的一所学校。在 17 世纪,人们在讨论何时是将儿童送往学校的年龄;请一位家庭教师在家里教育儿童是否是最佳的教育方法。尽管如此,作为学生和家庭的分离,和作为学徒与家庭的分离,性质并不相同,并且持续时间的长短也不一样。儿童并没有被硬性要求必须寄宿在学校,他住在一处出租房或者一位老师的家中。在赶集的日子里,人们将钱和食物带给他,学生和家庭之间的联系更加紧密了,根据科尔迪埃的《对话录》,老师甚至不得不出面干涉,防止母亲和学生串通好,过于频繁地来看望学生。一些家境优越的学生,并不是独自一人上学。会有一位家庭教师、一位稍年长的书童,或者一名男仆(通常是乳母的一个儿子)和他们一起上学。17 世纪有关教育的论著,特别强调父母的义务,包括为子女选择学校、家庭教师,睡觉前要检查他们的功课并要求他们背书等方面。因而,此后家庭的情感氛围完全发生了变化,更接近于我们现在的家庭氛围,仿佛现代家庭和现代学校同时产生,或者,至少可以说,现代家庭和将儿童送往学校的习惯同时产生。

由于学校数量稀少,父母和子女的分离不可避免。时间长了,家长无法忍受这种分离。他们在地方长官的帮助下,试图创建更多的学校,目的是让学校离学生的家更近一些。没有什么比家长们这方面的努力影响更深远的了。正如丹维尔神父指出的那样[1],在 17 世纪的早期,由各种规模的学校构成的稠密的学校网

---

[1] P. de Dainville, *Effectif des collèges*, *Populations*. 1955, pp. 455-483.

络已经建立起来,以一类能够提供完整课程系列、完整的班级设置的学院为核心,围绕着这类学院建立了一个同心圆式的体系,包括一些文科学院(但没有哲学专业)、大量的拉丁文学校(部分学校设有文法班)。后者为学生提供了进入更高一级学校课程的准备。时人对学校数量的急速增长表示了担忧。学校的繁荣同时满足了两方面的需求:一是用理论性教育代替旧式学徒制的经验性教育的需求;二是父母希望子女不要离家太远,尽可能和子女多待在一起的需求。家庭发生了重要变化,它以儿童为中心,并且在家庭生活中,父母和子女之间的情感不断加深。我们不会对这种现象的出现感到吃惊。我们已经看到过,在同一时期,一种围绕着夫妇及其子女的家庭肖像画已经出现,并且得到了发展。

学校教育的这种发展,对于家庭观念的形成产生了重要的影响。但是,它并没有立刻催生本应出现的学校教育普遍化现象,学校教育对大部分儿童没有发生影响,这些儿童继续在旧式的学徒制中成长。首先,女孩子不上学,除了少数被送往"小型学校"或者女修道院办的女子寄宿学校之外,大部分人留在家里,或者在邻居家、亲戚家长大。直到18世纪和19世纪初,学校的扩张才开始对女孩产生影响。曼特农夫人和费讷隆夫人等人所进行的努力,具有榜样的价值。在很长一段时间内,女孩子是通过实践经验和风俗习惯,而不是通过上学成长的,而且更多的是在别人家中成长。

至于男孩,学校教育首先扩展到阶层等级中的中产阶层家庭。大贵族和大手工业主仍然对旧式的学徒制持有信心，它可以为贵族提供仆人、为手工业主提供学徒。在小手工业者和体力劳动阶层，学徒制将会一直持续到我们这个时代。在学业的最后阶段，贵族青年需要前往意大利和德国旅行，去那里的宫廷和城堡学习语言、优雅的礼节和贵族的体育运动。这是功课，它同样来自于学徒制的精神。在17世纪，这种传统被废弃，由学院取而代之，这也是用一种更专门化和理论化的教育取代经验性教育的另一个事例。

学徒制在社会阶层等级中的两端幸存，但这并没有阻止它的衰落，学校通过急剧扩大的学生数量、日益丰富的课程，还有它的道德权威性，获得了胜利。于是，建立在一种学校式教育基础上的现代化文明，最终得以确立。并且，通过延长学习生涯、扩展学习内容，时代不断地加强学校式教育。

* * *

当时，家庭在道德层面遇到了新的问题，它是由一种旧式习俗引发的。这种传统允许一个孩子，以其他兄弟的利益受到损害作为代价，赢得家长的偏爱。获利的通常是长子。这种习俗从13世纪开始扩张。[1] 当时，家族的联系减弱，家庭的地产受到更大流动性的威胁，其完整性不再受到前文述及的共有所有权制度的保护。为了避免这种危险的分割，人们创立了这种习俗。从中世纪末期到17世纪，通过长子继承权或者父母的选择，某个受益

---

[1]　G. Duby, op. cit.

的子女所获得的特权，是家庭小社会的基础。但是在18世纪，这种特权被取消了。事实上，从17世纪后半叶开始，道德主义教育理论家就对长子继承权的合法性提出了质疑。他们首先认为它是不公正的；其次认为，它在家庭情感层面和一种新的平等权利概念相抵触；最后，由于这些道德主义教育家同时也是宗教改革家，他们认为这种做法将一种原本属于传教士的权利庸俗化，用于世俗用途。瓦莱出版于1666年的《关于儿童教育》[1]一书中，有一章节就名为"必须在子女中间保持平等"。瓦莱认为："还有一种混乱，它钻入了信徒的头脑中，没有比长子继承权与父母应该给子女的公平对立程度更严重的了。根据出生的顺序、才能的高下，或是根据谁最讨人喜爱，父母进入了只为这些子女考虑的误区。"（这些子女受父母"喜爱"，是因为他们比其他的子女能更好地为家庭的未来服务。这种概念将家庭作为一个社会，在这当中个人情感不起任何作用，像一个"大企业"。）"父母担心，如果将财产平分给所有的子女。孩子们将无法如他们期待的那样，为家庭增加荣誉和光辉，如果兄弟姐妹享受和长子一样的权利，长子将既不能承担上面所说的重任，也无法保持父母试图为他获得的职位，因此，必须让长子拥有其他子女不具有的权利，处于其他子女无法和他竞争挑战的地位。必须不顾其他孩子的意愿，将他们送进修道院。为了那个命里注定属于这个世界、属于荣耀的孩子，及早放弃其他孩子。"我们顺便注意到这样一种有

---

[1] Varet, *De l'éducation des enfants*, 1661.

趣的现象：当这种不恰当的机遇引起的愤慨，以及给予长子的特权牵涉到婚姻的时候，就完全消失了。在婚姻领域，父母的权威是不可侵犯，不能被质疑的。

上面援引的文本表达了一种鲜明的观点，但是库斯泰尔在他的《儿童教育规范》[1]中，显得很为难。他认为，在谴责一种旧式的、被广泛接受的，并且家庭小社会永远无法避免的实践的时候，尽量谨慎些是有益的。他承认，父母可以有偏爱："更多地喜爱那些品德、能力最出色的孩子，这不是父母的错。但是我认为，如果在外人面前显露这种区分和偏爱，将会是危险的。"

古索主教在其1692年出版的《一个懂礼仪的人的肖像》[2]中，语气更为激烈："将自己财产中更好的部分给予长子，为的是维持家庭的光辉，使家庭的姓氏不朽［我们在这里可以充分感受到企业型家庭和现代情感型家庭之间的对立］，这不仅是虚荣，甚至是不正义的，弟妹究竟因为做了什么而得到这样的对待？""有这样一些人，为了给某些孩子更多的财富，牺牲了其他孩子，在没有和后者商量的情况下，也没有观察他们是否有这样的使命，将他们送进修道院。……父亲们并没有平等地爱子女，他们在自然不愿给予区别的地方，制造出了区别。"作为向主流舆论的一点妥协，古索主教违心地承认，父母"可以对一些子女有更多的爱"，但是"这种爱是一团火，他们必须将这团火隐藏在灰堆的

---

[1] Coustel, *Règles de l'éducation des enfants*, 1687.

[2] Goussault, *Portrait d'un honnête homme*, 1962.

下面"。

　　这里我们看到了一种情感的开端，这种情感将导致民法典中的平等。正如我们知道的那样，这种情感在18世纪晚期已经进入了习俗。19世纪初，试图恢复长子特权的尝试遭到了舆论的强烈反对。极少数家长——即便是在贵族阶层中也为数稀少——利用这条法律来照顾自己的某一个子女。富尔卡西耶（Fourcassié）出版了维莱勒（Villèle）的一封信[1]，后者哀叹他的政策的破产，预言说家庭将走向末日。真实情况是，这种对一个家庭中所有子女之间平等的尊重，体现了企业型家庭向现代情感型家庭的逐渐转变。既然人们将家庭建立在完全的真实之上，人们现在就倾向于为父母和子女之间的感情赋予一种新的价值。毫无疑问，这种情感的历史和这个世界的历史一样悠久。19世纪初的一些理论家——维莱勒是其中之一——认为这种情感的基础过于脆弱，他们倾向于"企业型家庭"的概念，这是名副其实的社会理性，不考虑个人情感因素。这些理论家也认识到，儿童的观念是新的家庭精神的基石。他们对这块基石表示怀疑，而这正是他们在法律中恢复长子继承权的原因。因此，这些理论家破坏了旧制度下道德主义教育家所确立的整个传统。

　　我们将会看到，子女之间平等的观念能够在一个新的道德、情感的氛围中生长，要归因于父母和子女之间亲密关系的进一步发展。

---

[1]　J. Fourcassié, *Villèle*, 1954.

* * *

1677年发生的一起法律诉讼案,体现出家庭在道德层面遇到的另一个新问题。[1]我们应该将它和前面的研究结合起来看。当时,学校教员是可以结婚的,但是已婚的教师仍然被禁止掌管高等级学校,1677年,一名已婚教授当选为巴黎大学教师民族会巴黎分会(la Tribu de Paris)的会长。他战胜的对手,名叫杜伯雷,是高等法院的一名书记员。杜伯雷对选举结果提出异议,并向选举委员会呼吁任命无效,他的律师在一份陈情书中列举了教师应该独身的理由。当时的学生习惯于在教师家中寄宿,这样就使这些男孩的成长处于极大的危险之中:"已婚教师不得不允许他所教的青年学生和他们的妻子、女儿和女仆生活在一起。这种经常性的接触,通常只会带来麻烦,教师无法防止这些麻烦。更多地收走读生,少收寄宿生是合适的。仲裁委员会的先生们,如果你们乐意,请你们想一想,这种场景是多么的下流:学生的一边是女人和女孩的衣服,另一边是他们的书桌,而且这两者往往是混在一起的。他们看着妇人和女孩梳头、穿衣、整理穿戴,看着襁褓中的婴儿睡在摇篮中,还有其他所有婚姻领地中的一切。"

上文后半部分的论证对于我们的研究而言,是很有意思的。已婚的教士这样回答杜伯雷的责难:"杜伯雷前面说的话,就好像他刚离开自己出生的村庄。众所周知,有妇女居住的地方,就会有完全属于她们的隐私性更衣室〔毫无疑问,隐私性是刚出现

---

[1] H. Ferté, *Les Grades universitaires dans l'ancienne faculté des Arts*, 1868.

的，而且只限于大城市]，而学生则有另外的属于自己的房间。"**至于摇篮中的婴儿，在巴黎的住宅中是见不到的**。"大家都知道，婴儿都被送到附近村庄中的奶妈家去了，因此，像上面杜伯雷提到的，在已婚教士的房子里，发现襁褓和摇篮的可能性，和在他的办公室发现襁褓和摇篮的可能性是一样的。"

这些文字反映了将孩子送到"邻近村庄中"的奶妈家去的习俗。在城市的社会群体中，例如那些教师群体中，这是平常的。但是，既然杜伯雷一方能够装作对此一无所知，可见这种常见习俗的历史并不悠久。这种习俗从17世纪开始发展，当时受到了一些道德主义教育家的谴责，他们在卢梭之前很早就坚持认为母亲应该亲自哺育自己的孩子。但是这种原则上正确的观点，只建立在昆体良的传统基础上，无法战胜一种毫无疑问建立在经验基础上，并被时人视为最合适的做法。人们不得不考虑，在母亲缺乏乳汁的情况下如何喂养儿童。借助于牛奶是穷人的命运。人文主义者托马斯·普拉特为了描绘他童年时期的贫困（当时是在16世纪早期），发现没有什么证据比他是喝牛奶长大的这一点更具说服力。我们可以理解这种对牛奶的厌恶，因为当时提供牛奶的农场，卫生条件很差。而且，让孩子吸收牛奶也远非一件容易的事情。在巴黎药学院博物馆的橱窗里，我们可以看到当时为婴儿喂食牛奶的奇特容器。而使用这种奶瓶，还需要许多技巧和极大的耐心。那么，找什么样的乳母呢？起初最常见的是从附近的仆人中招募，喂乳的孩子留在家中与他的兄弟姐妹一起抚养。看上去，在16世纪和17世纪初的富有家庭中，婴儿是待在家里的。

那么，在诸如学校教师和下层官吏之类的中等阶层家庭中，为什么会出现将孩子送到乡下乳母家里去的习俗呢？难道我们不应该从一种保护的角度来解释这种相对晚近的习俗吗？我不敢十分确定地将其称为一种卫生预防措施，但和其他我们已经认识到的现象相对照，这是一种对儿童的特殊保护。

事实上，与哲学家的宣传相反，上层社会，包括贵族和资产阶级的家庭，直到19世纪末之前，都保留着为孩子请乳母的习俗。也就是说，直到卫生条件的改善和杀菌技术的出现，为食用动物奶提供了安全保障为止。然而，与此同时也发生了一个具有重要意义的变化，人们让乳母移动，而不是让儿童移动。乳母住到一个家庭中去，而父母则没有和他们幼小的孩子分离。这是一种堪与走读学校替代寄宿制学校比肩的变化，我们已经在本书前面章节对后者进行了论述。

* * *

我们在这里勾勒的历史，从某种角度来看，是一段现代家庭出现后就战胜了阻碍它发展的其他人类关系形式的历史，给人以很深的印象。人们在街上，或者在工作、娱乐和礼拜的社群中生活得越多，这些社群就会比家庭更多地占据他的生活，不仅占据他的时间，而且占据他的心灵。另一方面，如果他与工作伙伴、邻里和亲戚的关系，在他的意识中没有那么强烈，那么，家庭就会代替其他的有关忠诚、服务的观念，变成具有统治地位的，甚至是排他性的观念。家庭观念的发展，跟随着私人生活、家庭生活的发展。当家庭的大门过多地向外界开放的时候，家庭的观念就不会得到发展。它至少需要一点隐私性。在很长一段时间里，日常生活的状况不允许家庭从外部世界进行必要的撤退，而得以与外界保持必要的距离。毫无疑问，最大的障碍之一，就在于儿童离开家被送去当学徒，家里的位置被同龄的小陌生人所取代。但是，在学校创建之后，孩子们的回归，和这种因家庭纽带的加强而带来的情感上的促进，仍然没有强大到能够创建现代家庭及其强有力的内部生活。与家庭完全不兼容的旧式社交性，几乎是完整无缺地保持着。到 17 世纪，在这种离心力或者说社会的力量与向心力或者说家庭的力量之间，出现了一种平衡。但家庭的向心力并没有随着家庭生活的发展而得到保障，这种平衡可能只是技术进步的结果。在前面的论述中，我们已经看到了这些向心力量的兴起，现在让我们研究那些离心力量的反抗，一种强大的社交性的持续作用。

这些以往被忽略的人际依靠关系，直至 17 世纪末仍然维持着，历史学家已经强调了这一点。黎世留和路易十四中央集权的君主制，其政治意义远大于社会意义。如果说，它成功地削弱了和王权竞争的政治力量，那么，它对社会的影响则是微乎其微的。17 世纪的法国社会是一个等级制的群体社会，小群体甚至"个体"联合成更大的群体。[1] 这些社会群体的形成，必须要

---

[1] A.Adam, *Histoire de la litératurre française au XVIIe siècle*, t. I (1948), II, (1951). R.Mousnier "Soulèvements populaires avant la Fronde", *Rev.Hist.mod. et cont.*, 1958, pp. 81-113.

有一个日常关系的网络。它是一个依靠感官感受，口耳相传的网络。对我们来说，这个网络具体地表现为数量多得令人难以想象的拜访、交谈、会面和交换。财富上的成就、社会习俗和始终是集体性的娱乐，并非彼此孤立的活动，这些活动互不相干是我们今天的情况。职业生活、私人生活和社交生活也不像今天那样分离。个人最核心的事务在于：与自己出身于其中的整个群体保持社会关系，通过有技巧地运用这个关系网络，提升自己的地位。成功并不是创造财富，或身居高位，至少它们的重要性居于第二位。在这样一个所有成员几乎每天都能互相看见、听见、遇见的社会中，最根本的是获得一个体面的身份。1645年，法国翻译家洛朗·格拉西安（Laurens Gracian）提出[1]，未来的"英雄"应该选择一个"好位子"，他指的并不是我们今天所谓的有权有势，而是一个"所有人都能看到，并且每个人都对他满意，始终以好名声作为基石的位置"。获得成功的艺术，就是在社会中令人愉快、"讨人喜欢"的艺术。正如巴尔达萨尔·卡斯蒂寥内笔下的廷臣在16世纪所认识到的那样："依我之见，能够做，并且善于做所有合理的事情，借此获得人们的喜爱和赞扬，这是贵族在宫廷中最适宜的生存之道。"[2] 一个人的前途只取决于他的"名声"："在我看来，增加或损坏某人的名声，这是另外一回事，重要的是选择朋友，并且必须和他们保持不间断的、紧密的联系。"在

---

[1] *L'Héros* de Laurens Gracian, gentilhomme aragonais, 1645.

[2] Balthazar Castiglione, *Le Courtisan*, trad. française G. Chapuys, 1585.

整个 17 世纪的文学中，友谊居于重要的地位，它是一种比其他社会关系影响更深远的社会关系，因此交谈十分重要。根据上文《廷臣》中的观点："当听到有关与人相处、交谈的礼节时，我想再一次强调：我认为，最重要的一件事情就是交谈。在宫廷中，大部分时间都用在交谈上了。"其实，不仅仅是在宫廷中。所有 17 世纪的礼仪教程都坚持交谈的重要性、掌握交谈技巧和交谈礼节的必要性等等。这些教程中的建议细致到令人难以置信的程度 [1]："谈论多种礼节或礼节的多样性是个错误的说法，我们首先要谈的是得体的礼节。"交谈必须遵守礼仪，必须避免有关家庭的、家族的和严格个人性的主题。"嘴里整天只挂着妻子、孩子这样的事情，例如：我孩子昨天把我如何逗笑，你从没见过我儿子这么好玩的孩子，我妻子如何如何等等，这些也都是很不合规矩的。"交谈还必须避免不合事实的夸耀（高乃依的《撒谎者》那时已经出版）。还有，根据 1671 年出版的《新礼仪》中的说法 [2]："你要记住，第一条规则是，在伟大的和有学问的人中间，不要提起无意义的事，也不要在无法理解较深奥主题的人们中间提起深奥的主题……不要和你的同伴谈起不愉快的事情，例如：身体的伤痛、虚弱、监狱、审判、战争和死亡。"（那还剩下什么？）"不要谈你做的梦。""当别人征求你的意见时，除非你找到最合理的答案，不要轻易表达自己的观点。""不要试图去纠正别

---

[1] G. Della Casa, *Galatée*, trad. de Hamel, 1666.

[2] *La Civilité nouvelle*, 1671.

人的错误，特别是在有关父亲、母亲和尊贵人物的事情上。""在想好你要说什么之前，不要开口。"

我们必须记住，交谈的艺术不像跳舞、唱歌那样是一种相对容易掌握的艺术。索雷尔这样评价《加拉泰亚》这本 17 世纪人们的枕边书："在一些国家，当人们看到一个人言行粗鲁的时候，就会说此人没有读过《加拉泰亚》。"[1]《加拉泰亚》明确地指出，知道如何进行交谈，是一种美德。"我将这样开头……我认为必须这样开头。当和别人交谈时，必须学会给人以有教养和乖巧的印象，这仍然是一种美德，或类似于美德的东西。"[2] 耶稣会也使用《加拉泰亚》作为自己学校的课程，至于冉森派的波尔－罗亚尔修道院这一类学校，尼科洛在他稍晚时候出版的《基督徒的礼仪》中 [3]，表达了相似的主题："别人的爱对于维持我们的生活是必不可少的，我们生来就被引导去寻找它，并且为自己而赢得这种爱。……我们爱或假装爱别人，目的是吸引他们的注意，这是做人的礼节的基础。这仅仅是特定的爱之间的交换。我们通过向别人展示我们的爱，而试图获得他们的爱，就是这种交换。"良好的礼貌是一种施舍，正如虔信是一种奉献。"与他们（那些受人尊敬的人）的圈子接近，并不仅仅依靠那些心灵的联系，同样依靠与其他人类交往的方式，因为它们能维持人际联系。"即得

---

[1] Cité par M.Margendie, *La Politesse mondaine au XVIIe siècle*, 1925.

[2] Cf.n.1, p. 269.

[3] Nicole, «De la civilité chrétienne», dans *Essais de morale*, 1773. t. II, p. 116.

体的礼节和在社会中生活的艺术。如果一个人生活在世界中，他必须"认真对待自己的机会"，并且让自己"讨人喜爱"。

这种精神氛围并不是新的。它让我们回到一个关于社会的传统概念。在这样的一个社会中，交流更多的通过实践活动和学徒制而不是学校得以确保，其时，文字书写在日常生活中并没有占据一个重要的地位。值得注意的是，这种精神状态在社会中依然存在。当学校教育的发展揭示出一种完全不同的心态的发展之际，这种介于传统的社交性和现代学校教育之间的模糊状态，被同时代的观察者清楚地察觉到了，尤其是那些道德主义教育家，他们当中的一些人居住在波尔－罗亚尔修道院附近。几乎所有这些教育家都提出了家里的私人教育是否优于学校的公共教育这个问题。说实话，这个问题并没有像它表面上显示的那样切中时弊，因为昆体良早已向当时的贵族提供了一个先例。事实上，教育家们在自己的时代和环境中重复了这个问题，在《诚实的男孩》中[1]，德·格勒内伊先生这样阐释这个问题："就我而言，我并不想用现代观点来冒犯古典，也不想批评学校的组织，这些组织已经受到了如此之多的睿智人士的赞扬。然而，我冒昧地说，与其说学校为特定的贵族提供必需品，不如说是为公众提供有利的学园。"（特定的贵族指的是小贵族，和大领主相对。）学校"使穷人和富人获得那些心灵的财富同样成为可能。过去，只有拥有很多物质财富的人才能获得。有许多儿童，无力承担请私人老师的

---

[1] De Grenaille, *L'Honneste Garçon*, 1642.

费用，他们十分感恩，因为在公共财政的资助下，他们能免费学到过去只有花钱才能买到的知识。但是对于另一些儿童，他们的财富，例如说天赋，已经获得所有偏爱他们的人的保障，我认为私人教育比公众教育更适合。尽管这看上去像一个新观点，但其实无论如何不是一个新观点"。公共教育之所以受到轻视，是因为人们认为，学校被一些迂腐的人所掌控。在当时的文学中，这个观点很流行，至少在蒙田之后是如此，并且几乎可以确认，公共舆论也持这样的观点。学校的飞速发展并没有驱散这种对学校教师的蔑视。

时人不喜欢学校还有其他原因：人们认为学校的纪律过于严格。德·格勒内伊就算对 19 世纪的宗教学校和中学也会这样认为。"正如（在家里）那样，学校并未给儿童以犯错的自由（因为他们从来没有离开过成人的陪伴）。人们一点也不考虑儿童们的自尊心而采用侮辱人的管制措施。"下面的这段评论，流露出他对儿童未与成人分开的那个时期的一种怀旧式的遗憾："人们并没有像对待其他人一样地对待儿童。"学校教育或者是将儿童放入不好的同伴中而使他们不能专心学习，或者是将他们与成人隔离、区别对待而阻碍了他们的成长。德·格勒内伊将此看作一种恶："即使是孩子并未被他的伙伴带坏，他也最多只能学到大量他以后难以忘却的胡言乱语。将他从学校教育的污染中彻底清洗干净，和保护他不受坏习惯污染一样地困难。"最后，学校最致命的缺陷在于，将儿童与他们自然成长的社会环境隔离："他需要在人生的早期就学习如何在社会中生活，这与如何在学校中生活同样重要。而在学校这个环境中，人们更多的是考虑如何和死人打交道，而不是和活人打交道，也就是说，和书本生活在一起，而不是和活生生的人生活在一起。"这里我们找到了所有这些批评的真正原因所在：那些不喜欢学校的人，他们或多或少地对旧式的学徒制教育怀有信心。学徒制能立刻将儿童直接推入社会，让社会来训练儿童即时扮演自己的社会角色，而不用经历在同龄人群体或现代技术社会的学校中逐渐启蒙的过程。

20年后的1661年，德·卡耶尔元帅在《有品行者和有教养者的财富》[1]中仍然坚持这个观点："在学校中学会科学知识是不够的。存在另一种知识，它告诉我们应该如何运用知识……这种形式的知识既不是用希腊文写的，也不是用拉丁文写的，但它能够告诉我们如何使用这两种语言。在宫廷中我们能找到它，在君主和伟人的家里我们能找到它。它隐藏在贵妇的密室中，它在战士的陪伴下发扬光大，它不轻视做买卖的人、种地的人和手艺人。它像一本指导手册那样有耐心，它的原则是对话和经验。"对话和对社会的熟悉能"经常创造出类拔萃的人，而不需要借助任何文字。社会是一本伟大的书，它每时每刻都能教给我们一些东西，交流是活的学习，它一点都不逊色于通过书本的学习……对于我们，与两到三个有智慧的人的经常交往，比这个世界上所有大学教师更有用。我们在图书馆学习三天，抵不上那些有智慧

---

[1] Maréchal de Caillière, *La Fortune des gens de qualité et des gentilshommes particuliers*, 1661.

的人在一个小时内提供给我们的东西……他们脸庞肌肉的运动和表情，有一种我无法形容的魅力，为他们的语言增添了说服力"。

在那个世纪末，博尔德隆（Bordelon）主教仍然持同样的观点："应更多地通过社会，而不是通过学校来教育儿童。"他的著作名为《出色的教育》[1]。在博尔德隆主教看来，出色的教育的成果，不是下面这种书呆子：

> 这家伙是一个怪人，
> 他的学说就是不为老二。
> 他懂古波斯人和朱韦纳尔，
> 懂卡蒂勒和马夏尔，
> 他有深刻的理解力，
> 他知道一切，除了这个社会。

我们已经看到，贯穿整个17世纪，始终存在着一股对学校怀有敌意的舆论潮流。如果我们记得学校的发展状况，就能够更好地理解这一点。那些道德主义教育家，仍然被他们的同代人忽视，很少得到赞赏。他们理解教育的重要性，但是没有充分认识到学校在教育儿童这方面将要担当的角色。

一些道德主义教育家，特别是那些和波尔-罗亚尔修道院联系密切的教育家，试图将他们已经认识到的学校教育的优点，与

---

[1] Bordelon, *La Belle Education*, 1694.

家庭教育的优点进行调和。在其 1687 年出版的《儿童教育规范》[1]一书中，库斯泰尔对这个问题进行了详细分析，权衡了各自的优缺点。如果儿童留在家里，父母能够更多地照看他们的健康。（这是一种新出现的思想。）如果通过各种社会交往，儿童"能更容易地学会良好的礼节"。"在社会生活的责任中，在举止高雅的人的行为氛围中，儿童在潜移默化中成长。"但是同样存在一定的缺陷："很难保障有规律的学习时间，正餐时间难以固定。因为经常有各种事务和访客，特别是后者，通常是既无法预料又难以躲避的。"人们注意到，儿童还有被父母过度溺爱的危险。最后，儿童直接面对"仆人的殷勤献媚、粗俗语言和愚蠢观点。很难将儿童与仆人隔开"。我们再次遇到与仆人的混杂这个令人担忧的问题，甚至学校教育最坚决的反对者也意识到这是对方一个强有力的论据。因而，德·格勒内伊承认父母"被迫将儿童送往学校，让他们在教室里总比在厨房里好些"。[2]

库斯泰尔认识到，在任何情况下，讨论都带有一种理论的特征，因为在他那个时代，所有男孩都被送往学校："人们在儿童教育方面最常见的做法就是，将他们送进学校。"这种制度有其优越性，儿童"在学校互相结识，并结下使他受益的友谊，这种友谊经常会持续到生命的最后时刻"。他们因竞争而获益："在公开场合开口说话，儿童获得了这种值得表扬的勇敢品质，并未在他人的

---

[1] Ch. Coustel, *Règles de l'éducation des enfants*, 1687.
[2] De Grenaille, op. cit.

注视下面色苍白、手足无措。对于那些命中注定要取得高等位置的儿童来说，这一点是十分关键的。""私人教育"加剧了儿童的腼腆。值得注意的是，学校教育所取得的"成就"，几乎和教学无关，这些成就的本质都是社交性的，在当时被称为"礼貌"（civils）。

但是学校仍然存在一些不足，众所周知，班级的规模过于庞大，有时候超过了一百人。根据库斯泰尔的观点，"学生数量过多，既是他们道德发展的一个障碍，也是他们学习知识的一个障碍"。我们了解班级的拥挤和学生的顽皮，这使得我们能够理解库斯泰尔的焦虑："当孩子一进入这样的场所，他们就开始失去那份天真、那份纯朴和那份温和，而这些是以后上帝和人类都会喜爱的品质。"

对于上述问题，伊拉斯谟早已提出了一个解决办法："在一间私人住宅里，将五或十个孩子，托付给一到两个出类拔萃的人士教导。"我们已经注意到，波尔-罗亚尔修道院著名的"小学校"采用了这种方案。"小学校"在当时名声很大，但存在的时间比较短暂。从 17 世纪末到整个 18 世纪，在为数众多的私人寄宿学校中，人们采用的也是这个方案。

除了少数例外，大多数道德主义教育理论家对学校这个主题保持了沉默。一位以他们的材料为依据的历史学家，可以得出结论，认为当时的公共舆论对学校形式的教育抱有敌意，这是符合逻辑的。但另一方面，正如我们已经看到的那样，儿童仍然涌向已经严重超员的学校。理论家对他们的时代的思考，并不总是最具有洞察力的。

然而，我们不能说公共舆论对学校教育的反对态度是偏激的、反常的。它说明了一种重要现象：尽管学校式教育在发展，但是社会化的学徒制和社会交往式教育在习俗中始终占有重要地位，这就可以解释舆论反对学校的原因。在日常生活中，人们能够比教育理论家更好地调和学校与社会性，这两者并不是水火不容。在学校教育旁边，继续存在着一种借助社会交往的教育，它在 17 世纪同样得到了发展，下面我们将对此进行论述。

* * *

时人使用的"懂礼貌的"（civil）这个词，粗略地说，大致和我们现代意义上的"社会的"（social）这个词是同义词。一个懂礼貌的人是一个社会的人。"礼仪"（civilité）和我们现代所谓的社会经验有一定联系，但两者的差别已经相当大了。在 16、17 世纪，礼仪指的是一类对于社会生活必不可少的，并且不能在学校学到的、实践性的知识。当学校还只限于对教士开放时，礼仪就已经存在了，当时用的是它的旧称"教养"（courtoisie）。

16、17 世纪，礼仪教程的素材变化不大，来源复杂，大致可分为三种古老的类型。首先是有关礼仪的早期专题论著。其中许多是在 14、15 世纪用法文、英文、意大利文甚至拉丁文写的。他们的读者是所有人，包括教士和世俗的人、能够阅读拉丁文的和只能理解地方语言的人。有一本意大利文的手册[1]，包括了类似

---

[1] Fra Bonvenisco du Ripa, *Zinquanta Cortesie da Tavola*, vers 1292.

于下面的指导："把手洗干净……没有受到邀请就不要坐下。在餐桌服务的人必须保持清洁。在客人面前绝不能吐痰，或者做其他任何不清洁的事情。"

在法文中，有一本叫《如何在餐桌上保持礼貌》的书，拉丁文中也有类似的书。这些书主要是为儿童或年轻人写的，类似的英文著作就被称为《童蒙手册》。[1]他们指导儿童如何正确地说话，如何与人打招呼，如何在一位主人面前行屈膝礼，如何回答问题。"定期修剪好你的指甲，饭前洗手。当你从嘴里拿出一小块食物时，不能将它放回到盘子里，……不能用你的刀尖剔牙，……不能在你的胳膊上擦手，……在就餐时不能吐痰，……不能卷起你的衣服，……保持你的食盘在你的正前方，……不能在就餐时打瞌睡，……不要打嗝……"这种实践性的建议通常被编成歌谣的形式。中世纪的礼仪教程中，也有针对女性的部分，《玫瑰传奇》在某种程度上就是一部关于礼仪的专题，它建议女性使用一种特殊形式的束腰带（不用骨制和金属的），对她们如厕、个人卫生提出建议。后来的礼仪教程中就没有提到妇女，仿佛她们的角色在中世纪末突然消失，而在现代重新出现一般。

礼仪教程的第二个来源是中世纪出版的一部集中收录拉丁文谚语的道德规范。时人认为这是由老加图[2]选编而在中世纪再版

---

[1] *Babees Books*, op. cit.
[2] 老加图（Caton l'Ancien，公元前234—前149)，又译大加图，古罗马政治家、文学家。——译者注

的。[1]《玫瑰传奇》引用了老加图的两行诗作为参考："如果你想起了这本书，也就想起了老加图的观点。"老加图的作品流传了好几个世纪，直到18世纪人们还在再版这本书。它告诉读者如何懂礼仪地生活，要知道如何管住自己的嘴；提防女人（包括自己的妻子）；不要依赖遗产；不要害怕死亡；当同伴低声说话时不要担心，在这种场合不要想象自己正在被议论；教给孩子们一项手艺，克制对仆人的火气，掩盖自己的缺点，因为坏名声比虚伪后果更严重；不要进行占卜和魔术，不要谈论自己的梦境，也不要为梦境中发生的事情担忧；好好选择妻子，避免暴饮暴食（尤其是伴随着"可耻的爱的欲望"的时候）；不要取笑老年人，不要当顺从的丈夫；等等。这些建议将我们现在看来普通的道德常识、社会规范和一种粗陋的生活常识结合在一起，把所有生活领域内的事务，该做什么，不该做什么，包括如何处理与自己的妻子、仆人、朋友等人的关系，还有在交谈和就餐时的行为等等所有这些庞杂的内容，置于同一水平面上。根据我们现代人的观点来看，这些道德规范还算是宽松的。但是，我们在这些著作中看到了一种繁杂琐碎的社会风俗的压力。我们的祖先认识到共同生活的规范，是名副其实的价值的监护人。

礼仪教程的第三个来源，是有关讨人喜欢的艺术和有关爱的艺术的作品，类似于奥维德的《爱的艺术》、安德烈·勒夏普兰的《关于爱》、弗朗西斯科·巴贝里尼的作品和16世纪有关爱的

---

[1] Pseudo Caton, *Disticha de moribus*.

作品。《玫瑰传奇》是一个典型的例子。它告诉读者要避免忌妒；丈夫不是妻子的领主（这一点后来发生了变化）；为取悦女友，情人必须精通艺术和科学，他绝不能责怪她、不能试图偷看她的信，或是试图发现她的秘密。从更普遍的意义上说，它还教他抑制卑鄙的行为，不要诽谤别人，正确地和人打招呼并且理解他们的问候，不要言语粗俗；避免傲慢自大；要清洁且英俊、快乐、与人为善、慷慨、感情专一……这是赢得女性好感的秘诀，同样也是赢得生活中所有同伴的好感的秘诀。在生活中，人从来都不是孤独的，他总是生活在一个人数众多、爱挑剔的社会中。

关于礼仪的专题论著、老加图的道德规范和爱的艺术，三者的目的是一样的：让年轻男子（有时候也有女子）开始社会生活。这是人们在教堂之外能够看到的唯一的生活。这种生活的全部就是人际接触、人际交谈，即使与人做游戏也是一件严肃的事情。

复杂而又丰富的中世纪礼仪教程在 16 世纪发生了变化，内容更加简化了，主要包括两方面的内容。这两个方面基础相似，本质相近，但在形式上有所不同：一种是礼仪，另一种叫"获得成功的艺术"或者叫"廷臣之道"。

伊拉斯谟撰写了最早的礼仪教程，他创建了这种风格。所有后来的同类作品，都来自于他的启发。其中的很大一部分，完全是对伊拉斯谟作品的简单模仿。当时最著名的礼仪教程是科尔迪埃、安托万·德·库尔丹和让－巴蒂斯特·德·拉萨勒的作品，直到 18 世纪甚至 19 世纪的早期，人们仍在重印他们的作品。

这种礼仪教程并不是一种学校的课本，但是与旧式内容杂乱的礼仪论述，或是假托加图之名的那些格言相比，它能满足一种更加严格的教育的需要。环境（学校的扩张）迫使人们在学校之外，传授那些非学校教育性的，或者被错误地学校教育化的规则。这些规则在幼小的儿童学了最基础的读和写之后的第二堂课就立刻讲授。儿童通过礼仪教程进一步学习读和写。礼仪教程被印刷成多种字体——包括当时复杂的版式中最复杂的字体，不仅有罗马字体、斜体字和哥特字体，还有一种手写体，它只被用来印刷那些礼仪教程，因此这种字体被称为"礼仪体"。这些手册针对儿童，因此具有图文并茂的外观。此外，文本有时被印成多种文字，以诗歌的格式，每一段都有不同的风格。有法语、拉丁语，还有意大利语、西班牙语和德语（但从没有英语，后者在当时只有十分有限的受众，并且不具有文化上的价值）。这些礼仪教程事实上传授了那些大学里没有讲授的活生生的语言。

但是，无论如何，这些书籍不是仅仅为儿童策划的。安托万·德·库尔丹的教程上写着："不仅仅是给有孩子的人，也给那些虽然年长，但是并没有很好掌握那些社会中必须遵守的规矩和礼貌的人。"[1]因此，在图卢兹奥古斯丁博物馆收藏的一幅格里穆（Grimoux）的作品中，我们清楚地看到一位青年女子在读一本礼仪教程。这些教程的主题并不全是针对儿童，还经常包括成年人的事务，例如，如何对待妻子和仆人，如何优雅地变老。我们从中不仅发现了对儿童行为举止的告诫，也发现了我们今天会

---

[1] A.de Courtin, *Nouveau Traité de la civilité qui se pratique en France*, 1671.

认为儿童无法理解的道德建议。礼仪教程的素材解释了它内容庞杂的原因。它们在很大程度上来自当时的习俗，在那个时代，学徒制依然占有重要地位。我们无法为儿童所学的知识进行定量分析，但是，当时的儿童是被直接推入社会的。既然他们从一开始就被灌输了这些知识，在进入社会之后，他们有充裕的时间来消化它，这样，儿童就直接进入了成人的世界。我们在这些礼仪教程中，经常可以看到这一点。

一部名为《加拉泰亚》的礼仪教程在 17 世纪上半叶的社会达到了空前的成功。耶稣会也使用了这本书，《加拉泰亚》1617 年的一个版本，专门被用于拉弗莱什的耶稣会寄宿生和蓬塔穆松学校的寄宿生。[1] 因为它不是一本学校教育式的课本，也不是针对市井摊贩家庭出身的学生，用于那些寄宿生最为合适。

《加拉泰亚》"最早是德·拉·卡斯用意大利语创作的，后来被翻译成法文、拉丁文、德文和西班牙文"。"这是一本教育年轻人的必不可少的书，它传授给年轻人所有那些将给他们带来赞许的礼仪，这些礼仪被拥有荣誉和美德的人们认可，而且适合于那些不仅乐于阅读拉丁文，而且愿意阅读本国语言的人。目前用本国语言阅读更流行。"和其他礼仪教程一样，《加拉泰亚》教给它的读者什么是规矩，应该如何在社会中做人。我们已经提到过，它是一本交流的教程。它告诉读者："在公开场合，将手放在身体的一边，这是符合规矩的。"这和 15 世纪的旧式礼仪教程中所

---

[1] *Bienséance de la conversation entre les hommes*, Pont-à-Mousson, 1617.

要求的那些内容，例如不能给自己搔痒等，是类似的。《加拉泰亚》要求："不能只图方便而在公开场合穿衣或脱衣，不能在方便后放肆地洗手，不能将路上的排泄物指给人看"，不能让人闻到"令人不悦的气味"。应该避免"因磨牙、吹口哨、发出怪声、摩擦石头或铁丝来刺激别人的感官"。《加拉泰亚》还告诫人们不能挤压手指关节，在咳嗽和打喷嚏时不能发出过大的声音，避免打哈欠，不能长时间地张着嘴或盯着自己的手帕。我们在此发现了旧式的餐桌礼仪的痕迹。这些礼仪直到18世纪末一直保持着重要性。到那时为止，进餐仍然是一种社交仪式（在今天这一点已被取消）。每个人的角色都是被限定好的，每个人都不得不特别注意保持行为的得体：不能吃得太快，不能将胳臂放在桌上，不能剔牙，不能"吐痰，如果实在不得已要这样做，尽可能采用优雅的方式"。这部教程还指导一个人应该如何穿着："男人应该尽一切努力，尽可能地与其他市民的穿着相接近，并且要让自己接受传统的引导。"在穿着这个方面，和其他方面一样，任何奇装异服都是反社会的，都是一种错误。人应该始终服从共同体的期望，压抑自己的愿望：当正餐已经准备好，并且已经洗手完毕的时候，不应该再要书写纸和茶壶；不应该表现出害羞、熟悉或悲伤的样子；在仆人面前应该始终表现出一种尊严的礼仪。（一些"傲慢"的人"总不停地责备仆人，训斥他们，使他们的整个家庭陷入无休止的担忧"。）在街上也应该如此：既不能走得太快，也不能走得太慢，绝不应该盯着路过的人。

281

从16世纪到18世纪，各种版本的礼仪教程不断涌现，彼此之间大体相似。让－巴蒂斯特·德·拉萨勒的《基督徒文明礼貌手册》在18世纪获得了与伊拉斯谟、科尔迪埃和《加拉泰亚》在16、17世纪同样的成功。这样一位尽职的教师，一位教育机构的创始人，重责在身，烦恼不断，还费力地写一本书，主题和前面提到的礼仪教程那样，涉及良好的行为、衣着、发型、就餐礼貌等等。这个事实说明，我们现在看来无关紧要的主题，在当时是多么重要。时人接触的是一个粗鲁的农业文明人群，和现代社会相比，良好礼仪的规范无疑是更必不可少的。现代社会中，人们更容易臣服于各种各样的公共权威和警察控制。在矫正个人行为这方面，自从学校机构、公共交通和军队设施建立以来，国家取代了良好礼仪的地位。人们同样有这种感觉，社会生活中没有不重要的事。事实如此，社会交往本身就是最核心、最重要的。这就是为什么让－巴蒂斯特·德·拉萨勒不厌其烦地重复那些传统礼仪教程内容的原因："小心注意，周围不应存在猛兽害鸟和不良气味，这对儿童尤其重要。"他用很长的篇幅论述吐痰的方法。"手又黑又脏，这是可耻的，只有工匠和农夫的手才可以是脏的。""当想要小便的时候，必须一直退到隐蔽的地方。除了在别人看不到的地方，任何人（包括孩子）都不能进行其他的生理性活动。""当和他人一起玩的时候，不能打别人的手。""不能抖动（双腿）。""玩的时候不要扭来扭去（同样适用于儿童），也不能跷二郎腿。"读者同样被告知如何穿着："儿童穿着像个大人不合体，年轻人的衣服比年长者的衣服更华贵也是不得体的。"当然，教程中通常有很长的章节论述"切肉和吃肉的方法"，教你如何布置餐桌、服务进餐和清理餐桌，这是专门为儿童和年轻人保留的任务。

　　这些巨大数量的礼仪教程——包括新出的和修订的，从伊拉斯谟到让-巴蒂斯特·德·拉萨勒以及后来者——告诉我们：学校尚未垄断教育的所有功能。人们仍然对这些良好礼仪给予充分的重视。在几个世纪之前，这些礼仪是学徒制的核心组成部分。17世纪的一位英国教师这样写道："儿童的甜美而又得体的行为举止，为学校赢得了比其他形式的教育更大的信任。因为，这向所有人表明了这孩子被教得很好，哪怕很可能他学得很少，但良好的行为举止确实是良好教育的核心部分。"[1]

* * *

　　在17世纪早期，人们还谈论"熟知廷臣之道"（savoir le Courtisan），正如当时人们谈论一个男人已经读过《加拉泰亚》那样。[2] 巴尔达萨尔·卡斯蒂寥内的《廷臣》开创了一种读本的种类（正如伊拉斯谟创建了礼仪教程那样）：一种关于取悦别人和获得成功之艺术的读本。廷臣之道和礼仪有区别，因为它不仅停留在礼貌的基本要素上，"好的教师不仅教给儿童读写，同样教给他良好的习惯和礼仪。如何吃饭、喝水、用合乎礼仪的姿态缓缓行走，这些主题已经为人熟知。廷臣之道和礼仪有重合的部

---

[1]　F. Watson, *The English Grammar Schools to 1606*, 1907.

[2]　Charles Sorel.

分，也就是说，它来自于论述礼仪的著作，指的是关于取悦社会而获得成功的方法，以及通过恰当地使用礼仪在宫廷和社会中获得提升。有一些作品就是讲述这方面的内容的"。这类读本主要包括下列书籍：《廷臣》、《英雄》、法雷的《懂礼仪的人》、巴坦的作品等等。莫尔内已经将这类作品作为整体进行了研究。[1]

这个主题可以被简化为两个基本观念：进取心和名声。进取心被视为一种美德。没有人应该对自己的状况感到满意，相反，他应该想着不断地改善它。这种对晋升的关切，不是为了快乐和富裕，而是一种包含严格的纪律性和坚定决心的理想，一种我们可以在文艺复兴的精神中看到的，英雄主义的理想。它一直延续到 17 世纪中叶。在《诚实的男孩》中，有最直接的表达。[2] 作者德·格勒内伊先生了解贵族出身的重要性："我想让懂礼貌的男孩投胎到贵族家庭中。……贵族天生被赋予一种我无法形容的高贵气质，甚至在他们受辱时仍然受到尊敬，难道不是这样吗？贵族的子女即使在服从的时候仍然有领袖气质，而普通人即使被置于一个有权威的位置上，看上去也会随时接受别人给他们的命令。"但是，这种产生于出身的秩序性概念，伴随着一种社会性的概念。在作者眼中，后一种概念同样重要：贵族是一种"命定的品质，拥有勇气和美德，并不是一种空洞的荣誉"。这种品质是通过美德和名声获得的，作为一种"巨大的进取心"的结果而

---

[1] D.Mornet, *Histoire de la litérature classique*, 1940, et M. Magendie, op. cit.

[2] De Grenaille, op. cit.

增长。诚实男孩将提升他的家庭的头衔："如果他出生于普通贵族中，他会想成为一名男爵，如果他是伯爵，他会试图成为一名侯爵。最后，他会使用自然赋予他的权利，最大限度地达到命运允许他获得的地位。""因而，那些来自高贵家庭中的人，当发现自己仅仅处于一个很低或很平庸的位置时，应该尽力通过能力来提升自己，并且通过技艺来征服自然。""我们看到，出身低贱而成为伟大的人，比出身高贵而保持自己地位的人要多。这是因为后者有时候忽视了一切，而前者没有忽视任何东西。"格勒内伊敬佩那些勇敢的成就，诚实男孩应该"认识到，如果他的贵族地位不是来自于他的出身，而是来自于他的美德，他的地位将更加令人尊重"。这是一份有趣的文本，它将进取心作为道德价值的标志。

如何获得这种"提升"呢？只有一条路：出名并保持名声。知识和技艺上的竞争力以及道德品质并不是没有被考虑到，也不是它们被轻视，而是它们被包括在对一个人"著名"和"讨人喜欢"的认可之中。而且，这种认可，不得不通过能力的新应用和显示，才得以长久性的维持："必须要不断更新伟大，不断再创名声，不断激起掌声。"[1] 只有依靠伟大人物的欣赏和同伴的友谊，才能获得成功，这是成功唯一的方法。为了保障这种欣赏和友谊，一个人甚至要准备好使用不义之财，毫不犹豫地掩盖自己的过失，显示品质。掩盖是被允许的："啊，只有为了赢得声名，人才会迸发激情。名声

---

[1] Laurens Gracian, op. cit.

激发起伟大,人人都认识你,但谁也理解不了你。依靠这种技巧,平庸会显得伟大,伟大显得无限,而且更加无限。"

瓦莱在《懂礼仪的人》中这样写道:"在宫廷中,所有人都想被称为具有美德,它是如此的重要,以至于尽管每个人都是肮脏且令人厌恶的,但人人都试图给人以具有所有纯正美德的印象。"[1]这就可以理解:"一个人一生中只偶尔对他(廷臣)说一次话,他就会心满意足地离去。他将之公布出来,却绝不会说他是否看透了他的灵魂深处。"[2]为了"获得别人的喜爱",一个人需要"技术"、"一个具有所有良好品行的灵魂、一种完美的生活"。这使我们又回到了礼仪,回到了礼节,回到了在社会中举止优雅地生活的艺术:"没有它,最出色的成就会消亡,最无懈可击的完美会令人厌恶。"[3]

* * *

在17世纪后半叶,由伊拉斯谟创造的礼仪教程类读本和卡斯蒂寥内创建的"廷臣之道"类读本经历了一些重大的变化。

一度复活的关于进取心和晋升的理想消失了,与此同时,廷臣之道被"懂礼仪的人"取代,宫廷被社会取代,对财富和地位过于明显的向往不再被认为是良好的举止。一种新的理想出现

---

[1] N. Faret,*L'Honnête Homme*.

[2] Bardin,*Le Lycée*, 1632-1634, 2 vol.

[3] Laurens Gracian, op. cit.

了，梅雷在他所有的作品中都在宣扬这种理想：它追求符合正义的折中，平凡中的卓越。这个概念并没有减少社会影响力的分量，但不再将之与道德价值完全等同。良好的礼仪仍然被认为是必需的，但是它们逐渐失去了道德的内涵，不再被当作一种美德。这是一个隐性演进的开端，它将在 18 和 19 世纪加速：旧制度下紧密联系的社交性，将减弱为一种更脆弱、更空洞的凡俗交往。然而，在 17 世纪后半叶，这种趋向仅仅表现出蛛丝马迹。而社交性，尽管它的英雄性和典型性减弱很多，仍然保持很大的密度和力量。

我们已经说过，在很长一段时间内，礼仪教程一直是为孩子和那些没有学习过礼仪的成年人撰写的良好举止的规范。和它们遥远的中世纪原型相仿，礼仪教程解释一个举止优良的人应该如何言行，它们还恢复了一些已成形的习俗。这些习俗，此后已经不再被编写成册，但仍然让人尊敬和感到亲切。17 世纪后半叶，礼仪教程仍保持了它们的传统要素，但是增加了越来越多的教育性建议，以及仅仅针对儿童的忠告，将成人排除在外。如类似于学生的行为这样的主题。在 1761 年出版的一本礼仪教程里[1]，有整整一章关于"儿童必须遵守的在校言行规范"的内容。这是一本以科尔迪埃的作品和他关于教育的对话录为基础的书："在进校的时候，儿童应该自觉地或是向老师行礼，或是向同学问候。

---

[1] 《用于儿童教育的儿童礼仪》，它提供了在最初阶段教育儿童读、说和写的方法。它进行了新的修订，最后部分还增加了一篇教孩子拼写的佳作……1761 年。

他必须坐在老师分配给他的座位上而不能调换座位。""不要因推人和挡人激怒同学。"如果你的同学碰巧忘记了带文具,拒绝借给他们是粗鲁和冷酷的,不要这样做。"上课不要讲话。当有同学受到批评或遭到惩罚时,若显示出高兴,就是一种坏品性的标志。"礼仪教程不再仅仅用成人的习俗来启蒙儿童,这些成人此前也仅仅拥有学徒制的经验。礼仪教程现在更多地关注学校生活,进行了自我调整和自我扩展。这是学校发展的一个结果,也是儿童的特殊本性发展的一个结果。后者在礼仪指南中占据了越来越重要的位置,排除了成人。

1671年出版的《新礼仪》[1]在某种程度上已经像是为父母准备的一本教育手册,这和传统的礼仪教程有所不同,后者只是习俗的记录、传统的汇编。它告诉父母,为纠正孩子,应如何惩罚孩子,在何时开始教他们写字。"回家后,孩子应该复习在学校或预科学院中学到的内容,或者,他应该在家里学习那些他将背诵给老师听的内容。"在晚上,父母应该检查孩子的思想,"如果儿童想过一种人的生活",父母应该保持他的清洁并且爱护他。如果他犯了一些轻微的错误,"父母应该纠正他,通过拿他开玩笑,或者使用他易于承受的温和惩罚方式"。"如果他犯了接近于罪的错误,例如:亵渎上帝、盗窃、撒谎、大声辱骂仆人,或者因任性或不尊重父母而总是不服从,他应该挨打。"

"接下来,儿童应该对父母和主人说晚安,然后去上厕所。"

---

[1] Cf. n. 2. p. 269.

"最后，在脱掉衣服后，他应该在床上躺下睡觉，不应谈天和听故事［当时人们从不独睡］。他应该以这样的方式躺下：他处于很舒适、符合儿童生理特点的位置，被子要完全盖好，他既不能仰卧，也不能俯卧，只能侧卧［这是中世纪的一条医学建议］。并且儿童必须穿着衬衣睡觉，既是因为这样得体，也是为了在遇到突发事件时不至于衣不遮体。"

哪怕是礼仪教程扩版后的框架，也显得过于狭窄而不能满足新发展的需要。于是便出现了另一种以对家长的劝告的形式撰写的实践性教育论著，特别是在波尔-罗亚尔修道院这个圈子里。这些著作包括 1666 年出版的瓦莱的《论儿童基督教教育》[1]、1687 年出版的库斯泰尔的《儿童教育规范》[2]等。尽管这些著作仍然保留关于良好举止的内容（有关交谈和就餐方面的），读起来像是从传统的礼仪教程中摘录出来的，但它们是用另一种对家长的忠告的精神写就的，同样涉及选择什么样的手艺，以及如何选择学校、老师、正规书籍（小说因"毒害灵魂"而被禁止）、游戏、教育方法等棘手的问题。"尽可能地适应他们的弱点和缺陷，如果需要的话，可以用结结巴巴的语言与他们对话，目的是帮助他们学会童蒙课程。"此外，除了给家长的建议外，这些手册还包括了给老师的忠告，敦促家长在儿童面前要举止出色，为他们树立一个好榜样，留心他们的朋友，在择业时尊重一些他们

---

[1] Varet, *De l'éducation chrétienne des enfants*, 1666.

[2] Coustel, op. cit.

的计划,"当孩子有自己对职业的设想时为他们提供一些合适的位子,而不要让他们处于被人耻笑的游手好闲状态",同时要避免"想让孩子生活安逸而自寻烦恼"。[1]

我们可以看出,它们离传统的礼仪教程已经有了相当大的距离,因为,这些著作不再是为儿童或未受教育的成年人编写的习俗汇编,而是教导家庭什么是其自身应该具备的义务和责任,向家庭应该为儿童展现的举止提供建议。伊拉斯谟和库斯泰尔、瓦莱之间的区别,体现了15世纪末的家庭与17世纪后半叶的家庭之间的距离。前者仍然坚持将儿童送到别人家中当学徒的中世纪习俗,而后者已经以儿童为中心来构建了。

但是,这些家庭教育的准现代因素,并不能抹杀传统礼仪教程的成功。因为家庭向儿童的靠拢,和旧的社交性习惯并不相悖。教育家本身也承认,社会的"交易"仍然是基础。

* * *

既然一切都依靠社会关系,读者肯定会问,人们在哪里碰面?传统因素依然保持着,他们依然经常在街上、在室外碰面。这不仅出于偶然。因为城镇相对比较小,而且还因为一些街道或广场是人行道,在特定时刻人们在此会朋友,就像今天地中海沿岸的城镇那样。在过去的庆典大道和中央广场上,可以发现密集的人群。而今天的同样地点,或是荒芜了,或是即使人

---

[1] Coustel, op. cit.

们在闲逛，也互相不认识。在里昂的贝勒古尔广场（la place Bellecour），今天的游客几乎无法看到意大利旅行者洛卡特利（Locatelli）主教在1664年描绘的景象。[1] "男人和女人手挽手地散步，手牵手，就像人们牵孩子的手那样……一位妇女将她的双臂给两个男人，一个男人将他的双臂交给两个女人，我们对这些举止是如此的不习惯［这位主教来自博洛尼亚，那儿的人比里昂更保守］，我认为我们走进了一片混乱……我注意到他们是多么高兴，在步行街的入口，我看到他们互相之间挽着手，就像挽着篮子的把手，他们就这样走来走去。"17世纪的博洛尼亚人看到这些手挽手的笑着的人们，所感到的惊讶，和我们今天混杂在一群意大利人中而感到的惊奇，是一样的。

人们在街上会面，他们在哪里聚会？在19世纪甚至今天的法国，人们至少经常在咖啡馆里聚集在一起。如果你不了解咖啡馆的地位，那么你就不可能了解当代法国文明。它是唯一可以随时进入的会面场所，人们对此已经习以为常。这种"公共房间"在英文中的同义词是酒吧（pub）。16、17世纪的社会没有咖啡馆，小酒馆名声很差，它是为罪犯、妓女、雇用兵、纵欲狂欢的学生、无赖以及各种类型的冒险家准备的。不管处境如何，正直的人是很少去的。当时没有其他的公众场所，除了一些特殊房屋，或者说至少某些特殊的房屋，这就是在城镇和乡村都有的

---

[1] Locatelli, *Relation de voyage en 1664*, publié par W.Blunt. *The Adventures of an Italian Priest*, Londres, 1956.

大房子。[1]

那么,我们所说的大房子是什么样的呢?和这个词今天的通常含义很不一样,确切地说正好相反。今天我们是根据居住的人口来判断一所住宅是不是大房子,大房子总是住着很少的人。一旦里面住的人多了,人们就会说他们感到拥挤了,房子相对而言就不大了。而在 15—17 世纪,大房子总是比小房子人口密度大,更拥挤。这是从人口史学家进行的有关家庭人口密度的所有研究中看到的非常重要的现象。

通过人头税登记册,史家已经研究了 17 世纪末普罗旺斯的人口。[2] 根据这些研究,在贫穷拥挤的地区和富裕的、人口不那么密集的地区之间,我们可以看到清晰的对比:前者的房子小,居住人口少;而后者房子大,住满了人。一些房屋只有 3 个人或更少的人居住,而另一些则住 31 人(其中有 2 个主人、6 个孩子、17 个佣人)或 17 人(2 个主人、8 个孩子和 7 个佣人)。

这种对照,在 17 世纪或在普罗旺斯都不少见。最近一篇有关 15 世纪中期卡庞特拉地区的论文给人以同样的印象。[3] 23 个贵族家庭共有 177 个人,每个家庭平均 7.7 人,17.4% 的人口分

---

[1] 但是拉尼耶(Lagnier)在其《格言录》(*Proverbes*)中描绘了一个小酒馆,里面出现了一个儿童,场面并未显得不协调。

[2] J.Carrière, *La Population d'Aix-en-Provence à la fin du XVIIe siècle*. Annales de la faculté des lettres d'Aix-en-Provence, 1958.

[3] R.H.Bautier, *Freux, Population et Structure sociale au milieu du XVe siècle*, Annales E.S.1959, pp. 255-268.

布在 8 人以上的家庭里。一位贵族的家中住着 25 人。大教堂建筑师和 14 人住在一起。如果要从这些数字中得出有关人口出生率的结论，要十分小心。但另一方面，我们可以清楚地看到，富人的住所中除了家庭成员之外，还居住着仆人、雇工、文秘、伙计、学徒、同伴等很多人。这是 15—17 世纪的真实情况，西欧大部分地区几乎都是这样。即使它们没有公馆之名，这些房屋也都是大房子，每层都有许多房间，以及许多朝向大街、院子或花园的窗户。居住其中的人自身构成了一个真实的社会群体。除了这些巨大拥挤的房子之外，还有一些小房子，只住着已婚夫妇，有时还有他们最小的孩子。现在在城镇的老式街区中，我们仍然能够发现这种每层只有一到两扇窗户的房子。根据保罗·马松（Paul Masson）的研究 [1]，在马赛，两扇窗的房屋的出现，比一扇窗的房屋看上去是一种进步："每层楼的套间由两个房间构成，一间朝着街道，另一间朝向一个狭窄的空间，这个空间将这些房子的背部和另一条道路边的一些房屋的背部隔开。"此外，两扇窗户经常只能为一个房间提供采光，因而这种城市住宅只有一到两个房间。在乡村，小房子也不比这大。当有两个房间时，有一间是为牲畜准备的，这些小住宅明显只是为了睡觉或有时（并不是始终）在此吃饭。这些简陋的小房子没有任何社会功能，它们甚至不被一家人当作家。20 世纪 50 年代的住房危机，已经教给我们一些有关家庭住房的教训。尽管在旧制度下，人们对人员的

---

[1]　Paul Masson, cité par J. Carrière, op. cit.

混杂并不是很在意，但是，必须要有最低限度的空间，否则就不存在家庭生活，本书论述的家庭观念就无法形成、发展。我们可以得出结论，这些贫穷的、居住条件差的人对小孩怀有朴素的爱——儿童观念的最基础的形式，但对更复杂、更现代形式的家庭观念却一无所知。像中世纪那样，总是有些"沉默的家庭"，因为简陋而沉默，这是肯定的。年轻人必须在很小的年龄就离开这些简陋的房子——我们称之为斗室，或是搬进另一座斗室（兄弟二人住在一起，或夫妻相依为命），或是以学徒、仆人或者伙计的身份，住到本地贵族的大房子里去。

这些大房子既不是宫殿，也不是公馆，它们或是农庄，或是只有单层的城市住宅。在这些大房子里，我们发现了儿童和家庭观念的文化环境。我们为撰写本书而进行的所有研究，都集中在这里。最早的现代家庭是贵族家庭，在17世纪中期众多的家庭肖像画中，在亚伯拉罕·博斯的雕塑中，在腓力浦·德·香拜涅的肖像画作品中，在荷兰画家的作品中，描绘的都是这些家庭。正是为了这些家庭，道德主义教育家撰写了他们的论著，人们建立起越来越多的学校。为了这些家庭，也就是说，为了由它所组成的整个团体。这个团体，除了婚姻家庭之外，没有其他的亲戚（那种父权制家庭的类型，是十分稀少的），或者说最多加上几个未婚的兄弟，但是有一群仆人、朋友和受庇护者。

这种大房子扮演了一种公共角色，在那个没有咖啡馆或"公共室内场所"的社会中，这里是朋友、顾客、亲戚和受庇护者能够相会和交谈的唯一地点，除了仆人、秘书和伙计这些常住者之外，我们必须加上不断来访的客人。后者明显很少考虑来访时间是否合适，而且从来不敲门。17世纪的道德主义教育家认为，这些来访妨碍了吃饭的规律性，尤其是正餐。他们认为这种吃饭的无规律性足以损坏儿童的教育，并以此证明将孩子送往学校的正当性，尽管学校中的混杂生活存在道德上的隐患。这些宾客不断地来来往往，分散了儿童在功课上的注意力，简而言之，的确是一种麻烦，他们主导了家庭生活所倚重的进餐时间。

这些访客不仅仅是友谊性或者说社交性的，他们也是职业性的，但是人们几乎很少区分这两点。研究表明，很多访客是公证人的朋友，他们互为债权人。这里没有专门的办公室，对法官、商人、银行家、实业家都是如此。所有事务都在他和家人居住的房间里进行。

那时，人们更多地为职业目的，而不是为家庭事务布置这些房间，将房间打通。最富有人家的住宅里，在人们居住的那一层中设有画廊和连排的厅。其他楼层的房间要小一些，但是仍然互相连通。除了厨房，没有房间具有专门用途，人们也经常在最大那个房间里的壁炉上做饭。厨房的设备有限，而且这是在城市，房屋规模中等，这些条件都不允许人们太讲究。当有客人来的时候，会到附近的烤肉铺购买已经基本配好的菜肴。当弗朗雄（Francion）的老师奥尔唐西于斯（Hortensius）想和一些朋友聚会的时候，他告诉弗朗雄和一个仆人："到我的邻居酒店老板那里去，让他把最好的酒送来，还有面包。对他说，你们之所以这么晚还来的原因，是因为我看到最晚到达的客人带了一架手风琴来，我意识到我不得不为房间中的所有客人提供晚餐。"弗朗雄和仆人一起出去了,在酒店"我们发现没有适合我们的东西,因而我们只带回一些酒,我们决定去小桥边的饭店,仆人买了一只阉鸡,他还想买点牛里脊肉,因此他跑遍了所有的肉店,想买点好的"。

人们住在可能被用于任何用途的房间里,在里面吃饭,但没有特定的餐桌。著名的"餐桌"根本不存在,在吃饭时间,人们支起折叠桌,铺上台布,就像我们可以从亚伯拉罕·博斯的雕刻中看到的那样。15世纪中叶,人文主义建筑家阿尔贝蒂很大程度上是一个"时代的歌颂者"(laudator temporis acti),[1] 他回忆起童年时的习俗:"当我们年轻的时候,妻子会给丈夫带上一小壶酒,以及一些就着面包吃的东西,她在家吃饭,丈夫在作坊吃。"这是真实的,在许多手艺人和农夫家庭中,这种习惯仍然十分普遍。他将这种简朴的传统和当时城市的习俗进行了比较:"桌子每天被支起两次,仿佛是为了一次神圣的宴会",[2] 和17世纪早期许多家具一样,这是一种可折叠的桌子。

人们在同一个房间里吃饭、睡觉、跳舞、工作和接待客人,当时的一幅雕刻作品显示,床位于一张摆放银质餐具的备餐桌旁,或是在吃饭间的角落。科德(Pierter Codde)1636年的一幅画作描绘了一场舞会[3],戴着面具的人们在跳舞,在房间的远

---

[1] P. H. Michel, *La Pensée de L. B. Alberti*, 1930.

[2] P.du Colombier, *Style Henri IV et Louis XIII*, 1941, p. 49.

[3] P.Codde, reproduit dans Berndt, 187.

端，有一张床，床幔破旧。在很长一段时间内，床也是可拆卸的，为了社交目的，仆人和学徒可以将它们再支起来。诗集《幸运的沙泰尔》（*Chastel de joyeuse destinée*）的作者赞颂"穿着法兰西的制服"的年轻人在拼装床铺时的敏捷能干：[1]

>这些法国人干什么都身手敏捷，
>
>搭起床来更是那么敏捷，
>
>这实在令我大为惊诧。

17世纪初，艾罗阿尔在他1606年3月12日的日记中写道："未来的路易十三"穿好衣服后，他自己单独拆卸他的床。[2] 1606年3月14日："他被带到王后的套间，安顿在国王的房间（国王在外打仗），在王后注视下，路易十三和仆人一起将他的木床搬来，蒙格拉夫人帮他铺床，让他睡在那儿。"1608年9月8日，在出发去圣日耳曼之前："他以独自一人拆床取乐，迫不及待地要离开。"但是，床已经变得更缺少移动性。阿尔贝蒂怀着对过去美好日子的遗憾，这样写道："我记得……我看到过我们最高贵的公民，当他们离家去乡村的时候，带着他们的床和厨房器具，返回时也带它们回来。现在一个房间的家具，比过去一场婚

---

[1] *Jardin de Plaisance*, éd. Droz et Piaget, p. 93.

[2] Héroard, *Journal de l'enfance de Louis XIII*, op. cit.

礼上整个房子的家具都要大，而且贵。"[1] 这种从容易拆卸的床到一种耐用家具的转变，毫无疑问地标志着家居生活的进步，立刻有艺术家用有装饰的、被床幔围绕的床，来描绘私人生活的主题：在房间里，丈夫和妻子在一起；母亲生子；老人去世；独居者在此沉思。但是，放床的房间仍然不是卧室，还是一个公共场所。同样应该装上床幔，它可以根据需要而开闭，目的在于保护主人的隐私性。因为时人很少单独睡，而是或者与配偶，或者与另一名同性睡。

床在房间里是独立的，并构成单独的隐蔽处。在这个房间里还有其他床，经常每个角落一张。比西-拉比丹（Bussy-Rabutin）讲述，一天，在一场战役中，一个受军队惊吓的女孩要求他的保护和收留："我最后告诉我的手下，将我房间里的四张床拨一张给她。"[2]

容易想象，在这种人员混杂的房间里，人们很难独处。人必须穿越所有的房间才能到达这一层中的另一个房间，几对夫妇或不同年龄的男孩女孩睡在一起（这里不包括仆人，不过至少他们中的一些必须睡在主人旁边，支起他们那仍然易拆卸的床，或者睡在紧靠着房门的外面），在这里人们聚拢在一起吃饭，接待他们的客户或朋友，甚至有时还要施舍乞丐。在这种房间里，我们能够懂得，为什么不论何时开始统计人口的时候，贵族的房子里

---

[1] P. H. Michel，op. cit.

[2] Bussy-Rabutin, *Mémoires*, 1704, 3 vol.

总是比一般普通人的一间或二间套房聚集了更多的人口。因此，我们应该指出，正是在这里，产生了现代的家庭观念。人们不是把家庭作为外部入侵时的避难所，而是作为一个社群的中心，一个稠密的社会生活的交汇点。以家庭为圆心，由各种社会关系组成的同心圆建成了。从中心越往外关系越松弛：亲戚、朋友、客户、受庇护者、债权人等等。

位于这个复杂网络中心的，是儿童和仆人组成的常住群体。在 16 和 17 世纪的历史进程中，儿童观念的进展和道德主义教育家对仆人的不信任，并没有使之解体。它是这所大房子里鲜活的、喧闹的中心。无数的版画向我们展示了儿童和仆人混住在一起的情景，这些仆人自己通常也很年轻。例如拉尼耶的一本配图的谚语集中，一个年纪很小的仆人正与这座房子里刚学会走路的一个小孩玩耍。[1] 这种同样的亲密性在稍贫穷一些的家庭中，在手工业者、农夫和他们的年轻学徒或仆人中，肯定也是存在的，家庭中的儿童与仆人之间的年龄差异并不很大，这些仆人通常很早就开始当仆人，有些是家庭成员的乳母的孩子，1549 年的《通用祈祷书》（*Book of Common Prayer*）要求一家之主重视，并为所有儿童提供宗教教育。所有的儿童，包括"子女、仆人和学徒"。仆人和学徒被纳入家中儿童的行列。在儿童游戏中，他们一起玩。"主教的仆人，像一只小狗一样和可爱的小雅克琳玩耍，刚刚将后者扔到地板上，她的胳臂断了，手腕脱臼，她的惨叫非

---

[1] Lagniet dans *Proverbes*.

常吓人。"德·塞维涅夫人这样写道,看上去她认为这一切十分有趣。[1]

在17世纪,家庭中的男孩继续执行着服务的功能,与仆人的世界更为接近。尤其是在餐桌服务方面。他们切肉,按照现在已经消失的法国式习俗来服务,这种习俗包括同时端上很多正菜,拿酒和酒杯,倒酒。直到17世纪末,餐桌服务仍然是《礼仪教程》中的重要内容,在风俗画中也可以经常见到。[2]这种服务的观念尚未具有低人一等的含义,"隶属于"他人的事实也不具有后来的耻辱性质。一个人几乎总要"属于"另一个人。16、17世纪的"廷臣之道"为拥有良好教育的人提供建议:讨人喜欢的艺术,指的就是下级和年幼贵族要好好选择自己的主人并且努力获得他的喜爱,社会仍然展现出一个"依附"的网络。因而,区分体面的服务和仆人的雇用性服务是困难的。这种困难在17世纪仍然存在,尽管此后仆人和体力劳动者同样被置于社会底层。在主人和仆人之间,一直保持着一种超出契约规定和雇主剥削的东西——一种客观存在的联系,它包括一方的残酷和另一方的狡诈,但它来源于一种几乎是永久的生命共同体。道德主义教育家用来表示父亲义务的术语可以为证:"一个好父亲的义务,可以简化为三个原则:首先是善待妻子;其次是培养孩子;最后是调

---

[1] Mme de Sévigné, *Lettres*, 19 août 1671.

[2] Helmont (1623-1679), L'enfant servant à la table, dans Berndt nº 365.

教仆人。"[1] "在这一点上,所罗门给了我们非常明确的建议,包括了所有主人对仆人的义务。他说,仆人们不能缺少三样东西:面包、工作和谴责。面包是他们的权利,工作是他们的命运,谴责和惩罚是我们的利益。""如果有良好的伙食、稳定的报酬,仆人很少会不守规矩。"不过仆人的报酬和我们今天意义上的薪水有区别,库斯泰尔这样说:"挥霍的父母,将自己置于一种无力的境地:无法奖励仆人;无法还贷;无法帮助穷人。而这些都是他们的义务。"[2] 博尔德隆更是指出:"主人和仆人之间的义务是相互的,由于仆人的服务和恭敬,主人给他们怜悯和奖赏。"[3] 仆人不是拿工资,而是受奖赏:主人和仆人之间的关系基础不是正义,而是保护和怜悯,这与人们对儿童的感情是一样的。堂吉诃德最为准确地表达了这种感情。当他醒着,而桑丘却在沉睡时,堂吉诃德有一段独白:"睡吧,你不用担心,你已经把责任放在我的肩上,这是自然和传统赋予那些拥有仆人的人的责任。仆人睡着而主人站着,思索如何养活他、改善他的生活、对他好。至于收成不好这些事情,对仆人没有影响。主人必须在歉收和饥荒的时候养活仆人,而仆人在丰足富饶的时候服侍主人。"[4] 在莫里哀的喜剧里,男女仆人谈论主人的对话同样体现出这种人际庇护关系带来的亲密性。人们在没有专门用途的房间中吃饭、

---

[1] De Gérard, *Entretiens*, I, p. 153.

[2] Coustel, op. cit.

[3] Bordelon, op. cit.

[4] *Don Quichotte*, éd. La Pléiade, IIe partie, chap. 20, p. 661.

睡觉、接待访客，仆人从不离开主人。在《产妇床边的长舌妇》中，女仆经常自然地插话。不仅中产阶级如此，贵族也是这样。塞维涅夫人这样写道："孔代亲王夫人不久前对她的一个仆人迪瓦尔有意，后者十分愚蠢，当亲王夫人对另一个年轻男仆拉比坦表示关心时，居然显得不耐烦。"两人在亲王夫人面前打架，"拉比坦拔剑想教训对方，迪瓦尔亦然。亲王夫人到他们中间试图分开他们，结果胸口受了轻伤。"[1]

毫无疑问，这种亲密性在成人之后消失，提倡善待仆人的道德主义教育家同样建议，在和仆人相处时，要有最大程度的保留："对你的仆人要说得少。"[2] 但旧式的亲密性仍然在儿童和年轻仆人中保留着。儿童从很小开始就与幼小的仆人一起玩耍，有些是专属于他们的仆人，有些服侍他们上学，他们之间能够产生很深的情谊。我们知道莫里哀和高乃依笔下的男仆，但还有一个形象被遗忘了：拉里维的《学徒》（*Ecoliers*）中的男仆。他对他的主人表达了一种更真实的情感："我和他一起长大，我爱他胜于爱其他所有活着的人。"

历史学家很久以前就告诉我们，国王从来不会单独生活，事实上，一直到17世纪末，没有人会单独生活，社会生活的密度使孤独变得十分不可能，如果有人将自己关在房间里独处一段时间，会被认为性格怪异。同辈之间，同一个环境中彼此依靠的人

---

[1] Mme de Sévigné, *Lettres*, 23 janvier 1671.

[2] Bordelon, op. cit.

们之间、主人和仆人之间，这些日常生活的关系使一个人从不会独处。这种社交性在很长一段时间内阻碍了家庭观念的形成，因为家庭缺乏私密性。16、17世纪，父母和子女之间一种新出现的，或者说至少在孕育中的情感关系，并没有破坏旧的社交性。儿童和家庭的意识（就如人们谈论阶级意识）需要生理和伦理的私密性区域，而这种私密性的区域以前从未有过。但是，在那个时代，这种意识必须适应无时无刻不存在的人员混杂。无论乡村或城市、贵族或普通人、农夫或手艺人，在各个阶层中，我们都只能在一些特定的家庭中发现传统社交性和新的家庭意识之间的结合。一些名流的家成为社会生活的中心，围绕着这个中心的是整个人数众多且纷繁复杂的小社会。这种家庭和社会之间的平衡不得不抵抗习俗的演变和私密性的新进展。

* * *

18世纪以降，家庭开始和社会拉开距离，将社会放置到私人生活圈之外，而这个私人生活圈一直以来不断扩展。根据抵御外部世界这个新的需求，房屋组织结构的形式发生了变化，它已经变成了现代类型的住宅。因为门开向走廊，房间确保了独立性。当人们需要交往，从一个房间到另一个房间去的时候，再也不用被迫穿过所有的房间。据说这个时候开始流行舒适，它与家庭私密性、隐蔽性和独处同时产生，舒适是这些现象的一种表现。家里不再到处是床，床只限于卧室，卧室四边都配上了壁橱和小卫生间，卫生间里出现了新式卫生设备。在法语和意大利语中，"房间"(chambre)这个单词开始作为"客厅"(salle)的反义词来使用，此前它们或多或少是同义词。"房间"指睡觉的地方，"客厅"是吃饭和会客的地方。在英语中，"房间"(room)保留了原有的多用途含义，但是加上前缀来给予明确的界定，如餐厅、卧室等等。

居所中房间的专门化从中产阶级和贵族开始，这无疑是他们日常生活中发生的最大变化之一。它满足了一种新的对独立性的需要。在这些更加封闭的住宅内部，仆人们不能离开分配给他们的偏僻角落（除了在世袭王族的家里，那儿依然保留着旧的习俗）。主人的房间里装上了铃，这样可以传唤远处的仆人。以前只有在同一个房间里，仆人才能听到主人的指令。塞巴斯蒂安·梅西耶将女主人按铃叫仆人，作为一项新的习惯。与仆人保持距离，同时防止不速之客，这两种新的需求是最有特色的。到18世纪的晚期，不事先约好而随时去拜访朋友或者合伙人的习俗已经消失了。或者家庭设立专门的会客日，或是"人们互相之间派仆人送卡片"，"门房处理来访，信箱传递卡片，什么都不再容易，见不到任何人，人人遵守关门的准则"。[1] 这些新的习俗促使从前那些最自然的事务，那些谈生意和保持地位、朋友的方法，都发生了转变。此前，人们生活在公众和面对面之中，一切事务都是通过口头的谈话来进行。此后，人们更明确地将社交生活、职业生活和私人生活分离开来，每类事务都有自己的专门场所：房间、办公室、沙龙。

---

[1] Sébastien Mercier, *Les Tableaux de Paris*, éd. Desnoiteres, p. 194.

"卡片"和"会客日"习俗的出现，不是一种孤立的现象。它完全属于一套新的规则，这套规则此后被叫作"礼貌"，取代了旧式礼仪。针对社会的压力，它具有保护个人自由、保护个人和家庭隐私的意义。旧的礼仪是一种共同生活的艺术、面对面生活的艺术。新的习俗强调的是保密和尊重他人隐私，道德的重心发生了转移。塞巴斯蒂安·梅西耶已经出色地注意到这种变化："现时的基调是简化礼仪，几乎只有外省人还能称得上讲究礼仪之人。"人们不再把正餐时间拖得很长："正餐时间缩短了很多，并且，现在人们不是在餐桌上自由谈论，讨论有趣的故事，而是撤退到沙龙（客厅）中去进行。""人们不再急于喝酒；不再为了证明他们知道如何待客，而纠扰客人；不再要你唱歌。（围绕着餐桌的小型音乐会仍然是 16、17 世纪的产物！）""人们已经放弃了我们祖先如此熟悉的那些愚蠢和荒谬的传统。我们的祖先将这些令人尴尬的、惹人生气的传统称为礼仪。他们是这种礼仪不幸的信徒。""没有片刻的休息，在餐前，人们一本正经地竞争谁更有礼貌，进餐过程是一套顽固的繁文缛节，而礼仪专家为这种幼稚的竞争而鼓掌。""在所有这些陈旧而庸俗的传统中，只有祝福打喷嚏的人这条被保留到现在。""我们将它留给鞋匠和裁缝，让他们伪善地互相拥抱，这些礼仪在四十年前的礼节社会中才使用。""只有在小资产阶级家庭［有意思，使用这个词］现在还使用这些令人厌倦的礼节和没完没了的客套，他们仍然把这些当作礼仪。如果在社会生活中运用这一套，会让人劳累过度。"

　　房屋的重新布置和习俗的革新为私密性提供了更大的空间。

它由一个减少到只有父母和子女的家庭填满，仆人、客户和朋友已经被排除在外了。1760—1780年之间，马尔唐吉将军给妻子的信可以帮助我们对家庭观念的进步进行一番评估。剔除那些陈旧的内容，它已经变成和19世纪及20世纪初的家庭观念一样了。家庭不再是沉默的，而是变得十分健谈。它已经成为人们通信的话题，也毫无疑问进入人们的谈资，成为人们关注的事物。[1]

类似于"夫人"的旧式称呼消失了，马尔唐吉将军称妻子为"亲爱的妈妈"或"我的小心肝""我的小宝贝"。丈夫喜欢用和孩子同样的称呼"妈妈"来称呼妻子，他给妻子的信充满了关于子女的细节，关于他们的健康和行为。他用昵称来称呼他们：米内特和科科。使用昵称的习俗的不断普及与家庭关系日益增长的亲密性相对应，尤其是迎合一种不愿如陌生人那样称呼对方的需要，因而，通过一种小圈子才能理解的语言，强调父母和子女联系的紧密性，并突显他们和其他人的距离。

远方的父亲急需知晓家庭日常生活的细节，他对此十分重视。他急不可耐地等待来信："我求你了，我的好宝贝，写一点点也行。""我求你了，替我委婉地批评米内特小姐，她这么久没有给我写信。"他谈到想到马上要和家人重逢的欢乐："我像盼望过节一样盼望回到你身边。在我破旧的小房子里，为你整理房间，让我们住得舒适又愉悦，是我最关心的事情。"这已经具有现代意味的私密情调了：将家室当作热心装点的对象，将家和

---

[1] *Correspondance inédite du général de Martange*，1776-1782，éd. Bréard, 1898.

外部世界对立起来。

在这封信里，有关健康和卫生的问题占据了重要地位。此前，人们害怕严重的疾患，但是他们不会因感冒等小病小痛而烦恼，对疾病没有表现出持续的关心，健康状况尚未被看得如此重要："如果没有收到关于你和我的小女儿们的健康的消息，我会感到十分不安。""尽管你几乎没有把你和小女儿的健康状况告诉我，但是，这并不是作为一个父亲内心愿意看到的……""对于你所说的我们的小儿子的病痛和食欲不振，我十分难过。亲爱的孩子，我只能这样建议你，还有格扎维埃，喝一些内尔博内的蜂蜜，不要忘了在他牙疼的时候轻擦他的牙床。"这是父母对他们的子女开始换牙时候的担心——在塞维涅夫人的时代，可能一些老奶奶会操心这些事情，但是它们尚未荣幸地在一位参谋部军官的信中占据一席之地，"我担心两个女儿的感冒，但看上去今天早上天气最终发生了好转"。人们谈论天花疫苗，就像今天谈论小儿麻痹症疫苗："我要你去为格扎维埃接种疫苗，越快越好，因为每个人都对这种疫苗感到满意。"他建议妻子服用塞德利茨的水，"同样名字的盐"，以及柠檬水，还要把醋、白兰地和水混合，以预防流行病的传染。

他们的一个女儿嫁到了德国，在1781年1月14日给她"亲爱的和慈祥的妈妈"的一封信中，她解释了很久没有来信的原因："首先是两个年幼的孩子患了两个月的百日咳，十分严重。每当咳嗽时他们的脸都会发紫，鼻孔中还冒出血沫。[原文如此。]在此之后，我的小女儿，就是最小的那个孩子，还有格扎维埃都发了最严重的高烧。"医生已经放弃了抢救格扎维埃的希望:"可怜的孩子遭受了他所能遭受的一切痛苦。"然而,最后他还是得救了,"感谢上帝,所有的三个孩子都回到了我身边"。不再有人敢于在失去一个孩子后,从再要一个孩子中得到安慰,而在一个世纪之前,父母还能够这样做。现在孩子是无法替代的,他的死是不可弥补的。母亲在孩子中间找到欢乐,这些孩子不再处于生死未卜的处境中:"和孩子在一起是我唯一的快乐。"这时,我们看到了儿童观念的发展和卫生的发展之间关系的实质,也是对儿童的关心和对儿童健康关心之间的关系的实质:这是人们对于生的态度和对于死的态度之间的关系的另一种表现形式。

人们对儿童的教育也给予了很大的关心,充分认识到了教育的重要性:"无论如何,我向您特别建议,在孩子的教育上不要浪费哪怕一分钟时间,每天让他们温习两到三遍功课,特别是教育他们如何站立、行走和吃饭〔对旧式礼仪教程的一个回音〕。"这三个孩子有一位家庭教师:"让孩子们通过老师的教导而得益,让两个女孩尤其注意学习如何站立和行走。如果 H 先生能教会她们礼仪,他可以将自己视为一名出色的教师。"

马尔唐吉遭遇了经济困难,他十分担心后果:"当想到我无法为他们提供我所预想的教育时,这种悲伤让我很痛苦。"无论发生什么情况,都应该支付"老师的报酬"。这里,我们距离1660 年的道德主义教育理论家的抱怨已经很遥远了。他们抱怨人们没有向教师支付报酬,因为人们没有充分意识到教师使命的重要性:"如果我没有别的财物,我将卖掉我最后一件衬衣,只为了让我的孩子达到同龄、同阶层其他孩子的同样标准。他们来到这个世界上，不应该是为了因无知和缺乏教养而丢我们的脸。我不想别的，亲爱的，只想改变我的命运而确保他们的快乐。但是如果他们想保证我的快乐，必须专心学习，充分利用时间。"当孩子接种疫苗的时候，马尔唐吉十分焦虑。担心"种疫苗会浪费时间"。"利用你在城里的机会教他们一些东西。作为因我的经济危机而影响了他们学业的补偿。"

  健康和教育，这是此后父母关心的两个首要问题。人们很难不被这封信中表现出的非常现代的论调所打动。尽管我们相隔两个世纪，但他离我们，比离塞维涅夫人更近，后者只比他早一个世纪。对塞维涅夫人而言，除了一个慈祥的祖母自然的牵挂外，在她生活中的所有时刻，表现出来的是一种对孩子情绪变化的兴趣。这是我所称的对儿童的最初的态度——"溺爱"的态度，这种态度在马尔唐吉身上几乎找不到。他更严肃地处理一切事物，无论大事还是小事。这已经是一种19世纪的、维多利亚式的严肃。在17世纪，当儿童不是消遣的对象时，他变成了婚姻和职业的投机工具，被利用来提升家庭在社会中的地位。马尔唐吉把这种思想放在第二位，他对教育的兴趣看上去不那么功利。这样，伴随着日常的快乐和悲伤，儿童成为他们真正的样子，家庭亦然，呈现出一种原初的样子，进而到达人类道德最光辉的境界。这个父母和孩子的群体，在互相牵挂中得到快乐，对社会的其他部分并不关心，它不再是17世纪那种向朋友、客户和仆人这些外部入侵者开放的家庭，这是现代的家庭。

这类家庭最引人注目的特征之一就是对维持子女之间平等的重视。我们已经看到，17世纪后半叶的道德主义教育理论家非常温和地维护着孩子们，这首先是因为长子得宠有可能让遭忽视的幼子们冒担任假教职的风险，同时也因为这些道德主义教育家超越了他们的时代，预见到了家庭生活的未来状况。从他们的著作中，我们已经看到他们如何意识到自己与公共舆论作对。然而，到18世纪末，家庭内子女之间的不平等将被看作难以容忍的不公正。废除了长子继承权的是民间习俗，而非民法典或大革命。当复辟时期的极端派恢复长子继承权的时候，法国家庭拒绝了。他们受到一种新的家庭观念的激励，并错误地将这种观念归因于旧制度。1824年10月31日，维莱勒给波利尼亚克（Polignac）的信中这样说道："在那些上层家庭中，几乎找不到二十分之一的家庭会使用这种法规，让长子或其他一些孩子获利。"[1] 从属的束缚都已经松弛到这样一个程度：在所有的地方，父亲都认为自己必须善待孩子。

* * *

从中世纪晚期到16、17世纪之间，儿童在父母跟前赢得了一个位置。在习惯上通常将他托付给外人的时期，他不可能获得这个位置。儿童回归家庭是一个重大事件，它赋予17世纪的家庭最基本的特征，将其与中世纪的家庭区别开来。儿童成为日常生活

---

[1] J.Fourcassié, *Villèle*, 1954.

不可缺少的因素，他的父母为他的教育、职业和未来操心。儿童还不是整个系统的中枢，但变成地位稳固得多的角色。不过这种17世纪的家庭尚不是现代家庭：它和后者的差异主要体现在仍保留有人数众多的社交性人群。只要这样的家庭存在，即那些大户人家存在，它就是社会关系的一个中心，就是一个在户主领导下的、复杂且等级化的小社会的首府。

与此相反，现代家庭挖掘了与外部世界的壕沟，以父母子女团结起来的独立群体面对外部社会。这个群体的所有能量都用于帮助儿童实现社会地位的上升。每个儿童的成长都是个性化的，没有任何家族性的欲望；儿童先于家庭。

从中世纪家庭，到17世纪的家庭，再到现代家庭的演进，在很长一段时间内，仅限于贵族、资产阶级、富有的手工业者和农场主。在19世纪早期，大部分人口仍然像中世纪家庭那样生活：儿童与父母分离，对他们而言不存在住宅或在自己家这样的观念。住宅观念是家庭观念的另一种表现。从18世纪到今天的很长一段时间，家庭的观念几乎没有发生变化。我们研究的18世纪城市和乡村中产阶级就是这样。相反，家庭观念越来越多地向其他社会阶层扩展。在18世纪晚期的英国，奥斯汀看到了家庭生活风格的进步："农业工人倾向于拥有自己的住所，而不是向雇主交租金和他们一起住。而工业中学徒制的衰落，导致早婚和家庭人口增长。"[1] 婚姻年龄的推迟、工作的不稳定、寻找住所的

---

[1] J. Ashton, *La Révolution industrielle*, p. 173.

困难、季节性短工的流动性以及传统学徒制的残留，既是资产阶级家庭生活的理想模式的障碍，也是习俗进步的障碍，只能逐步移除。家庭生活最后扩展到几乎整个社会，以至于人们已经忘却了它的贵族和资产阶级起源。[1]

---

[1]　H. Bergues, Ph. Ariès, E. Hélin, L. Henry, M. Riquet, A. Sauvy, J. Sutter, *La Prévention des naissances dans la famille, ses origines dans les temps modernes*.Institut national d'Etudes démographiques, Cahier n° 35, 1960. Cf. aussi R. Prigent, *Renouveau des idées sur la famille*. Institut national d'Etudes démographiques, n° 18, 1954.

结　论　家庭和社交性

研究肖像画文献的历史学家,希望能够在那些文献中找到自己在现实存在中曾经感受过的那种生活的震颤,结果他却奇怪地发现这种震颤稀缺,至少在16世纪的室内和家庭景象中是如此。他不得不用放大镜去寻找,并且借助于假设来解说。不过,他立刻抓住了这些肖像画的核心角色,一种和古典剧院中的合唱团一样核心的角色——人群。不是在我们人口过于密集的城市中那种巨大的、互不知名的人群,而是在街上或者类似于教堂这样的公共场所中,邻居、妇女和儿童的聚集,人数众多,但彼此之间都认识。那是和今天可以在阿拉伯城镇市场中和傍晚地中海沿岸城镇的林荫大道上见到的相似的人群,仿佛每个人都愿意出来而不愿待在家里。这些图景包括街道和市场、游戏和手艺、士兵和廷臣、教堂和酷刑。在街上、在田间、在室外、在公共场所、在一个人数众多的集体中间,正是在这里,艺术家们十分自然地,乐于展开他们所表现的事件或者人物。

将个人或家庭的肖像提炼出来的观念是逐渐出现的。但是,我们在书中赋予这些最初尝试的重要性,不应遮蔽下面的事实:起初它们非常罕见,并且羞羞答答。基本面在很长一段时间内没有变化，主要表现户外生活和公共生活，这种情况一直持续到 17 世纪，那时家庭肖像画才变得十分丰富。这种现象从历史学家一开始接触肖像画文献的时候就给他们留下了深刻的印象，它毫无疑问和一个深刻的事实相联系。直到 17 世纪，人们的生活都是发生在公共生活中的。我们已经给出了许多例证来证明社会的统治地位。传统的礼仪，在很长一段时间里缺乏庄严。不论是伴随婚姻的还是在宗教仪式之前举行的礼仪均是如此。对婚床的祝福、宾客拜访已经上床的新婚夫妇、新婚之夜的喧闹等等，仍然证明社会对夫妻隐私权的占有。当事实上隐私性几乎不存在，当人们混杂在一起，当主人和仆人、儿童和成人，住在对随时可能来访的客人完全开放的房间里，人们有什么理由对社会的干涉感到不快呢？社会的密度没有为家庭留下空间。这并不是说现实生活中没有家庭，怀疑它的存在是荒谬的。但是作为一种观念、作为一种价值的家庭是不存在的。

我们看到了从 15 世纪到 18 世纪，家庭观念的产生和发展。我们已经知道，直到 18 世纪，它也没有打破旧的社交性：它被限制在条件优越的阶层，例如乡村的或城市的贵族、资产阶级、手工业主或商人当中。从 18 世纪开始，它扩展到所有阶层，在人们的意识中强化。这个演进过程的最后几个世纪，经常被视为个人主义战胜社会束缚的时期，家庭束缚被归入社会束缚之列。但是，在现代生活中，夫妇的所有能量都为后代（有意限制数量）的荣升服务，个人主义又能在何处寻觅？还不如说，在旧制度下，子女众多的父亲对子女不闻不问，自得其乐，表现得更个人主义一些，难道不是吗？当然，现代家庭和旧制度下家庭的物质现实不同，后者往往与一份遗产和社会名望混淆在一起。除了某些例外（这些事例的数量在不断减少），财产继承问题与儿童的幸福相比，已经退居第二位。人们已经不再将忠诚于职业传统视为这种幸福必不可少的条件了。家庭变成了一个排他性的团体。人们喜欢待在家里，喜欢家庭的情感，就像马尔唐吉将军在其早在18世纪末的信件中所写的那样。如果忽略了家庭观念的令人吃惊的扩张，我们就无法理解当代风俗演进的一切。获胜的不是个人主义，而是家庭。

但是，家庭是随着社交性退缩而得以扩展的。这一切的发生，似乎是现代家庭由于旧的社会关系的衰退而取而代之，以便让人避免处于一种无法忍受的精神孤独状态。从18世纪开始，人们开始反抗从前的社会，在那个社会里，持续社交活动是教育、名声和财富的来源。此后，一种深层次的运动将旧式的主人和仆人之间、伟人和小人物之间、朋友或客户之间的联系打碎。有时候，这场运动会因为地理或社会方面的隔绝所造成的迟钝而延缓。它在巴黎比在其他城镇进展快，在中产阶级比在下层阶级中进展快。所到之处，它都以削弱邻里关系、友谊和传统关系为代价，加强了私人生活。现代风俗的历史可以部分地被简化为这样一个过程：人们经过长期努力，将自己与他人分离开来，构筑壕堑将自己与社会隔离开来，因为社会的压力已经不堪忍受。住宅失去了它在17世纪的某些情况下所承担的公共场所的特性，让位于俱乐部和咖啡馆，而随后去俱乐部和咖啡馆的人也逐渐减少。职业生活和家庭生活遏制了其他的活动,即社交活动,而在从前,社交活动几乎侵占了生活的全部。

人们很容易得出结论,社交性和家庭的观念是不相容的,一方的发展只能以另一方的退缩作为前提。

总　结

> 他是自由的，无限制的自由，自由到让他感觉不到踩在地上的重量。他不再有阻碍他行进的人际关系的重负，不再有那些眼泪、那些告别、那些指责、那些快乐，不再有他只要举手投足就会触摸到或撕裂的一切，不再有将他与别人拴在一起、让他不堪重负的千丝万缕的联系。
>
> ——圣埃克絮佩里（Saint-Exupéry）

在中世纪和现代的开端时期，在下层阶级中，儿童和成人混处的状况保持了很长时间。一旦儿童被认为可以离开他们的母亲或乳母独立生活的时候——那时断奶比较晚，因此大概在断奶后没过几年，一般是在七岁左右——儿童就和成人混杂在一起了。从那时起，儿童立刻进入了庞大的成人群体中，每天和同伴一起工作和玩耍。这些同伴既有年轻的，也有年长的。集体生活的运动将所有年龄和阶层的人都卷入相同的激流中，没有给任何人留下独处和私密的时间。如此过于拥挤、过于集体性的生存状态，也没有给任何人留下私人的空间。家庭担当一项功能：确保生命、财产和姓氏的传承，但是它没有进入人类情感的深处。骑士爱情（或沙龙式爱情）的传奇鄙视婚姻，而儿童学徒制这种现实削弱了父母和子女之间的情感纽带。我们可以认为，现代婚姻缺乏爱情，但是，现代婚姻并不缺乏应该关心子女、子女不可缺少这些观念。中世纪文明既忘记了古典时期的"教育"（*la paideia*），也对现代的教育一无所知。基本的事实就是：它没有教育的观念。今天我们的社会依赖的是教育系统的成功，我们的社会也懂得要依赖这一点。现代社会有教育系统，有教育的概念，意识到教育的重要性。心理分析学、儿科学和心理学等新兴科学，致力于儿童问题的研究，他们的发现通过大众文化传递给父母。现代社会对儿童的生理、道德和性诸方面的问题都非常感兴趣。

中世纪文明没有这些兴趣，因为这些问题对它来说不存在。当儿童一断奶，或者断奶后不久，儿童就自然成为成人的同伴。古希腊"教育"这一古老的年龄分类是以儿童世界和成人世界之间存在差别、存在过渡为前提，这种过渡必须通过启蒙或通过教育来完成。中世纪文明没有意识到这种差别，因而缺少这种过渡的概念。

因此，现代开端时，对教育的兴趣的复活，是伟大的事件。它影响了一些教士、律师和学者。在15世纪，这些人的数量还很少，但到了16、17世纪，当他们和宗教改革的拥护者融合在一起的时候，数量和影响都得到增长。因为他们首先是道德家而不是人文主义者：人文主义者持有一种遍及生活整体的普世性文化的观念，对一种仅仅限于儿童的教育缺乏重视。对于这些改革者，这些道德主义教育家，我们在本书已经研究过他们对学校和家庭的影响，及其如何充满决心地和中世纪社会的这种混乱（或者说，在他们看来将要变成混乱）的状况开展斗争。而教会尽管对社会的这种状况感到厌恶，但它很长时间内撒手不管，敦促遵守教规者远离尘世，遁入隐修院内，去寻求拯救他们自己的灵魂。我们目睹了一场真正的社会的道德化。宗教中的道德因素逐渐在实践中战胜了宗教神秘的、超验的因素。正是这样，这些道德秩序中的胜利者认识到教育的重要性。我们已经注意到了他们在学校历史上的影响，即在从自由学校向纪律严格的学院转变中的影响。他们的著作，从吉尔松延续到波尔－罗亚尔修道院，到16、17世纪，这类著作的数量越来越多。在那个时候建立起来的宗教律令，例如耶稣会和奥拉托利会的那些律令，变成了教育律令；并且他们的教育不再针对诸如布道者、托钵僧之类的成年人，而主要针对儿童和年轻人。这些作品和宣传告诉父母：他们是灵魂的保护者，在上帝面前，他们对灵魂是负责的，同样，归根到底，他们也对儿童的身体负责。

此后，人们认识到，对于生活，儿童还不够成熟。在让他们进入成人世界之前，儿童必须受到一种特殊的对待，一种保护性的隔离。

一种新的对教育的关注，渐渐地在社会中心扎根，完全改变了社会。家庭不再是一种仅用于传承姓氏和地产的私人权利性制度，它保证了一种道德和精神上的功能，它塑造身体，也塑造灵魂。在生理繁衍和法律制度之间，还存在着一段空隙，教育将填充它。对儿童的关心激起了新的情感,一种新的强烈的情感。17世纪的肖像画满怀执着和快乐地将它展现出来——家庭的现代观念。父母不再满足于仅仅将子女带到这个世界上来,也不再满足于仅仅培养某些孩子,忽略其余的。时代的伦理迫使父母为每个孩子提供人生的准备,而不是仅限于长子,到17世纪晚期甚至包括女孩。人们相信学校能确保做好这种准备。传统的学徒制被学校取代。这是一种全新的学校,它以严格的纪律为手段,受法律和警察的保护。17世纪学校的成功发展,是父母开始关心子女教育的结果。道德主义教育家教育他们,及早将孩子送进学校是父母的义务。1602年的一份文本宣称:"那些对子女的教育感兴趣的家长,比那些仅仅把孩子带到这个世界上来的父母,有权得到更多的尊敬。前者不仅给了孩子生命,更给了他一个美好和神圣的生命。这些家长之所以是正确的,因为他们将孩子在最佳年龄送进了真正智慧的集散地(换句话说,学校)。在那里,他们将成为自己命运的设计师,成为他的祖国、家庭和朋友们的荣耀。"[1]

家庭和学校一起将儿童从成人社会拉回。学校将此前不受拘束的儿童关闭在一个有纪律且日益严格的体制中,这个体制在18、19世纪随寄宿制学校的发展而完全与世隔绝。家庭、教会、道德主义教育家和学校管理者的关心剥夺了儿童此前和成人在一起时所享有的自由。儿童被鞭打、被关禁闭,遭受类似社会最底层的犯人那样的惩罚。但这种严厉,表达的是与过去的冷漠完全

---

[1] *Academia sive Vita scholastica*, Arnheim, 1602.

不同的一种感情：一种萦绕在心的爱。它从 18 世纪开始在社会中占据统治地位。我们不难理解，这种儿童在人类情感上的入侵促成我们今天更为熟悉的马尔萨斯主义现象，即控制生育。后者出现在 18 世纪，正是家庭完成了围绕儿童重组自身，并在家庭和社会之间竖起私人生活的高墙之时。

* * *

从公共生活领域里，现代家庭不仅撤出了儿童，也撤出一大部分时间，同时撤出了成人对公共生活很大部分的关注。现代家庭满足了隐私性的需要，也满足了对认同的渴望：家庭成员是靠情感、习惯和他们的生活方式联合起来的。他们反感旧式社会性强加于他们的混杂。我们看到，这种家庭在道德上的统治地位起源于中产阶级：位于社会阶梯两端的贵族和下层阶级，保持旧式习俗的时间更长，对外部世界的压力更加迟钝。下层阶级几乎至今仍保持对共同生活的喜好。因此，家庭的观念和阶级的观念之间存在联系。在本研究中，我们已经多次看到了两者的交叉。在好几个世纪的时间里，不同的阶级玩同样的游戏，但从现代社会开端起，人们对游戏进行了筛选：有些游戏属于体面的人，而另一些游戏则被丢给儿童和普通人。17 世纪的慈善学校，是为穷人建立的，同样吸引了富家子弟。但从 18 世纪之后，中产阶级家庭不再接受这种混合，将子女从这个后来将变成初等大众教育的系统中撤退，把孩子送到寄宿的和班级人数更少的学校去。他们在后者中建立了垄断。游戏和学校，起源时是面对社会全体的，此后进入了一个阶级系统。所有这一切的发生，就如一个被牢牢束缚着的多晶体社会的解体，体积小一点的化为尘土样的小社会，即家庭；大一点的构成了阶级。家庭和阶级，通过共同的道德相似性和对生活方式的认同，将靠近的人联合起来。而原先统一的社会共同体中则包含了千差万别的不同年龄和不同阶级的群体。由于各阶级在空间上更接近，他们之间的差异性和等级性也就越明显。精神距离取代了物理距离。外在尊卑和不同服装的严格标记对共同生活的亲密性进行调整。仆人从不离开他的主人，因为一旦过了青少年的同伴时期，主人就是他的朋友和共谋。主人的自大与仆人的傲慢相配——不论好坏，由此建立一种等级制，而始终保持的过分的亲密关系却不停地挑战着这种等级制。

那时的人们生活在强烈的反差之中：高贵的出身或丰厚的财富与贫穷不幸相邻，邪恶与美德并列，丑闻与奉献共存。尽管存在尖锐的对立，但是这种万花筒式的混杂不会引起惊异。这属于世界的多样性，人们完全可以把这种多样性作为大自然的恩赐来接受。上流社会的男男女女穿着华丽的衣服到监狱、医院或街上，探望衣不蔽体的不幸者，他们不会为此感到难堪。两种极端的并列不会使一部分人感到难堪，也不会让另一部分感到羞耻。至今，在意大利南部，某种程度上仍然存在着这种道德氛围。然而，随后就进入一个新时代，在那个时代，资产阶级已经无法忍受这种多样性的压力，也无法忍受与民众接触。资产阶级实行分离：从巨大的多元社会撤离，在同质的环境中、在封闭的家庭中、在为隐私性设计的住宅里、在一个不会被下层阶级污染的新的街区里，单独地组织起来。不平等的并存此前是完全自然的东西，现在对于资产阶级是无法忍受的了：富人们的厌恶感的产生要先于穷人们的羞耻感。对隐私性的追求和对舒适的新需要（二者之间有密切联系）进一步加剧了民众和资产阶级之间物质生活方式的差异。原先的社会将最大数量的生活方式集中到最小的空间，并且接受了——如果说不是主动追求的话——最广泛的不同阶级的奇妙并存。相反，新的社会确保每种生活方式有一个保留的空间，在此空间里，人们规定，必须尊重占主导地位的生活方式，必须与约定俗成的模型类似，与一种理想类型相一致，永远不能偏离，否则就要遭受被开除的处罚。

家庭的观念、阶级的观念，也许还有种族的观念，似乎展现出对多样性同样的不容忍，对一致性同样的关注。